La croissance dépend aussi des femmes...

Womenomics

Avivah WITTENBERG-COX   Alison MAITLAND

La croissance dépend aussi des femmes...

Womenomics

EYROLLES

Éditions d'Organisation

Éditions d'Organisation
Groupe Eyrolles
61, bd Saint-Germain
75240 Paris cedex 05

www.editions-organisation.com
www.editions-eyrolles.com

Les dessins ont été réalisés par Roger Beale.

La traduction est de Emily Borgeaud.

L'édition originale *Why women mean business* a été publiée chez Wiley

Copyright © 2008 John Wiley & Sons Ltd, The Atrium, Southern Gate, Chichester, West Sussex PO19 8SQ, England.

SOMMAIRE

Chapitre VII
COMPRENDRE LES FEMMES 209

Chapitre VIII
LES TENDANCES DE DEMAIN SE DESSINENT AUJOURD'HUI ... 251

Chapitre IX
DES ENTREPRISES MEILLEURES, UN MONDE MEILLEUR ? 277

AVANT-PROPOS

La question des femmes dans l'entreprise me préoccupe depuis de nombreuses années. Le livre d'Alison et d'Avivah vient à point nommé apporter sa contribution au débat sur l'importance économique des femmes, un débat qui ne cesse de gagner en vigueur. Leur analyse exhaustive de la mixité comme enjeu économique, et non comme enjeu féministe ou féminin, fait entendre une voix nouvelle.

Je suis intimement convaincu que les femmes leaders sont essentielles à l'entreprise, et pas seulement parce qu'elles représentent 50 % du talent disponible ! Elles obtiennent des résultats autrement et leurs qualités de leadership sont de plus en plus importantes à l'heure où les structures hiérarchiques traditionnelles s'effacent devant des organisations plus souples.

Il existe une approche féminine du leadership qui, naturellement, n'est pas l'apanage des femmes. Faite d'intuition et de rationalité. De polyvalence et de sensibilité aux besoins et aux émotions des individus. De relations interpersonnelles et d'écoute généreuse.

Pour transformer les organisations, piloter le changement, remettre en question les conventions, les leaders doivent inspirer ceux qui les entourent et cela n'est possible que si vous êtes en empathie avec eux, que vous manifestez conscience de soi et ouverture, intégrité et authenticité.

Les femmes possèdent un avantage naturel dans les aspects « doux » du leadership. Ce sont aussi les domaines dans lesquels les entreprises changent le plus rapidement, ce qui me conduit à penser que les femmes sont dans une position unique pour tenir des rôles de leadership. Autrement.

Je crois également qu'il est de plus en plus important que les femmes ne se sentent plus obligées de devoir être comme les hommes pour réussir comme les hommes. Ce serait aller dans la mauvaise direction. Mon conseil est le suivant : ne cherchez pas à développer des points forts masculins, à l'heure même où les points forts des femmes sont appelés à être de plus en plus précieux et recherchés. Restez vous-mêmes et encouragez de nouveaux modèles de comportement masculin. Nous n'arriverons à rien si les femmes n'aident pas les hommes à évoluer. Pour être efficaces, tous nos leaders, femmes et hommes, doivent maîtriser et oser jouer de toutes les facettes de leur personnalité.

Niall FitzGerald KBE,
président de Reuters

PRÉFACE

C'est avec un peu d'appréhension, je l'avoue, que j'ai commencé à lire *Womenomics*. Le titre ne suggère-t-il pas que les femmes et les hommes sont tellement différents dans leurs approches du travail, de l'entreprise et de l'économie qu'il convient de les distinguer ? Je craignais que le propos ne s'installe un peu trop confortablement dans cette idée fausse, mais largement répandue, que toute forme de communication entre les sexes est un événement de proportions interplanétaires.

Et j'ai passé l'essentiel de ma carrière à réfuter cette dichotomie facile que les hommes et les femmes viendraient de planètes différentes. Après tout, si nous étions réellement aussi différents que ce genre de métaphore veut nous le faire croire, nous ne pourrions ni travailler, ni parler, ni vivre, ni élever des enfants ensemble. Il se trouve que les femmes et les hommes ne viennent ni de Vénus ni de Mars, mais de la planète Terre. Les différences entre les deux sexes – tout comme les différences entre les femmes et celles entre les hommes – sont ce qui rend la vie tour à tour palpitante et frustrante, grisante et démoralisante, mais toujours digne d'être vécue.

C'était avant de lire le livre. La dernière page refermée, je me suis dit que c'était un livre que j'aurais aimé écrire. Car Avivah Wittenberg-Cox et Alison Maitland ont accompli quelque chose que font bien peu de livres sur la mixité dans l'entreprise aujourd'hui : elles ont écouté avec une égale attention les femmes et les hommes, et révélé non pas tant l'ampleur de nos différences, mais bien plutôt ce tour de passe-passe qui a assimilé « économie » et « *manonomics* »[1] – c'est-à-dire imposé une et une seule version outrée de l'économie (elles ont intitulé leur livre *Womenomics*[2], au cas où vous n'auriez pas saisi l'allusion !).

Ainsi découvrons-nous que ce nous pensions être de la « logique organisationnelle », ou une « prise de décision fondée sur le marché » ou un « choix rationnel » ne sont pas des termes asexués, neutres, mais des termes inventés par un des deux sexes et puis généralisés à tout un système, comme s'ils étaient la *seule* façon d'organiser les choses. Ce qui n'a pas été pris en compte, c'est une autre voix.

Laissez-moi vous soumettre une analogie désormais célèbre. Lorsque la psychologue américaine Carol Gilligan a commencé à faire des recherches sur le « développement moral » des enfants et des adolescents, elle a découvert que la plupart des psychologues avaient créé une séquence de développement dans laquelle la prise de décision morale d'un individu évoluait progressivement, mais inévitablement, de la moralité concrète (est-ce bon pour moi et les gens que j'aime ?) à des conceptions plus abstraites de la justice (ce qui est juste et bien, peu importe qui en pâtit).

Étrangement, elle a découvert que la plupart des femmes (et certains hommes) étaient jugées moins « développées » moralement parce que leur moralité était centrée sur les effets des décisions sur ceux qu'elles aimaient – ce qu'elle a appelé l'« éthique

---

1.   Jeu de mot anglophone réunissant les termes « man » (homme) et « economics » (économie).
2.   Même chose, mais avec les femmes (« women »).

de l'affection ». *A contrario*, la plupart des hommes (mais en aucun cas une majorité écrasante d'entre eux) et de nombreuses femmes souscrivaient à une « éthique de la justice », plus formelle et plus abstraite. La « voix » de ce deuxième groupe fut proclamée moralement plus développée.

Mais, s'interrogea Carol Gilligan, et si on renverse les choses ? Pourquoi ne pas décider qu'un sentiment abstrait coupe l'individu du réseau des liens affectifs qui est l'essence de la vie réelle, et que c'est la capacité à nouer des liens, et non un principe abstrait, qui est la plus haute forme de développement moral ? En effet, pourquoi pas ? D'où tient-on que l'abstraction soit si formidable ?

Le but de la démonstration, naturellement, n'est pas de dire que les hommes croient seulement à la justice abstraite et les femmes à l'affection et aux liens. Les femmes et les hommes partagent ces deux traits. Mais nous avons tellement valorisé l'un au détriment de l'autre que notre audition s'en est altérée, au point que c'est à peine si nous reconnaissons même une voix.

C'est cette distorsion que nous fait découvrir ce livre. Ce que nous pensions être un comportement organisationnel rationnel – préférer le travailleur détaché, prêt à se dévouer comme un esclave à l'entreprise 24 heures sur 24 et 7 jours sur 7 – n'est rien d'autre qu'une vision tout à fait biaisée du monde. À longue échéance, elle ne fait de bien ni à l'entreprise ni au salarié. Dans l'économie actuelle, elle est même le plus sûr moyen de se priver des meilleurs salariés.

Qui plus est, cela suggère une chose surprenante. Au cours des quarante dernières années, l'entrée des femmes dans le monde du travail a constitué le plus grand bouleversement de la population active qu'aient jamais connu l'Europe et les États-Unis. La trajectoire a été spectaculaire et le rythme, en termes économiques majeurs, fulgurant.

Je démontre souvent ce point à mes étudiants en demandant aux femmes qui souhaitent travailler de lever la main. Elles le font toutes. Puis, je leur demande de garder le bras en l'air si leur mère a eu une carrière en dehors de la maison pendant plus de dix ans sans interruption. La moitié baisse la main. Enfin, je leur demande de garder la main en l'air si leurs grands-mères ont eu une carrière de dix ans. Toutes les mains retombent ou presque. En trois générations, la différence dans la vie professionnelle des femmes est éclatante.

Il y a un peu plus de quarante-cinq ans, en 1960, seulement 40 % environ des femmes européennes en âge de travailler avaient un emploi ; seules l'Autriche et la Suède comptaient une majorité de femmes en âge de travailler dans leur population active. En 1994, seuls l'Italie, la Grèce, l'Irlande, le Luxembourg et l'Espagne n'avaient pas une majorité de femmes en âge de travailler dans leur population active, et la moyenne européenne avait presque doublé.

Et les femmes se sont découvertes capables de s'adapter à cette arène très « sexuée ». Elles s'en sortent formidablement, accédant à des postes de management et, en Europe au moins, elles y parviennent sans sacrifier leur vie de famille, même si elles sacrifient souvent la mobilité rapide vers les trois niveaux de fonction les plus élevés des entreprises. Aux États-Unis en revanche, les femmes sacrifient toujours leur vie de famille à la mobilité professionnelle et les études des équipes dirigeantes y indiquent que la plupart des femmes ont sacrifié la maternité, l'ont déléguée ou ont bouleversé le déroulement de leur carrière pour continuer à élever leurs enfants.

Les femmes se sont adaptées – *et ont réussi à rester des femmes*. C'est-à-dire, et c'est ce que révèle ce livre, que les femmes ont été capables de revendiquer ces traits prétendument « martiens » – ambition, détermination, compétence – sans perdre leurs traits prétendument « vénusiens » – souci d'autrui, épanouissement des autres, liens. Les femmes ont peut-être toujours du mal à « tout avoir », comme on dit, mais elles sont indéniablement capables de « tout faire ».

> Je suis tellement soulagé que leur truc de « renforcer la mixité » ne nécessite pas d'intervention chirurgicale que le conseil d'administration peut bien accueillir toutes les femmes qu'il veut.

Il n'y a rien à opposer. Personne ne devrait avoir à choisir entre être soucieux d'autrui et compétent, entre être efficace et affectueux. En montrant combien le « manonomics » a été une version appauvrie de l'économie, ce livre nous montre à quoi pourrait ressembler pour de bon une économie humaine – ou « humanomics ». Et ma foi, c'est carrément emballant.

Michael Kimmel, professeur de sociologie
à l'Université de l'État de New York

REMERCIEMENTS

Ce livre est né de nos travaux parallèles sur les femmes et le leadership dans le monde de l'entreprise au cours des dix dernières années. Dans nos professions respectives de consultante et de journaliste, nous avons été amenées à nous exprimer sur les formidables changements qui sont à l'œuvre dans la population active et dans notre façon de travailler, et nous avons passé beaucoup de temps à essayer de comprendre pourquoi ces changements ne sont pas reflétés dans les rangs des dirigeants et dans les conseils d'administration.

Chez les nombreuses personnes avec lesquelles nous avons travaillé et que nous avons consultées pour ce livre, nous avons rencontré un mélange de frustration face au manque de progrès des femmes dans le leadership et de soif de solutions nouvelles. Ceci a renforcé notre conviction qu'il était urgent de proposer une perspective neuve.

Nous sommes reconnaissantes à tous les hommes et les femmes d'entreprise avec qui nous nous sommes entretenues, officiellement et officieusement, de nous avoir donné de leur temps et leurs points de vue. Nous souhaitons remercier en particulier :

Jim Andrews, Schlumberger ; Paul Adamson et Simon Wilson, The Centre à Bruxelles ; Pia Bohlen, xByte ; Frank Brown et

Herminia Ibarra, INSEAD ; Sarah Butler, Booz Allen Hamilton ;
Fiona Cannon, Lloyds TSB ; Nuria Chinchilla, IESE ; Sarah Chur-
chman, Ed Smith et Cleo Thompson, PwC ; Sam Collins, Aspire
Coaching and Development ; Kevin Daly et Laura Liswood,
Goldman Sachs ; Caroline Detalle, Bain & Co ; l'Equal Oppor-
tunities Commission en Grande-Bretagne ; Kristin Engvig,
fondatrice et P-DG de WIN Conference ; Alec Guttel,
Troy Smeal et Wayne Henderson, pionniers des nouvelles
façons de travailler ; Jody Heymann du Project on Global
Working Families ; Austin Hogan, AIB Group ; Richard Jones,
HSBC ; Christine Lagarde pour son soutien depuis des années ;
Ilene Lang et Susan Nierenberg, Catalyst ; Gemma Lines, Case
Business School ; Renée Mauborgne, co-auteur de *Blue Ocean
Strategy* ; Margaret Milan, Marie-Claude Peyrache et Mirella Visser,
auxquelles la réussite de l'European Professional Women's
Network doit beaucoup ; les directeurs et cadres de l'OCDE ;
Rhodora Palomar-Fresnedi, Unilever ; Heikki Poutiainen, Abloy ;
Véronique Préaux-Cobti et toute l'équipe de Grandes Écoles au
Féminin (GEF) ; Raj Ray, Lehman Brothers ; Sandrine Tézé-
Limal ; Susan Vinnicombe et Val Singh de l'International Centre
for Women Business Leaders de Cranfield School of Manage-
ment ; Wanda Wallace du Leadership Forum ; Aude Zieseniss
de Thuin et son équipe du Forum des femmes pour l'économie
et la société ; ainsi que les directeurs et cadres d'Air Liquide.

Nous souhaiterions également mentionner les dirigeants qui ont
bien voulu nous faire partager leurs observations et leurs anec-
dotes personnelles : Helen Alexander, The Economist Group ;
Vivienne Cox, BP ; Andrew Gould, Schlumberger ; Lars-
Peter Harbing, Johnson & Johnson ; Barbara Thomas Judge,
UK Atomic Energy Authority ; Anne Lauvergon, Areva ; Marie-
Christine Levet, T-Online ; Anne Mulcahy, Xerox ; Olivier Marchal,
Bain & Co ; Christophe de Margerie, Total. Nous remercions
également tous les P-DG et les leaders qui nous ont rejointes au

« Coin des Hommes » lors de l'édition 2007 du Forum des femmes à Deauville : Carlos Ghosn, P-DG de Renault et de Nissan, Frank Brown de l'INSEAD, Jean-Paul Tricoire de Schneider Electric, Gerald Lema de Baxter International et tous ceux qui ont réagi avec enthousiasme aux premières présentations sur ce livre.

Merci à nos familles, nos collègues et nos amis pour leurs conseils et leur soutien affectueux : Pascale Depre, Liann Eden, JoAnne Freeman, Kate Grussing, Margare Heffernan, Judith Hunt, Janne Lambert, Dena McCallum, Margaret Milan, Peta Payne, Marie-Claude Peyrache, Hélène Ratte, Ros Scott, Stephen Scott et Joanne Thomas Yaccato. Le projet n'aurait jamais vu le jour sans l'aide inititiale de Jennifer Flock.

Notre gratitude va à toutes celles et tous ceux qui ont partagé leurs expériences, leurs points de vue et leurs idées avec nous au cours des dix dernières années, trop nombreux pour être cités, et notamment les milliers de femmes membres de l'European Professional Women's Network fondé par Avivah en 1996, les femmes des réseaux féminins auxquels nous avons eu le plaisir de participer, et tous les dirigeants qui ont débattu et évolué avec nous au cours des centaines d'ateliers, de séminaires et de conférences sur la mixité dans des pays et des entreprises du monde entier.

Un merci tout particulier à Roger Beale pour ses formidables dessins ; Niall FitzGerald pour avoir écrit l'avant-propos ; Michael Kimmel pour la préface ; Andrew Lamb pour son génie avec un appareil de photo ; Colin Maitland pour ses inestimables conseils ; l'équipe de John Wiley & Co pour son soutien.

Les auteurs se sont rencontrées en 2000, lorsqu'Alison a interviewé Avivah pour un article du *Financial Times* intitulé « Pas assez de temps pour être des superwomen ». Et si, nous avons finalement trouvé le temps. Notre collaboration sur ce livre a débuté à la suite d'une conversation au Forum des femmes à Deauville en octobre 2006. Voilà un partenariat aussi stimulant qu'amusant entre les deux rivages de La Manche : Avivah en France, Alison en Grande-Bretagne. Dans notre livre, nous parlons de l'enthousiasme avec lequel les jeunes femmes adoptent Internet. Il y a bien longtemps que nous sommes convaincues que la technologie est la meilleure amie de la femme. Ce livre doit beaucoup à Skype, à la messagerie instantanée et aux économies des technologies « Triple Play ».

Mener ce projet à bien a été une aventure aussi prenante que gratifiante. Certains auteurs font une retraite dans des huttes sur la plage ou des cachettes à la campagne pour écrire leurs livres. À la réflexion, nous sommes ravies de ne pas avoir choisi cette option. Le tumulte de nos vies familiale et professionnelle nous a aidées à rester zen durant les périodes les plus intenses d'écriture et de relecture.

Nous nous sommes efforcées à la plus grande exactitude, vérifiant et revérifiant faits et données. Merci à nos nombreux interlocuteurs pour leur patience et leur soutien au cours de toutes nos conversations.

Avivah Wittenberg-Cox et Alison Maitland,
octobre 2007

Chapitre I

LE POUVOIR DES FEMMES

❀   ❀   ❀

« Oubliez la Chine, l'Inde et l'Internet : les moteurs de la
croissance économique, ce sont les femmes. »

The Economist, 12 avril 2006.

Carlos Ghosn, le P-DG de Renault et de Nissan, considère que
Nissan ne répond pas aussi bien que l'entreprise le pourrait aux
besoins et aux attentes de la plupart de ses clients. S'exprimant
devant cinq cents des femmes les plus puissantes du monde
lors du « Davos des femmes » à Deauville en 2006, il a rappelé
que 60 % des achats automobiles au Japon étaient effectués ou
influencés par des femmes. Les enquêtes conduites par le
constructeur indiquent que 80 % des acheteuses préféreraient
qu'il y ait des vendeuses dans les concessions. Même chose
pour la moitié des hommes. Et pourtant, reconnaît avec regret
Carlos Ghosn, les femmes ne représentent aujourd'hui que

10 % des commerciaux au Japon et seulement 1,9 % des managers de l'industrie automobile japonaise.

Ce livre est dédié aux entreprises qui commencent à s'éveiller à la révolution économique créée par le pouvoir et le potentiel croissants des femmes. Une révolution qu'aucune entreprise ne peut se permettre d'ignorer.

Garantes de la croissance

Le XXe siècle a vu les femmes prendre leur envol. Le XXIe siècle sera témoin des conséquences économiques, politiques et sociales de cet essor. Peu d'évolutions ont eu autant d'impact et une influence aussi profonde sur la vie de chacun – homme, femme, enfant – que le changement de statut et de rôle des femmes. Les trente années qui viennent de s'écouler les ont vues, pour la première fois de l'histoire, travailler aux côtés des hommes, dans les mêmes entreprises, avec les mêmes niveaux d'éducation, les mêmes qualifications et des ambitions comparables. Aujourd'hui, elles représentent l'essentiel du vivier des talents et une large part du marché. Leur influence économique est sans précédent. En Amérique par exemple, les femmes prennent 80 % des décisions d'achats.

L'arrivée massive des femmes dans le monde du travail au XXe siècle est à l'origine d'une véritable révolution économique, dont on commence seulement à prendre la mesure. Dans les pays développés, confrontés à une population active vieillissante, des taux de natalité en déclin et une pénurie de compétences, elles apparaissent comme une solution centrale aux problèmes du marché du travail. Quant aux pays en développement, la participation économique des femmes y est de plus en plus considérée comme la clé d'un développement durable.

Jamais le monde n'a accordé autant d'attention à l'importance économique des femmes – et n'a aussi clairement reconnu la nécessité de leur permettre de réaliser leur potentiel. La position des femmes – dans les entreprises, les pays et les gouvernements – est considérée comme un indicateur de santé, de maturité et de viabilité économiques. Le Forum Économique Mondial, organisateur du Forum de Davos, a publié en 2005 son premier rapport sur la fracture mondiale des genres, qui passe en revue cent quinze pays en prenant en compte les critères d'éducation, de santé et de participation des femmes au processus économique et politique.

L'Organisation pour la coopération et le développement économique (OCDE) a déclaré que « *l'égalité des sexes renforce le développement économique à long terme* ». En 2007, l'organisme a créé un site Internet dédié à la question, pour réfléchir aux « implications des inégalités [hommes/femmes] pour le développement économique et à ce qui pourrait être fait pour développer des politiques en faveur de la parité ». La Banque Mondiale, quant à elle, a lancé aussi en 2007 un Plan d'Action Genre.

La grande banque d'investissement américaine Goldman Sachs, qui a fait sienne l'expression « Womenomics » pour désigner le pouvoir de garantes de la croissance que recèlent les femmes, a pris la mesure de l'enjeu. La banque souligne ainsi que la réduction de l'écart entre le taux d'activité des hommes et celui des femmes donnerait une puissante accélération à l'économie mondiale – et notamment au PIB en Europe, aux États-Unis et au Japon. « *Encourager les femmes à rejoindre la population active a été le premier facteur de réussite du marché du travail en Europe, bien davantage que les réformes "conventionnelles" dont il a pu faire l'objet* », affirme-t-elle également.

Continuer à réduire les inégalités hommes/femmes pourrait jouer un rôle clé pour relever le défi du vieillissement de la population et celui des retraites. Plus important encore, la banque américaine souligne que le taux d'activité des femmes et le taux de fécondité tendent à être plus élevés dans les pays où il est relativement facile pour les femmes de travailler et d'avoir des enfants[3].

Conscients eux aussi des enjeux, les gouvernements s'efforcent de trouver des solutions au problème persistant de la sous-évaluation des compétences des femmes. Vladimír Spidla, commissaire européen à l'emploi, aux affaires sociales et à l'égalité des chances souligne que six des huit millions d'emplois créés dans l'Union Européenne (UE) depuis 2000 sont occupés par des femmes et que 59 % des diplômés des universités et des grandes écoles sont des diplômées. « *Les femmes sont le moteur de la croissance de l'emploi en Europe et nous aident à atteindre nos objectifs économiques,* déclare-t-il. *Mais elles rencontrent encore trop d'obstacles pour réaliser leur plein potentiel.* »

La chancelière allemande Angela Merkel a dénoncé la sous-représentation des femmes dans les instances dirigeantes des entreprises, ajoutant qu'il fallait que cela change si l'Europe voulait espérer devenir l'économie la plus dynamique du monde. Au Royaume-Uni, les travaux d'une commission sur les femmes et le travail, nommée par le gouvernement, montrent que le pays pourrait gagner 23 milliards de livres – soit une hausse de 2 % de son Produit Intérieur Brut (PIB) – en faisant un meilleur usage des compétences des femmes. « *De nombreuses femmes travaillent toujours à des postes bien inférieurs à leur niveau de compétences et ce gaspillage de talent est un scandale national à l'heure où le Royaume-Uni doit faire face à l'une des concurrences internationales les plus vives de son histoire* », a déclaré en 2006 Margaret Prosser, présidente de la commission Women and Work.

---

3.   Daly, 2007.

Le monde de l'entreprise doit lui aussi s'éveiller et entendre ces puissants arguments économiques. L'objectif de ce livre est d'y contribuer, en analysant les opportunités qui s'offrent aux entreprises qui comprennent réellement ce qui motive les femmes, actrices de l'entreprise et actrices de la vie économique ; en explorant l'impact des cultures nationales sur la participation des femmes à la population active. En montrant comment les entreprises qui sauront accueillir les femmes seront mieux armées pour répondre au défi du vieillissement de la population active et aux attentes des travailleurs du savoir de la prochaine génération. Et nous verrons aussi pourquoi les approches actuelles ne donnent pas toujours les résultats escomptés et pourquoi nous avons besoin d'une perspective nouvelle : une approche qui n'envisage pas les femmes comme un problème, mais comme une solution – et qui ne les traite pas comme une minorité mythique, mais comme des partenaires de leadership à part entière. Entreprises et managers trouveront également dans ces pages un guide qui leur permettra d'intégrer avec succès les femmes dans leurs stratégies de croissance.

La mixité est un enjeu économique et stratégique, pas une « histoire de femmes ». La sous-utilisation des talents féminins a des répercussions sur les résultats financiers des entreprises. Agir pour faire changer les choses exigera courage, détermination et conviction de la part des dirigeants actuels. C'est une opportunité qu'il ne faut pas manquer. Qu'on se le dise : on ne badine pas avec le sexe.

La dimension stratégique du fossé des genres

Pas plus qu'aux nations, les arguments économiques ne manquent aux entreprises pour faire de la mixité une priorité, à commencer par la concurrence féroce pour les individus de talent. « *Le talent est devenu la matière première la plus recherchée du monde*, annonçait le magazine *The Economist* en 2006. *La pénurie cause de graves problèmes.* » De son côté, la *Harvard Business Review* proclamait en 2007 en ligne, « *Gestion des talents : le sujet le plus chaud de HBR, pour une raison aussi évidente qu'irrésistible : dans l'économie du savoir du XXIe siècle, le talent sera toujours la plus rare des ressources rares. C'est avant tout pour elle que les entreprises se battent, d'elle dont elles dépendent et grâce à elle qu'elles réussissent.* »

Les entreprises n'ignorent pas que le talent est rare et se demandent avec inquiétude comment en dénicher davantage. Peut-être pourraient-elles commencer par en faire beaucoup plus pour optimiser une part importante du talent dont elles disposent déjà – la partie féminine. Les filles sont désormais meilleures que les garçons dans de nombreuses matières et à quasiment tous les niveaux d'études. Les femmes comptent pour la majorité des diplômés universitaires en Europe, aux États-Unis et dans d'autres pays de l'OCDE. Elles représentent la moitié de la population active dans la plupart des pays développés.

Reste que de nombreuses entreprises, cotées en Bourse ou non, ont encore un long chemin à parcourir sur la voie de la reconnaissance du potentiel féminin. Certaines ne savent même pas combien elles comptent de collaboratrices. D'autres ont sensiblement augmenté le nombre de femmes qu'elles recrutent, sans toutefois faire évoluer leurs systèmes et leur culture pour que ceux-ci permettent aux femmes de donner toute la mesure de leurs compétences tout au long de leur carrière. Les problèmes que rencontrent les entreprises pour recruter, fidéliser et promouvoir les femmes doivent être résolus. La rareté croissante des travailleurs intellectuels qualifiés contribuera à augmenter le pouvoir de négociation des salariés – et la valeur de la contribution des femmes. Face au vieillissement de la population en Europe, aux États-Unis et en Asie, les entreprises confrontées à des pénuries de talents devront apprendre à mieux comprendre et à mieux gérer les motivations et les aspirations de la moitié féminine de leurs effectifs.

Autre motif de poids pour faire de la mixité une priorité : se doter de la bonne équipe dirigeante. Les entreprises qui exercent leurs activités dans un monde multiculturel, hétérogène et imprévisible commencent à admettre que faire évoluer le profil de leurs équipes dirigeantes ne serait peut-être pas une mauvaise chose. Les comités de direction et les conseils d'administration composés d'hommes de race blanche âgés de 50 à 65 ans – souvent de la même nationalité, parfois sortis des mêmes écoles – ne sont pas nécessairement les mieux armés face à tant de diversité culturelle et de complexité.

Est-il possible que les organisations croient réellement, comme elles ne cessent de le répéter, qu'elles récompensent les meilleurs talents lorsque 80 % ou davantage des individus promus au sommet sont des hommes ? Auraient-elles de meilleurs résultats avec une plus grande mixité ? Il semblerait que oui. Une étude américaine conduite en 2004 par Catalyst, premier organisme de recherche américain sur les femmes dans l'entreprise, auprès des cinq cents plus grandes entreprises du pays indique que celles ayant la proportion la plus élevée de femmes dans leurs équipes de direction l'emportent largement sur leurs homologues moins « féminisées », tant en termes de retour sur capital que de TSR (*Total Shareholder Return*). Une étude conduite en 2007 auprès des conseils d'administration des entreprises du classement Fortune 500[4], aussi par Catalyst et des recherches de McKinsey auprès d'entreprises en Europe, en Amérique et en Asie confirment cette corrélation.

---

4.   Classement publié par le magazine américain *Fortune* des cinq cents entreprises américaines réalisant le plus gros chiffre d'affaires.

Les femmes, enfin, représentent la moitié du marché – et davantage. Après des décennies au sein de la population active, leur pouvoir d'achat n'est pas la moindre de leurs armes. Comme nous l'avons évoqué plus haut, une étude américaine indique que les femmes prennent 80 % des décisions d'achat, des voitures aux ordinateurs en passant par les technologies de l'information et l'assurance.

L'avalanche de livres consacrés aux consommatrices atteste que vendre à ces « nouvelles » femmes n'est pas la même chose que de vendre aux hommes. En quelques décennies, le statut et les rôles de la femme ont considérablement évolué. Rester en phase avec cette population aux multiples visages n'est pas une mince affaire. Leurs attentes et leurs motivations exigent de repenser la relation clients.

Les entreprises réactives font évoluer leurs études de marché et leur développement produit afin de prendre en compte cette réalité. Chez Volvo, par exemple, une équipe composée exclusivement de femmes a conçu un concept car en s'appuyant sur une étude approfondie des besoins et des désirs des femmes en matière automobile. Dove, la marque de produits de toilette d'Unilever, a fait œuvre de pionnière en mettant en scène dans ses publicités des femmes dans toute leur diversité, reconnaissant par là même que le « segment de la femme », s'il a jamais existé, n'a plus cours. En la matière, les pionniers auront beaucoup à gagner. Comme l'exprime Volvo : « *Répondre aux attentes des femmes nous fait dépasser les attentes des hommes.* »[5]

Les opportunités d'investissement ont été soulignées par Goldman Sachs, qui a créé un panier d'actions « Women 30 » d'entreprises bénéficiant d'un poids croissant de consommation

---

5. Widell Christiansen, 2004.

féminine. Ces actions se sont mieux comportées que les valeurs mondiales au cours des dix dernières années.

Coût d'opportunité

Des femmes ont été portées aux plus hautes fonctions politiques en Allemagne, au Chili et en Finlande et sont parvenues au premier plan des campagnes présidentielles en France et aux États-Unis pour la première fois. Elles composent la moitié des gouvernements en Espagne, en France, en Finlande et en Suède. Quelques femmes sont également à la tête de très grandes entreprises, PepsiCo, le géant américain, et Areva, le groupe d'énergie nucléaire français.

L'influence croissante des conférences internationales de femmes témoigne de leur montée en puissance politique et économique. Ainsi en est-il par exemple du Forum des femmes pour l'économie et la société, un genre de « Davos des femmes ». Créé par Aude Zieseniss de Thuin, le Forum a été cité par le *Financial Times* comme l'un des six grands forums consacrés à des enjeux mondiaux. La première édition, qui s'est tenue à Deauville en octobre 2005, a attiré plus de cinq cents participants de quarante-trois pays. En 2006, ce sont neuf cents participants et soixante et un pays qui étaient au rendez-vous. Face à ce succès, Aude Zieseniss de Thuin organise des manifestations similaires en Chine et au Moyen-Orient.

Les femmes ne sont plus absentes des sièges de pouvoir. Elles n'y sont pas pour autant devenues la règle. Dans l'ensemble, elles ont réussi à se hisser relativement rapidement jusqu'au management intermédiaire. Pourtant, en dépit de leur présence massive dans les rangs des entreprises, seule une poignée d'entre elles, hautement médiatisées, ont occupé ou occupent des positions de dirigeantes dans de grandes entreprises. Avec la nomination d'Indra Nooyi à la tête de PepsiCo en 2006, le nombre de femmes à la tête d'entreprises du classement Fortune 500 est passé de dix à onze.

Cet état de fait en dit long sur l'écart de genre qui prévaut à la tête des entreprises. Ces dernières, qu'on ne saurait taxer de frilosité lorsqu'il s'agit d'approcher des marchés émergents, ont mis beaucoup moins d'empressement à tirer profit du potentiel des femmes comme leaders. Les tendances actuelles n'indiquent aucune perspective d'amélioration immédiate. Au tournant du nouveau millénaire – soit vingt-cinq ans après que les femmes ont commencé à rejoindre les rangs du management en nombre significatif – la moitié des mille plus grandes entreprises américaines ne comptaient pas une seule femme dans leur équipe dirigeante. À ce rythme, les femmes ne constitueront sans doute pas plus de 6 % des dirigeants des mille sociétés du classement *Fortune* en 2016, estime une étude américaine[6].

Naturellement, les postes de P-DG sont en nombre limité. Sans compter, objecteront certains, que cette fonction n'est pas nécessairement enviable. Peut-être. Mais ne serait-il pas plus pertinent de se poser la question suivante : les entreprises se porteraient-elles mieux si elles comptaient davantage de femmes dans leurs instances dirigeantes ? Au vu des bénéfices de la mixité cités plus haut, les entreprises auraient tout à gagner à ce que ce soit effectivement le/la meilleur(e) candidat(e) pour le poste qui l'obtienne. Les femmes ne se battent peut-être pas toujours autant que les hommes pour accéder au pouvoir. Cela signifie-t-il pour autant qu'elles ne soient pas aptes à l'exercer ?

---

6.   Helfat *et al.*, 2006.

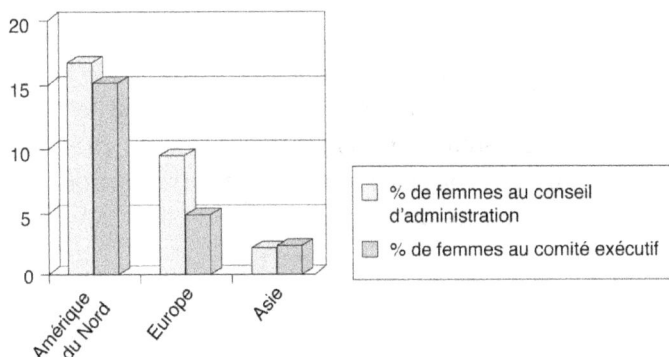

☐	% de femmes au conseil d'administration
☐	% de femmes au comité exécutif

Les femmes et le leadership dans le monde[7]

L'accès des femmes aux plus hautes fonctions des entreprises est entravé par le fait que moins d'un tiers des étudiants de MBA sont des étudiantes. Le secteur bancaire est l'un des plus durement touché par ce phénomène. Sur sa liste de directeurs généraux récemment promus à la date de janvier 2007, le groupe bancaire américain Citigroup ne comptait que vingt-deux femmes (sur un total de 188 noms pouvant être identifiés comme masculins ou féminins par une personne parlant anglais). Chez Lehman Brothers, autre poids lourd du secteur, les chiffres étaient de vingt-trois sur cent quarante et un. Dans la filière juridique, bien que le nombre de diplômés et de diplômées en droit soit quasiment le même depuis des années, seulement 17 % des associés des plus grands cabinets d'avocats américains étaient des femmes en 2005[8].

Les femmes, ayant intégré de nombreuses entreprises à parité avec les hommes, se sentent pourtant encore souvent plongées

---

7. Source : *The Presence of Women in Executive Committee and on Boards of Directors*, Ricol, Lasteyrie & Associés, 2006 – Dans les 300 premières entreprises mondiales.
8. O'Biren, 2006.

dans une culture étrangère à leur propre style de leadership, en particulier aux échelons les plus élevés de la hiérarchie. Beaucoup décident de s'en aller, de prendre le contrôle de leur vie et, souvent, de créer leur propre entreprise. Bien que l'entrepreneuriat puisse constituer une alternative viable et productive pour les femmes, il représente une fuite de cerveaux non négligeable pour les grandes entreprises.

Valoriser la différence

« *Le monde des affaires reste un monde créé par des hommes pour des hommes* », déclarait Jeremy Isaacs, directeur de Lehman Brothers pour l'Europe et l'Asie, lorsqu'il a lancé un centre de recherches sur les femmes et l'entreprise à la London Business School. Pour conquérir un avantage concurrentiel, les entreprises doivent recruter et fidéliser les meilleurs talents. « *Former les femmes à être plus performantes dans un environnement d'hommes n'y suffira pas. Il faudra que les entreprises apprennent à répondre aux attentes des femmes, pour que celles-ci aient envie de les rejoindre – et de poursuivre leur chemin avec elles* », disait-il en 2006.

Le rôle des femmes a profondément changé – en un laps de temps incroyablement court. Elles sont aujourd'hui la deuxième source de revenus du ménage – quand ce n'est pas la principale. Les entreprises et leurs managers – et les écoles de commerce qui les forment – ont eu du mal à s'adapter à ces évolutions et s'efforcent aujourd'hui de rattraper le retard.

Comme les dirigeants progressistes commencent à le reconnaître, les systèmes et les cultures développés au fil de plus de deux siècles d'industrialisation et de post-industrialisation ne sont plus adaptés à la population active actuelle et sont tout aussi mal armés pour relever les défis de l'avenir. Ils perpétuent les attitudes, les cycles de carrière et les motivations qui étaient ceux de la moitié de la population, il y a un demi-siècle.

De nombreux employeurs ont longtemps été convaincus que le meilleur moyen d'intégrer les femmes était de traiter tout le monde de la même manière. Cette approche a été renforcée au fil des années par la législation sur l'égalité des chances et par les femmes elles-mêmes, qui réclamaient d'être traitées à égalité. Le problème, c'est qu'en s'efforçant d'instaurer égalité et équité, les entreprises ont résolument ignoré les différences entre les femmes et les salariés de sexe masculin qui composaient jusque-là l'essentiel de leurs rangs. Elles ont géré l'arrivée en masse des femmes en exigeant d'elles qu'elles se coulent dans le moule et s'adaptent aux modèles de carrière et aux styles de leadership masculins.

Un grand nombre d'entreprises sont animées des meilleures attentions à l'égard des femmes. Directeurs et P-DG expriment le souhait de voir davantage de femmes à des postes de dirigeants et dans leurs conseils et comités. Certains soulignent que ce sont leurs différences mêmes qui sont sources d'avantages et de bénéfices. Reste que si elles doivent se couler dans un monde d'hommes, les femmes qui parviennent aux plus hautes fonctions risquent d'y perdre ces différences que l'on juge aujourd'hui si précieuses.

Il va de soi que les cultures et les systèmes des entreprises n'ont pas été délibérément conçus pour exclure les femmes du pouvoir. On les a tout bonnement laissés en l'état alors que les femmes franchissaient en masse les portes des entreprises. La minorité d'hier a rejoint le courant dominant et les entreprises sont en train de découvrir qu'il leur faut repenser leurs pratiques marketing et la façon, aussi, dont elles managent leurs collaboratrices.

Capitaliser sur leurs talents féminins exigera des employeurs qu'ils créent des cultures qui valorisent la richesse dont est porteuse la mixité et qui la laissent s'exprimer. Ainsi les femmes seront-elles libres d'accéder au pouvoir selon leurs propres termes, en utilisant leur langage et leur style.

Ces changements sont déjà l'œuvre dans le monde politique. Si Angela Merkel et Hillary Clinton ont joué la carte de la neutralité lors de leurs campagnes respectives en Allemagne et aux États-Unis, Michelle Bachelet au Chili et Ségolène Royal en France ont, elles, beaucoup usé de la touche féminine et personnelle dans leurs campagnes, démontrant de manière éclatante que la route vers l'égalité du pouvoir pouvait être pavée de différences. Des photos reproduites dans la presse du monde entier, ainsi celle de la porte-parole du Sénat américain, Nancy Pelosi, brandissant la mallette du porte-parole entourée par une horde d'enfants en fête, ont contribué à bâtir une image de femmes parfaitement capables de combiner leur féminité avec un leadership fort.

Parler la langue des deux sexes

Les entreprises ont investi des sommes considérables pour apprendre la langue et la culture de puissances émergentes comme le Brésil, la Russie, l'Inde et la Chine. L'heure est venue d'investir dans l'apprentissage de la langue et de la culture d'une large part de leurs effectifs – les femmes. C'est en adoptant ce bilinguisme-là que les entreprises et leurs managers, qu'ils soient hommes ou femmes, pourront récolter les bénéfices de la révolution qui est en marche, notamment en gérant plus efficacement leurs équipes mixtes et en répondant mieux aux attentes d'une part croissante de leur base de clients.

Les actions des entreprises en matière de mixité se focalisent souvent sur les femmes en tant que salariées, beaucoup plus rarement sur le pouvoir économique qu'elles représentent. À se limiter à cette « diversité »-là, on risque fort de faire le jeu des stéréotypes et de réduire les enjeux à un problème d'équilibre de vie personnelle et professionnelle, à un « problème de femmes ».

Ces approches, qui visent à renforcer la mixité du management, partent du principe que ce sont les femmes qui ont besoin d'être aidées, qu'elles doivent apprendre à mieux maîtriser les normes de comportement (masculines) qui prévalent dans les entreprises. Ainsi font-elles la part belle aux mécanismes de soutien en tout genre : formation, coaching, création d'événements et de réseaux féminins.

Nous ne disconvenons pas que ce type de démarche puisse constituer un *point de départ* utile. Nombre de femmes, en effet, se débattent avec les difficultés que connaissent tous ceux qui n'ont pas le pouvoir : manque de confiance en soi, préjugés et stéréotypes, exclusion des réseaux informels. Sans compter que les entreprises qui fournissent les services et les produits qu'elles achètent sont encore majoritairement gérées par des hommes, de Nestlé à L'Oréal, en passant par Citigroup et Nissan. Les femmes, sans doute, sont loin d'être reconnues comme un marché à part entière, aux attentes spécifiques. C'est un immense « océan bleu »[9] d'opportunités qui attend les entreprises qui sauront s'intéresser à ces désirs latents, non exprimés et probablement ignorés.

Ainsi de nombreuses entreprises passent-elles à côté des véritables enjeux. Les femmes n'ont pas besoin d'être « réparées », remises dans le droit chemin. L'argent et l'énergie consacrés à

---

9.   Chan Kim et Mauborgne, 2005.

ces initiatives « en faveur des femmes » seraient bien mieux employés à corriger les attitudes et les processus hérités d'un chapitre de l'histoire des entreprises, dont il est temps de tourner la page.

Pour y parvenir, les entreprises doivent faire de la mixité un enjeu économique, et non un enjeu féminin. Cela signifie que les hommes sont directement impliqués. « *Ce n'est pas seulement un problème qui concerne les femmes, c'est un impératif économique et un impératif de leadership* », souligne Ilene Lang, présidente de Catalyst, qui conseille les sociétés du classement Fortune 500. « *Les hommes en sont un élément clé.* »

L'un des obstacles à surmonter est que la « mixité » – d'ailleurs généralement entendue au sens de la « question de la place des femmes » – est le plus souvent positionnée au sein de programmes de diversité – diversité qui se résume à apprendre à des minorités à accepter une norme dominante. Aussi longtemps que les femmes seront considérées comme une minorité parmi d'autres, les choses n'évolueront pas. L'importance économique croissante des femmes exige d'adopter le raisonnement inverse et de montrer à ceux qui détiennent le pouvoir ce que cette domination coûte aux entreprises.

En tant qu'enjeu économique, la mixité relève des conseils d'administration et des comités de direction, pas d'un « ghetto diversité ». Préalablement à toute définition d'objectifs, les dirigeants doivent établir la pertinence stratégique et économique – et la qualifier – de la démarche. Comme toute initiative stratégique, la mixité a besoin d'un budget, pas seulement d'équipes de femmes volontaires. Cela implique de conduire le changement *avant* de faire de grands discours et de permettre aux différences d'opinion de s'exprimer et d'être prises en compte. Le défi est de créer des environnements de travail plus accueillants pour les deux sexes – et, partant, de récolter tous les bénéfices de leurs perspectives complémentaires.

La crise démographique n'est pas une fatalité

L'attention accrue portée aux femmes en tant qu'agents du renouveau de la croissance économique intervient sur fond de baisse des taux de natalité et de vieillissement de la population dans la plupart des pays développés.

L'Organisation Internationale du Travail (OIT) estime ainsi que si les « quatre grands » pays européens que sont la France, l'Allemagne, l'Italie et le Royaume-Uni veulent maintenir leur population active au niveau de 1995, ils auront besoin de multiplier par cinq ou presque leur taux d'immigration, pour accueillir en moyenne 1,1 million d'immigrés par an. Préserver les systèmes de sécurité sociale – en d'autres termes, maintenir un taux d'actifs stable par rapport aux retraités – nécessiterait de multiplier le nombre d'immigrants par trente-sept, à près de 9 millions d'individus par an[10].

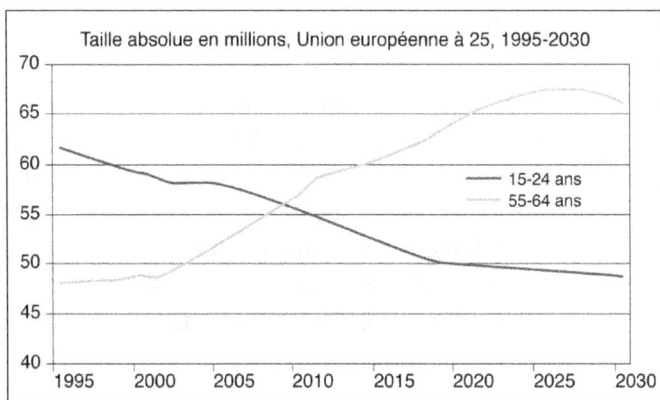

Taille des groupes d'actifs les plus jeunes (15-24 ans) et les plus âgés (55-64 ans)[11]

---

10. Martin, 2003.
11. Source : Eurostat, 2004 onwards : 2004 Demographic Projections (Baseline scenario)

L'OCDE, pour sa part, a prévenu qu'il était « *peu probable que le déclin des taux de natalité qui a caractérisé les dernières décennies soit enrayé dans un avenir proche* ». Plus alarmiste encore, un article de l'*International Herald Tribune* souligne que « *si l'Europe n'arrive pas à trouver un moyen d'inciter ses citoyens à faire des enfants, le risque existe que l'Union européenne ne puisse devenir une communauté économique unifiée et soit au contraire le théâtre de luttes sans merci pour les individus* ». L'article cite un rapport de RAND Corporation, une cellule de réflexion ayant son siège aux États-Unis : « *Ces développements pourraient gravement hypothéquer les objectifs de plein-emploi, de croissance économique et de cohésion sociale de l'Union européenne.* »[12]

Les médias ne se privent pas pour relayer ces prévisions alarmistes, annonçant que si la tendance se poursuit, des pays entiers pourraient voir leur population divisée par deux à l'horizon 2050. Rien, pourtant, n'autorise à penser que cette crise démographique soit une fatalité. Comme le soulignait en 2006 Chrystia Freeland, rédacteur en chef du *Financial Times* aux États-Unis, certains pays développés ayant les taux de natalité les plus élevés, comme les États-Unis et la Suède, ont aussi un taux d'activité des femmes plus élevé que ceux qui, comme le Japon et l'Italie par exemple, ont également des taux de natalité plus faibles. L'OCDE, le magazine *The Economist* et Goldman Sachs ont également souligné cette corrélation entre taux d'activité des femmes et taux de fécondité.

C'est en s'adaptant aux réalités nouvelles de la vie des femmes et des hommes que les pays, comme les entreprises, pourront relever le défi de la crise démographique et de la crise des talents, notamment en mettant à la disposition de leurs citoyens

---

12. Rosenthal, 2006.

et de leurs citoyennes des systèmes qui ne soient plus basés sur la notion obsolète de mères de famille à plein-temps cantonnées à rester au foyer. À cet égard, il est frappant de constater que, dans leur voyage vers la « liberté », les rares pays qui avaient créé des sociétés basées sur le concept de deux parents actifs – à commencer par les anciens pays communistes d'Europe de l'Est – sont en fait revenus en arrière en matière d'égalité des sexes. Pour les femmes de ces pays, découvrir ce qu'il se passait réellement de l'autre côté du Mur a été un voyage au goût doux-amer, qui s'est traduit par une baisse extrêmement importante du taux de natalité.

Les gouvernements doivent prendre en compte l'évolution du rôle des femmes et répondre à leurs motivations modernes. Reconnaître que la plupart des enfants ont désormais deux parents qui travaillent est une première étape importante, qui exigera dans bien des cas des adaptations en rupture avec la culture dominante. Dans certains pays, les hommes politiques essayent toujours d'augmenter le taux de natalité en incitant les femmes à rester à la maison. Selon l'*International Herald Tribune*, le montant cumulé des avantages maternité s'élevait à quelque 3,5 milliards d'euros en Allemagne en janvier 2007. « *Le gouvernement espère que cet* elterngeld, *ou argent pour les parents, incitera les femmes qui travaillent à rester chez elles pendant un an et à s'occuper de leurs enfants.* »[13] Mais voir dans la baisse des taux de fécondité le signe que les familles n'ont pas d'enfants parce qu'elles n'ont pas les moyens de rester chez elles pour s'en occuper est une erreur. Les femmes n'ont pas envie de rester à la maison. Elles ont envie de rester au travail.

Au XXIᵉ siècle, si les femmes sont obligées de choisir entre travailler et avoir des enfants, elles optent pour le travail (étant donné le taux record de divorces, ce pourrait être une folie

---

13. Dempsey, 2006.

financière que de ne pas agir ainsi). Les ménages où l'homme et la femme travaillent sont une réalité que les gouvernements et le secteur privé doivent comprendre et accompagner si on veut que les taux de natalité décollent. Au lieu de contraindre les individus à des choix qui ne correspondent plus à rien, c'est à rendre possible la conciliation du travail et de la famille qu'ils devraient s'atteler.

Plus l'homme et la femme, le père et la mère, pourront vivre harmonieusement leurs différents rôles, plus les couples – et les pays – auront d'enfants. Des tentatives pour poser le débat en d'autres termes commencent à se faire jour, favorisées par le fait que nombre d'hommes bien installés dans les échelons supérieurs du pouvoir économique et politique voient leurs propres filles confrontées aux dilemmes de l'âge adulte.

Ce nouveau regard sur la mixité est le plus manifeste dans les pays et les entreprises qui considèrent que les enjeux relatifs aux femmes sont des sujets politiques et économiques essentiels, qui exigent un double engagement du secteur public et du secteur privé. À ce jour, force est de constater que les deux ont rarement agi de concert. Les États-Unis ont favorisé les initiatives du secteur privé, les entreprises développant et promouvant leurs salariées en interne. Le Royaume-Uni a recherché une combinaison des deux. L'Europe et l'Asie, comme à l'accoutumée, ont davantage compté sur des actions initiées par le secteur public. On peut donc dire que, globalement, les pays ont privilégié des approches en cohérence avec leurs choix politiques – accompagner et encourager le travail des femmes comme en France et dans les pays nordiques ou pas. La révolution économique alimentée par les femmes s'affirmant de plus en plus, l'heure commence toutefois à être à l'intégration de ces deux approches. Il est probable que la décennie à venir verra la naissance d'efforts conjoints du secteur public et du secteur privé pour avoir le meilleur des deux mondes – permettre aux femmes d'avoir des enfants et de devenir des chefs, pour reprendre le titre des rapports de l'OCDE sur ce sujet.

Les ruptures/discontinuités/bouleversements du XXIᵉ siècle : climat, femmes, Web

Au cours du siècle dernier, la question des femmes a été portée essentiellement par des femmes. Plus généralement, le débat des femmes sur la mixité a été une conversation entre femmes. Une revue de la littérature révèle ainsi une kyrielle de livres écrits par des femmes pour des femmes au sujet des femmes. Depuis les œuvres pionnières de Betty Friedan (*The Feminine Mystique*, W. W. Norton & Company, 2002) et Simone de Beauvoir (*Le Deuxième Sexe*, Gallimard, 1949) jusqu'aux ouvrages plus récents de Sally Helgesen (*The Female Advantage*, Currency, 1998) et de Helen Fisher (*The First Sex*, Ballantine Books, 2000), de la veine « les femmes sont meilleures », la discussion a été riche et a contribué à faire avancer les choses.

Peu de choses, toutefois, ont été écrites sur l'influence politique et économique des femmes à l'attention d'un public incluant les hommes actuellement au pouvoir. On a vu fleurir ces dernières années des livres sur le thème des femmes « comme consommatrices », décrivant leur pouvoir d'achat de plus en plus élevé et incitant les entreprises à mieux cibler ce marché lucratif. Mais les femmes ne se résument pas à leur compte en banque – aussi garni soit-il.

À travers ce livre, notre objectif est d'aborder la mixité dans sa globalité et dans toute la richesse de ses enjeux. À la différence d'un certain nombre de publications récentes, il ne proclame pas la supériorité des unes sur les autres et ne prend pas non plus parti pour les unes contre les autres. Cette approche « eux contre nous » ne peut qu'alimenter la guerre des sexes et les conflits religieux et politiques.

Le temps est venu d'une pensée neuve, moins attachée aux notions de « plafond de verre » et de « sexes opposés comme ennemis ». Les femmes, et les enjeux professionnels qu'elles soulèvent, sont liés à beaucoup d'autres changements imminents dans notre façon de travailler. « Comprendre » les femmes aidera les organisations à comprendre ces évolutions et à y répondre – attentes et rôles changeants des hommes, aussi bien que flexibilité et adaptations requises par une population active vieillissante et demandées par la génération qui entre aujourd'hui sur le marché du travail. Les pays et les entreprises où il fait bon vivre et travailler pour les femmes seront mieux positionnés pour tirer profit de ces tendances démographiques et sociales.

Nous avons souhaité développer une approche de la mixité qui inclue les deux moitiés de la race humaine. Notre but est de favoriser l'émergence et de contribuer à construire un nouveau type de leadership, un leadership « bilingue » qui maximise les capacités et le potentiel des hommes et des femmes en reconnaissant les avantages concurrentiels de nos compétences et de nos natures complémentaires.

Nous proposons d'aborder autrement la question de la mixité, de la libérer des diverses boîtes dans lesquelles on l'a enfermée, faute de mieux, au cours des dernières décennies : « problèmes de femmes », diversité ou égalité des chances. Toutes ces catégorisations sous-estiment et l'impact des femmes sur le monde et le potentiel que recèle un meilleur usage de leur talent.

Les femmes sont l'une des trois forces émergentes qui façonneront le XXI⁰ siècle, avec le réchauffement de la planète et Internet. En effet, les femmes peuvent constituer un apport considérable à la croissance économique et au leadership de demain. Par ailleurs, l'impératif du développement durable s'impose à tous et est en passe de changer la façon dont nous envisageons la Terre et notre relation à elle. Enfin, grâce à Internet, la façon dont nous vivons, travaillons et communiquons se transforme de façon extraordinaire.

S'ils ont émergé au XXe siècle, c'est au cours des décennies à venir que ces trois mouvements, irréversibles et d'une ampleur sans précédent, se déploieront pleinement. Le climat constitue un défi redoutable mais aussi l'opportunité de bâtir un avenir plus durable pour notre planète. S'ils sont avant tout porteurs d'opportunités formidables, les deux autres ne vont pas sans risques, en particulier si nous les utilisons à mauvais escient et que nous sous-estimons leur importance. Saurons-nous les reconnaître pour ce qu'ils sont ?

Ce livre parle d'abord de mixité, mais les forces de progrès se répondent souvent. Sachons donc prendre l'exacte mesure de ces bouleversements qui seront parmi les plus importants du siècle qui s'ouvre. Et répondons-y tous ensemble.

Chapitre II

L'ESSENTIEL DU TALENT

* * *

« *Quinze pourcent de nos huit mille associés à travers le monde sont des femmes. Nous sommes des hommes de race blanche – c'est de là que nous venons. Notre objectif n'est pas la parité. Notre objectif, ce sont les meilleurs. À 85/15, nous sommes loin du compte.* »

Samuel DiPiazza Jr., P-DG de PricewaterhouseCoopers

Déterminé à comprendre pourquoi il avait autant de difficultés à recruter et à fidéliser des femmes, un groupe industriel français convia tous ses directeurs des ressources humaines à un séminaire. On remit aux participants une liste de deux pages d'ouvertures de postes, tirées de l'Intranet du groupe et on leur demanda si les annonces reflétaient, selon eux, une forme de discrimination à l'égard des femmes. Les seize hommes et femmes présents lurent les pages et secouèrent la tête. Ils n'y voyaient rien de susceptible de causer un préjudice aux femmes.

Sur les vingt postes répertoriés, toutes les descriptions du candidat idéal, sauf une, commençaient par ces mots : « *Il sera...* » C'est l'exception qui a fait comprendre le but de la démonstration. Elle concernait un poste de secrétariat et débutait de la façon suivante : « *Elle sera...* » Ces spécialistes des ressources humaines furent doublement choqués : ils avaient du mal à croire que des offres d'emploi aient pu être rédigées de cette manière et ils étaient consternés que pas un seul d'entre eux ne l'ait remarqué, alors même que l'UE a interdit toute discrimination sexuelle depuis des années. Le choc encouragea l'entreprise à agir. Elle se fixa comme objectif de recruter 40 % de femmes[14].

L'heure de la « guerre des talents » a sonné

Parfois, un réveil brutal est nécessaire pour que les entreprises commencent à prendre des mesures sérieuses en matière de mixité. Ce qui les pousse à commencer à s'intéresser à la question, c'est généralement moins la parité en tant que telle que leur propre intérêt. La plupart des entreprises aujourd'hui ont plus ou moins une politique en matière de mixité ou songent à en adopter une, motivées par la nécessité d'être perçues comme favorables à la « diversité » ou l'« égalité des chances » ou de ne pas se priver de talents.

À l'heure où l'énorme génération du baby-boom commence à prendre sa retraite (plus de soixante ans après que les hommes sont revenus à leurs épouses après la seconde guerre mondiale), la « guerre des talents », annoncée par les consultants de McKinsey à la fin des années 1990, se fait de plus en plus féroce : de l'Allemagne au Japon et aux États-Unis, des

---

14.   Étude de cas de l'auteur.

pays se bousculent pour attirer des travailleurs qualifiés. Dans certains secteurs – comme la défense, le pétrole et le gaz, les technologies de l'information et la santé – ces pénuries de compétences causent d'ores et déjà de graves problèmes.

Cette concurrence n'épargne personne. Soixante-quinze pour-cent des directeurs des ressources humaines dans le monde déclarent qu'attirer et fidéliser des talents est leur première prio-rité, 62 % étant inquiets de la pénurie de compétences dans leur entreprise (*The Economist*, 2006). Ces enjeux préoccupent tout particulièrement ceux qui ont la responsabilité de faire émerger la nouvelle génération de dirigeants. Pierre Nanterme, en charge du leadership chez Accenture, déclarait ainsi en 2006 que la question de savoir si l'offre de compétences pourrait suivre le rythme de la croissance lui faisait passer des nuits blanches.

Nonobstant ces inquiétudes bien réelles, le monde des entre-prises semble sourd et aveugle à une solution qui est pourtant là sous nos yeux : faire un meilleur usage du potentiel des femmes. Loin de nous l'idée de comparer les femmes à des pachydermes mais le fait est que la situation a tout de celle de l'« éléphant dans la pièce », la grosse vérité que tout le monde préfère ne pas voir. Dans son numéro du 7 octobre 2006, le magazine *The Economist* a consacré un dossier spécial à la pénurie des talents. Curieusement, les femmes n'étaient pas mentionnées comme solution.

On présente souvent le défi comme celui de la difficile adéqua-tion d'un capital nomade avec une force de travail nomade. Tirer le meilleur parti de l'intelligence des femmes, en revanche, représente une opportunité de maximiser la croissance sans les perturbations sociales que les pays craignent, à tort ou à raison, de voir provoquées par la migration massive des individus. Pays, entreprises et conseils d'administration auraient tout à gagner à explorer cette voie négligée.

Comme l'indique une étude conduite par Goldman Sachs, l'égalité des sexes au sein de la population active pourrait doper le produit intérieur brut de 9 % aux États-Unis, de 13 % dans la zone euro et de 16 % au Japon[15]. L'expérience scandinave, souligne Kevin Daly, suggère que parvenir à un tel résultat n'a rien d'utopique, « *sous réserve que les bonnes politiques publiques soient mises en place et que l'égalité des femmes devant le travail soit culturellement acceptée* ».

Réduire l'écart entre la participation des femmes et des hommes à la population active, suggère Kevin Daly, permettrait de répondre en partie au problème urgent des retraites. Un taux d'activité plus élevé des individus en âge de travailler réduirait le ratio de dépendance, le ratio retraités/actifs. La dépendance du troisième âge est particulièrement inquiétante dans des pays comme le Japon et l'Italie, où le taux d'activité des femmes et le taux de natalité sont faibles et qui sont confrontés au vieillissement de leur population.

La matière grise des femmes

Les femmes constituent désormais la majorité (54 %) des diplômés universitaires dans les pays de l'OCDE (2006a). Les pays et les entreprises qui leur permettront d'atteindre leur plein potentiel récolteront les fruits de ces acquis. Parmi la population des 25-34 ans, un tiers des femmes, en moyenne, a suivi des études supérieures contre 28 % des hommes[16]. En Europe, les femmes comptent désormais pour 59 % des diplômes universitaires[17] et 61 % des doctorats[18]. Aux États-Unis, les femmes ont également

---

15. Daly, 2007.
16. OCDE, 2006.
17. UE, 2006.
18. *ibid.*

pris l'avantage sur les hommes en 2002-2003, obtenant 58 % des diplômes de niveau licence et 59 % des diplômes de niveau master. Et pour les diplômes universitaires de troisième cycle, elles talonnent les hommes avec 47 % des doctorats toutes disciplines confondues et 48 % des diplômes en chirurgie dentaire, médecine et droit[19].

Les travaux de recherche montrent que les filles ont de meilleurs résultats que les garçons dans de nombreuses matières et quasiment à tous les niveaux d'étude. Les filles seraient-elles brusquement devenues plus intelligentes ou les cursus des écoles et un corps enseignant composé en majorité de femmes ont-ils adapté l'enseignement aux modes d'apprentissage des filles, au détriment peut-être des garçons ?

C'est une question importante. Un journaliste du *Financial Times*, Richard McGregor, ne cachait pas ses inquiétudes en 2006 quant à cet état de fait : « *Si, à 13 ou 14 ans, mes fils se retrouvent en classe avec des filles brillantes, j'ai peur que leur confiance en eux n'en pâtisse et qu'il leur faille plus de temps pour découvrir qui ils sont, leurs points forts et ce qu'ils ont envie de faire.* » L'article en question discutait le point de vue selon lequel les filles ont de meilleurs résultats dans les établissements non mixtes alors que les garçons bénéficient de l'influence « civilisatrice » des filles lorsqu'ils sont dans des classes mixtes. La société doit, cela va sans dire, s'interroger sur les moindres performances des garçons à l'école. Mais il est également pertinent pour les entreprises d'apprendre à séduire, à fidéliser et à promouvoir un nombre plus important de ces brillantes jeunes femmes.

Au vu de leur bagage universitaire et de leur présence dans beaucoup d'entreprises en nombre égal aux hommes, il ne

---

19. US Department of Education, 2005.

semblerait que naturel – et logique – de permettre aux femmes de partager le leadership et le pouvoir. Combien d'entreprises et de conseils d'administration, pourtant, continuent de nier l'évidence – ou semblent attendre qu'on leur prouve que la présence des femmes à tous les niveaux du management peut être positive pour les entreprises.

Précisément : la féminisation de leurs instances dirigeantes serait bénéfique pour les résultats des entreprises. Dans une étude révolutionnaire de 2004, Catalyst, le groupe de réflexion américain, s'est intéressé au lien entre les femmes leaders et les performances des entreprises du classement 500 de *Fortune*. Il apparaît que les entreprises ayant la représentation moyenne la plus élevée de femmes dans leurs équipes de direction ont de bien meilleurs résultats que celles où la représentation des femmes est plus faible. Le retour sur capital est plus élevé de 35,1 %, le TRS de 34 %. Catalyst a conduit une seconde étude en 2007, portant cette fois sur les conseils d'administration, qui a montré que les entreprises ayant la représentation la plus élevée de femmes dans leur conseil d'administration obtenaient de meilleurs résultats financiers. L'écart était encore plus important lorsqu'il y avait au moins trois femmes au conseil d'administration, preuve de l'importance d'une « masse critique ». Les entreprises comptant trois ou quatre femmes dans leurs instances dirigeantes affichaient un rendement sur capitaux propres supérieur de 83 % en moyenne à celui des entreprises ayant la représentation féminine la plus faible, des résultats commerciaux supérieurs de 73 % et un retour sur capital investi supérieur de 112 %. De la même manière, une étude conduite en 2007 par McKinsey auprès d'entreprises européennes, américaines et asiatiques indique que celles ayant au moins 30 % de femmes dans leur équipe dirigeante obtiennent des notes moyennes meilleures en termes d'« excellence organisationnelle » (leadership, responsabilité, innovation, environnement de travail et ouverture) que celles d'où les femmes sont absentes. D'autres travaux de McKinsey, avec l'Amazone Euro Fund, montrent que les entreprises européennes où la mixité est la plus élevée obtiennent des résultats supérieurs à la moyenne de leur secteur en termes de rendement sur capitaux propres, progression du prix de l'action et résultat d'exploitation. Que ces études signifient que la présence des femmes peut directement améliorer les performances financières ou que des entreprises plus ouvertes et mieux gérées attirent davantage de femmes aux plus hautes fonctions, il est difficile d'ignorer les arguments en faveur de la mixité.

Des travaux conduits par le Conference Board of Canada et par la Cranfield School of Management aux États-Unis viennent eux aussi confirmer les arguments économiques en faveur de l'équilibre des sexes au plus haut niveau de l'entreprise. Selon l'étude canadienne, compter dans ses rangs plus d'une femme à un poste d'administrateur semble être associé à une meilleure gouvernance, davantage d'activité et une plus grande indépendance du conseil d'administration[20]. Le Cranfield International Centre for Women Business Leaders a pour sa part découvert que les entreprises du FTSE 100 qui mettent en pratique les principes de bonne gouvernance sont beaucoup plus susceptibles d'avoir des femmes administrateurs que les autres[21]. Le centre de recherche, qui étudie la composition des conseils d'administration britanniques depuis 1999, a également observé que les entreprises ayant des femmes à des postes d'administrateurs tendent à attirer davantage de femmes parmi leurs collaborateurs[22].

---

20. The Conference Board of Canada, 2002.
21. The Female FTSE, 2004.
22. The Female FTSE, 2003.

Des talents insuffisamment utilisés

Quel est donc le problème ? Il y a une dizaine d'années, on pensait qu'une fois l'éducation mise à niveau et que la législation sur l'égalité des chances aurait produit ses effets, les femmes prendraient naturellement la place qui leur revient dans le monde du travail. Il faudrait sans doute un peu de temps, reconnaissait-on, mais la patience prouverait que la parité à tous les niveaux, y compris aux plus hauts, était réalisable – et même inévitable. De nombreuses femmes acceptèrent elles aussi cet argument, baissant la tête avec obéissance et poursuivant sur la route du travail.

On sait désormais que cette espérance était infondée. Bien que les femmes soient massivement entrées sur le marché du travail, elles restent largement exclues de certains secteurs économiques – et des rangs des dirigeants. Elles sont concentrées dans des domaines comme la santé, l'éducation et les métiers de l'hôtellerie, travaillent souvent à temps partiel et gagnent moins d'argent que les hommes. Les inégalités tendent à être les plus importantes dans le secteur privé. Au Royaume-Uni par exemple, les statistiques officielles font état d'un écart de salaire pour les emplois à temps plein de 22,5 % dans le secteur privé, contre 13,3 % dans le secteur public. Même les pays nordiques, qui ont fait tant de progrès dans l'équilibre hommes/femmes dans la sphère politique et publique, ne peuvent s'enorgueillir des mêmes réalisations dans le secteur privé.

La représentation des femmes est particulièrement faible dans certains domaines essentiels pour la croissance économique et la compétitivité. Il en va ainsi de la recherche et du développement scientifiques. Une étude de l'UNESCO indique par exemple que seulement 27 % des chercheurs dans le monde sont des femmes. En Europe, les femmes comptent pour 32 % des collaborateurs des laboratoires d'état et 18 % des effectifs des laboratoires privés, selon la Commission européenne. « *Les femmes sont trop souvent laissées de côté en faveur des hommes dans le domaine scientifique* », a déclaré en 2007 l'UNESCO dans une déclaration conjointe avec L'Oréal, dénonçant cette situation.

Le lien entre l'insuffisante représentation des femmes et certains manques de compétences clés n'a pas échappé aux décideurs politiques. Comme l'a exprimé en 2007 Meg Munn, Secrétaire d'État britannique en charge des femmes et de l'égalité, « *les pénuries de compétences au Royaume-Uni correspondent aux secteurs dans lesquels nous avons du mal à recruter des femmes* ». Parmi les secteurs où les employés sont en majorité des hommes et qui souffrent de pénuries de main-d'œuvre, citons notamment l'ingénierie, le bâtiment, les technologies de l'information et l'artisanat, comme la plomberie par exemple. Au Royaume-Uni toujours, 70 % des femmes possédant des qualifications dans les domaines de la science, de l'ingénierie ou de la technologie ne travaillent pas dans ces professions.

Les femmes sont également très absentes des rangs du leadership dans le monde des entreprises. Le secteur privé, plus que tout autre, échoue à capitaliser sur les talents de la moitié de la population active. La vaste majorité des femmes reste engluée dans des fonctions de management intermédiaire, au mieux, alors que les conseils d'administration et les équipes dirigeantes sont toujours résolument dominés par les hommes. Même en Amérique, où les femmes représentent près de 40 % des managers[23], leur accession à des postes de pouvoir réel a été horriblement lente. Une étude américaine (Helfat *et al.*) de 2006 montre ainsi qu'en 2000 – un quart de siècle après que les femmes ont commencé à accéder à des fonctions d'encadrement – près de la moitié des mille plus grandes sociétés américaines ne comptaient pas une seule femme parmi leurs dirigeants.

---

23. Catalyst, 2005.

Les managers ruminent les statistiques, extrapolent à partir de leurs analyses de régression, secouent leur tête rationnelle et se demandent quoi faire. Une grande multinationale française a calculé que, sur la base des parcours de carrière actuels, si elle ne recrutait que des femmes et pas un seul homme au cours des vingt prochaines années, elles ne seraient encore que 20 % à occuper des postes de direction. Et si elle continue à son niveau de recrutement actuel, soit 40 % de femmes, dans vingt ans, il y en aura… 8 % à des postes de direction.

Le rôle des écoles de commerce

La féminisation des instances dirigeantes des entreprises est freinée par un obstacle majeur : pendant des décennies, les grandes écoles internationales de commerce ont accueilli beaucoup moins d'étudiantes (seulement 20 % à 30 % du total) que les écoles de médecine ou de droit, qui ne sont pas loin de la parité.

Pourquoi les femmes sont-elles si peu nombreuses à suivre un MBA ? La raison constamment invoquée est que ce type de programmes exige que les participants aient plusieurs années d'expérience professionnelle. C'est donc vers 30 ans que les candidats postulent, un âge auquel les demandes personnelles, et notamment le désir de fonder une famille, sont fortes. Quoi que l'on pense des MBA, ils demeurent une carte de visite importante pour beaucoup de grandes entreprises aux quatre coins de la planète. Ce pré-requis apparemment anodin d'expérience professionnelle a limité le nombre de femmes accédant à des carrières de dirigeantes. S'il y a des années que les recteurs des établissements en question ont reconnu le problème, qu'il nous soit permis de remarquer qu'ils n'ont guère montré d'empressement à faire évoluer les choses.

Mais l'horizon semble enfin s'éclaircir. Une kyrielle de doyens et de professeurs nord-américains agissent en faveur de la mixité dans les écoles de commerce européennes. La première femme (et la première Américaine) doyenne de la London Business School, Laura Tyson, déclarait à *Business Week online* en 2001, avant sa prise de fonction en janvier 2002, que sa nomination pourrait contribuer à augmenter le nombre d'étudiantes. Celui-ci est passé de 22 % au tournant du siècle à 28 %, propulsant l'école britannique au troisième rang des écoles de commerce européennes sur ce critère, derrière l'Instituto de Empresa de Madrid (36 %) et la Judge Business School de Cambridge, au Royaume-Uni (31 %)[24]. Le corps enseignant féminin de la London Business School compte pour seulement 14 % du total, bien que ce chiffre ait été multiplié par deux depuis 2002.

À l'INSEAD, près de Paris, un autre Américain, le doyen J. Frank Brown, œuvre lui aussi pour faire évoluer les choses. Le nombre d'étudiantes en MBA est ainsi passé de 18 % en 2004 à 25 % en 2007. En 2006, l'école a lancé son premier Executive Programme exclusivement destiné aux femmes (dirigé par Herminia Ibarra, professeur américaine d'origine cubaine), après que l'IMD de Lausanne a ouvert la voie l'année précédente sous la houlette de la Canadienne Martha Maznevski. L'attention croissante que les écoles de commerce accordent aux femmes est en partie motivée par des classements et des évaluations qui soulignent le déséquilibre entre les sexes et en partie par des commentaires dans les médias, ainsi de celui du responsable du recrutement d'une banque de la City, à Londres, qui affirme que « *le saint graal est une femme ayant un MBA* »[25].

---

24. *Financial Times*, 2007.
25. Bradshaw, 2007.

Un certain nombre d'écoles américaines se sont enfin décidées à modifier leurs critères de recrutement. Depuis 2006, elles tempèrent leurs appétits d'expérience professionnelle préalable sous la pression de la concurrence d'autres diplômes universitaires, en droit notamment, qui acceptent des étudiants sans expérience professionnelle. Elles ont abaissé l'âge moyen d'entrée et même permis à certains étudiants de rejoindre le cursus directement après l'obtention d'un diplôme de licence. Ces mesures auront probablement un impact important sur le nombre de femmes qui choisiront des cursus de gestion et permettront aux écoles de commerce de rattraper leur retard en la matière sur les facultés de droit et de médecine. Dans un article sur cette évolution, le *Financial Times* cite Thomas Caleel, directeur des admissions à Wharton : « *Nous avons fini par comprendre que c'est un choix de vie très différent pour une femme que d'obtenir un MBA à 23 ou à 28 ans.* »[26]

Ces initiatives autour de la mixité ne sont pas les seules. La London Business School a ainsi créé fin 2006 un Centre for Women in Business en partenariat avec Lehman Brothers, pour conduire des recherches sur la contribution des femmes à l'innovation, l'impact de la mixité dans les équipes ou encore les aspirations de carrière des étudiantes de MBA et leur expérience dans les écoles de commerce.

Aller chercher les talents

Il ne suffit pas d'attendre… que le vivier des talents féminins irrigue nos rangs de dirigeants – Jeremy Isaac, Lehman Brothers.

---

26. Knight, 2006.

Jusqu'à présent, ce chapitre s'est attaché à mettre en lumière la contradiction entre les meilleurs résultats scolaires et universitaires des femmes et la sous-utilisation de leurs qualifications, de leurs compétences et de leur expérience dans des entreprises qui réclament des talents à corps et à cris. Corriger cet écart, pour le bénéfice des entreprises en particulier et de l'économie en général, signifie mieux manager les femmes. Recruter davantage de femmes ne suffit pas, comme beaucoup d'entreprises l'ont appris à leurs dépens – et à un coût considérable. Il faut aussi savoir les fidéliser et leur ouvrir le chemin du pouvoir. Faute de quoi, leurs efforts de recrutement seront purement et simplement gaspillés – chèrement gaspillés.

Chacun de ces domaines – recrutement, fidélisation et promotion – exige des ajustements spécifiques. Ensemble, ils exigent une compréhension fine et approfondie des difficultés et des choix qui attendent les femmes à chaque stade de leur carrière. La section suivante propose une première approche de ces questions – à laquelle font écho les chapitres 4 et 5, dans lesquels nous présentons en détail nos recommandations pour créer une stratégie d'entreprise sur la mixité.

Recruter : attirer les femmes

Les entreprises qui comptent peu de femmes dans leurs rangs disent souvent qu'elles adoreraient en avoir davantage mais qu'« *elles n'arrivent pas à en trouver* ». Les femmes, expliquent-elles, ne sont tout bonnement pas attirées par leur entreprise ou leur secteur d'activité. Cet argument de la poule et de l'œuf n'est plus vraiment crédible. Les femmes sont présentes dans toutes les activités qui, à l'origine, n'étaient pas conçues pour elles. De l'armée à la lune, des gisements pétroliers aux terrains minés de la politique, les femmes ont prouvé que rien n'était trop grand, trop mauvais ou trop laid. C'est au Rwanda que la représentation des femmes au parlement est la plus élevée :

elles comptaient en 2007 pour 49 % de la chambre basse, contre 20 % au Royaume-Uni et 16 % aux États-Unis[27].

Alors qu'une première génération de femmes était disposée à jouer les pionnières dans des contextes relativement peu amicaux, la génération actuelle ne s'en laisse plus compter. La femme d'aujourd'hui a davantage de choix et elle est mieux informée, aussi bien en tant que salariée qu'en tant que consommatrice. Il y a davantage de données sur les comportements des entreprises en matière de mixité et les femmes hésitent de moins en moins à poser certaines questions élémentaires : « *Combien de femmes siègent à votre conseil d'administration ? Et à votre comité exécutif ?* » Si la réponse, au début du XXIe siècle, est « *aucune* » ou même « *une* », l'entreprise aura du mal à convaincre les femmes de la réalité de son engagement en faveur de l'égalité des chances.

Peter Brabeck-Letmathe, P-DG de Nestlé, premier groupe alimentaire mondial, a bien malgré lui illustré en 2006 le chemin qu'il restait à parcourir à de nombreuses entreprises. Il intervenait devant un parterre de plus de neuf cents femmes dans le cadre d'une conférence internationale de haut niveau. Il a débuté son discours avec les ronds de jambes oratoires habituels, soulignant à quel point il était heureux d'être là, et avec quel plaisir il avait accepté une invitation à s'exprimer devant celles qui sont « *le cœur et l'âme* » de sa clientèle. En revanche, a-t-il poursuivi, il n'avait pas imaginé se retrouver devant un public occupant des fonctions aussi importantes.

À la fin de son discours éloquent et bien écrit, une première question fusa : « *Combien de femmes siègent à votre comité exécutif ?* » Aucune, a-t-il répondu. Aucune femme n'avait encore acquis suffisamment d'expérience internationale pour être promue à ce niveau. Il a ensuite ajouté qu'il était contre les

---

27. Inter-Parliamentary Union, 2007.

quotas. Il a même exprimé sa surprise face à cette question, déclarant qu'il ne s'attendait pas à ce que des femmes aussi puissantes soient autant sur la défensive. Ces propos ont été accueillis par des huées de mécontentement – tant pour les statistiques que pour sa mauvaise interprétation du sujet évoqué. Son discours avait mis en avant le fait que les femmes représentaient la quasi-totalité des clients de son entreprise et combien il était important de bâtir la confiance avec les clients et les autres parties prenantes. L'ironie n'a échappé à personne sauf au dirigeant autrichien lui-même.

Dans quelle mesure les entreprises sont-elles attirantes pour les femmes ? Passer en revue les offres d'emploi est un moyen simple et efficace de vérifier si les employeurs comprennent ce que les femmes pensent et éprouvent. Beaucoup d'entreprises véhiculent toujours une image dure, masculine. La question est de savoir si la chose est voulue, manière de dire aux femmes qu'elles ne sont pas les bienvenues, ou inconsciente parce que personne ne s'en est aperçu et parce qu'il se trouve que cela plaît au directeur de création de l'agence de publicité – la majorité des directeurs artistiques des agences de publicité sont des hommes selon *Inside Her Pretty Little Head* (Cyan Communications, 2006), un livre écrit par Jane Cunningham et Philippa Roberts, deux dirigeantes travaillant dans le secteur de la publicité.

Même dans les entreprises sensibilisées aux faux pas linguistiques dans les offres d'emploi que nous avons décrits au début de ce chapitre, d'autres formes de préjugés involontaires demeurent. Il existe des moyens efficaces, positifs, d'y remédier.

Une entreprise était préoccupée du peu de candidatures féminines à ses offres d'emploi. Le problème était particulièrement aigu en Europe, où seulement 5 % des candidatures étaient féminines. L'entreprise supposait que son activité, technique et très orientée sur la vente, ne les intéressait tout bonnement pas. Ses annonces mettaient en scène un yuppie en costume sombre et attaché-case, et le texte vantait le dynamisme, l'agressivité et l'esprit de compétition exigés par le poste. Une annonce comme tant d'autres dans le monde des affaires... L'entreprise décida d'expérimenter autre chose. Au lieu d'utiliser la photo d'un inconnu choisie en banque d'images, l'annonce mettait en scène des femmes dirigeantes issues des rangs de l'entreprise. Le texte était centré sur des messages très différents, avec un vocabulaire différent lui aussi, parlant d'enthousiasme, d'innovation et d'audace. Le nombre de candidatures féminines fit un bond à 40 %, en changeant simplement les visuels et le vocabulaire. L'annonce qui avait fait la preuve de son pouvoir d'attraction sur les femmes se révéla également plus efficace pour recruter le type d'hommes que l'entreprise recherchait[28].

Les entreprises disent souvent que si elles n'engagent pas davantage de femmes, c'est parce que leurs agences de recrutement ne leur proposent pas suffisamment de candidates. Elles en concluent qu'« *il n'y a pas de femmes* ». Dans certaines entreprises, cette fable a cours à tous les niveaux, du personnel de vente aux directeurs. Mais les agences de recrutement souffrent exactement du même genre de préjugés inconscients dont bon nombre de chargés de recrutement dans les entreprises et leurs offres portent la marque. Quelques rares entreprises progressistes ont choisi de former leurs agences pour les rendre « bilingues ».

Petits conseils pour recruter des femmes

- Ne partez pas de l'hypothèse que votre secteur d'activité « n'attire pas » les femmes.

- Procédez à un audit des statistiques actuelles de recrutement par sexe.

---

28. Étude de cas de l'auteur.

- Vérifiez l'attractivité de l'image de votre entreprise auprès des femmes.

- Examinez offres d'emploi et publicités d'embauche pour y traquer des préjugés inconscients.

- Faites la même chose avec les agences de recrutement avec lesquelles vous travaillez.

- Développez une communication de recrutement qui parle à tout le monde, hommes et femmes.

- Ayez suffisamment de femmes à des postes de leadership pour être crédibles auprès des recrues féminines.

Fidéliser : agir au niveau structurel

Les entreprises essayent de remplir le « réservoir » de femmes en ouvrant le robinet du recrutement. Cette étape essentielle n'aura toutefois qu'une portée limitée si rien n'est fait en aval.

De nombreuses entreprises recrutent des femmes depuis de longues années, certaines avec davantage de succès que d'autres. Ce que la plupart n'ont pas élucidé, c'est comment utiliser efficacement leur talent. Depuis le premier instant où les femmes franchissent le seuil de l'entreprise, leur carrière et leurs aspirations sont envisagées à l'aune de critères qui ne sont pas les leurs. Ce n'est pas un « plafond » mythique qui doit être jeté à bas, c'est tout l'édifice qui doit être contrôlé pour ce que l'on pourrait appeler l'« amiante de genre » : les valeurs, systèmes et processus conçus pour une autre époque, qui peuvent causer des dégâts permanents mais cachés aux chances des femmes. Ne pas moderniser l'édifice managérial est assorti de coûts considérables, à commencer par un retour médiocre sur les investissements en recrutement et en formation.

Bienvenue au management. Vous avez droit à un bureau, une plante verte et, voyons, ah oui, plafond de verre ou plancher collant, au choix.

Bien que les entreprises aient l'habitude d'analyser le turnover de leurs effectifs, elles n'ont pas l'habitude de l'analyser selon le critère du genre. Rares sont celles qui ont conduit des études comparatives sur le moment et les raisons pour lesquelles les hommes et les femmes les quittent. Celles qui l'ont fait savent que les femmes ne quittent généralement pas l'entreprise pour rester chez elles, bien que cette idée reçue ait la vie dure. Certaines femmes, naturellement, cessent effectivement toute activité professionnelle, en particulier lorsque le salaire de leur conjoint le leur permet, mais beaucoup s'en vont pour rejoindre une entreprise où il fera meilleur travailler, pour mieux maîtriser leur vie ou pour s'investir dans des parcours différents, comme la création d'entreprise, qui leur apportent autre chose.

De plus en plus de managers bardés de diplômes font de tels choix. Ils sont décrits en détail dans l'excellent livre de Herminia Ibarra, *Working Identity*, qui explore le processus de réinvention que connaissent les individus lorsqu'ils quittent une carrière et expérimentent des choses radicalement nouvelles. Ces transitions s'appliquent aussi bien aux hommes qu'aux femmes. De fait, les initiatives visant à répondre aux attentes des femmes dans l'entreprise contribueront vraisemblablement aussi à fidéliser les hommes qui aspirent à un modèle différent de travail et de leadership, comme nous y reviendrons dans le chapitre 8.

Les hommes et les femmes, toutefois, n'ont pas les mêmes cycles de carrière. Les femmes tendent à quitter l'entreprise à des stades différents, et avec des conséquences différentes. Une étude de grande envergure conduite aux États-Unis a ainsi montré que 37 % des femmes au parcours brillant faisaient des pauses dans leur carrière. Toutes ces femmes, à l'exception d'un maigre 7 %, souhaitaient reprendre plus tard le chemin de l'entreprise. Mais retrouver leur carrière s'avère toujours plus difficile qu'elles ne le pensaient. Seulement 74 % ont réussi à réintégrer la population active et seulement 40 % à des postes à plein-temps, selon l'enquête conduite auprès de trois mille hommes et femmes publiée par *Harvard Business Review* et le Center for Work-Life Policy de New York[29].

Pourquoi ces femmes avaient-elles souhaité faire une pause dans leur carrière ? Si s'occuper de leurs enfants et de parents âgés a été cité par nombre de femmes dans différents secteurs

---

29. Hewlette & Buck Luce, 2005.

économiques, le motif principal pour celles travaillant dans les affaires, la banque et la finance était qu'elles ne trouvaient pas leur carrière satisfaisante ou agréable. Seulement 5 % des femmes ayant interrompu leur carrière – et aucune de celles travaillant dans les affaires et la finance – souhaitaient retourner auprès de leur précédent employeur, selon l'étude « Off-ramps and On-ramps »[30].

À ce jour, il n'existe pas de recherche équivalente à l'échelle européenne. Cependant, des études nationales et sectorielles dessinent une image saisissante de femmes actives quittant des emplois en entreprise pour prendre le contrôle de leur vie et de leur travail. Ces travaux montrent que la décennie la plus compliquée pour elles est celle de la trentaine.

Une étude conduite auprès des trois cents premières entreprises françaises indique que les femmes étaient cinq fois plus susceptibles que les hommes de quitter l'entreprise au début de la trentaine. Cette étude, publiée en 2005 par l'institut de sondage IPSOS et une association d'anciens élèves des grandes écoles, Grandes Écoles au Féminin (GEF), révèle que ces femmes n'ont pas quitté leur emploi pour rester chez elles mais pour trouver un emploi leur permettant de mieux gérer leur vie. Les hommes, pour leur part, étaient plus susceptibles de partir à la quarantaine.

Une grossesse est généralement la première fourche visible dans le parcours professionnel des femmes, intervenant, comme c'est le cas, au moment où les meilleurs talents obtiennent leur premier poste de management. Mais, comme nous y reviendrons, ce n'est en aucun cas le seul obstacle qui empêche les femmes d'atteindre des positions de leadership.

Dans certains pays et dans certains cas, les problèmes liés à la maternité émergent plus tard, au début de la quarantaine.

---

30. Littéralement « bretelles de sortie et d'entrée d'autoroute ».

Au Royaume-Uni, une étude portant sur une profession extrêmement qualifiée – expert en contrôle de structures – a montré que les femmes quittaient leur emploi en grand nombre après l'âge de 40 ans. Comme dans les résultats de l'enquête française ci-dessus, beaucoup le font pour d'autres emplois, enseignement ou administration notamment, qui leur permettent une meilleure harmonie de leur vie familiale et de leur vie professionnelle.

« Ce sont des talents gâchés à un moment où les sociétés de notre secteur ont besoin de toutes les compétences et de toute l'expérience qu'elles peuvent trouver, sur un marché florissant », regrette Louis Armstrong, président de la Royal Institution of Chartered Surveyors. *« Si les experts femmes qualifiées et ayant de l'expérience choisissent d'accepter des postes qui ne correspondent pas à leur niveau de compétences, dans d'autres secteurs, parce qu'elles n'ont pas réussi à concilier notre métier avec leur vie de famille, nous devons réfléchir à la façon de les aider à reprendre leur travail. »*

Cette fuite des cerveaux, que l'on peut observer dans de nombreux pays et de nombreux secteurs, est un phénomène préoccupant pour toutes sortes d'organisations. Mais c'est un défi particulièrement aigu pour le secteur privé. Des recherches conduites en 2007 par l'Equal Opportunities Commission (EOC) en Grande-Bretagne, par exemple, montrent que 20 % des femmes managers à temps plein dans le secteur privé ont quitté la population active dans l'année qui a suivi la naissance d'un enfant, contre 9 % dans le secteur public.

La sous-utilisation des compétences des femmes, à un moment où les employeurs s'inquiètent de la pénurie de talents, semble s'aggraver dans certains pays. Au Royaume-Uni, malgré le nombre croissant de femmes diplômées dans la population active, 45 % seulement occupaient des emplois à salaires élevés en 2007 – en baisse par rapport à 65 % dix ans auparavant. Aux

États-Unis, une étude de trois promotions de femmes ayant obtenu un MBA à la Harvard Business School révèle que seulement 38 % de celles ayant des enfants travaillent à plein-temps[31]. À quoi bon investir dans l'éducation si nous ne permettons pas aux bénéficiaires d'exploiter pleinement leurs compétences ?

Une recherche de l'EOC en Grande-Bretagne indique que la progression de carrière à des postes mieux rémunérés est identique pour les femmes et les hommes jusqu'à l'âge de 30 ans. Mais passé cet âge, la proportion d'hommes dans de tels postes augmente régulièrement jusqu'à la quarantaine et la cinquantaine, alors que la proportion de femmes diminue.

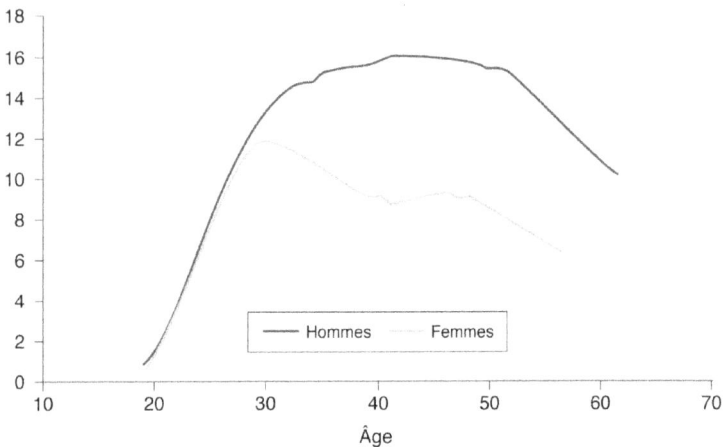

Cycle de vie et proportion d'hommes et de femmes dans les postes à hauts revenus[32]

---

31. Hirschman, 2007.
32. Source : « Poor Returns : winners and losers in the job market », P. Jones et A. Dickerson, Equal Opportunities Commission, 2007.

Des cultures « du client »

Les grands cabinets juridiques, de conseil et d'expertise comptables sont parmi ceux qui connaissent les problèmes de rétention les plus graves. Ces sociétés s'enorgueillissent de recruter les meilleurs diplômés, parmi lesquels un nombre non négligeable de femmes, et de les canaliser ensuite dans un système « en haut ou la porte ». Les honoraires facturés par ces cabinets sont suffisamment élevés pour que les clients attendent un service 24 heures sur 24 et 7 jours sur 7 – souvent en dépit des efforts du client pour introduire une forme d'équilibre vie professionnelle – vie personnelle en interne pour ses propres collaborateurs.

La culture de ces entreprises est une culture du travail sans horaires et sans frontières. Elles ont du mal à conserver les femmes dans la trentaine et plus de mal encore à les promouvoir comme associées. Alors même que leurs activités se prêtent à une flexibilité sans doute unique, nombre de ces cabinets refusent de se demander si leur approche est bien la meilleure pour leurs clients et sont extrêmement réticents à faire évoluer leur modèle pour intégrer les besoins et le cycle de vie des femmes.

Ils pensent être parfaitement objectifs en traitant les hommes et les femmes exactement de la même manière – ce qu'ils font. C'est justement là le problème. Ils ne perçoivent pas que l'hypothèse du « tout le monde est pareil » ne peut qu'être biaisée quand leur culture et leurs schémas d'avancement reposent sur le modèle de la carrière masculine linéaire traditionnelle. Les hommes et les femmes étant égaux et identiques à leurs yeux, tout ce que les femmes semblent apporter, en fait de différence, c'est moins de temps, moins de disponibilité pour voyager et donc moins d'« engagement ». La majorité des dirigeants de ce type de cabinets ont des épouses qui ne travaillent pas, alors que la plupart des femmes qui y travaillent ont des maris qui travaillent eux aussi.

Quoi qu'il en soit, ces entreprises commencent elles aussi à être confrontées aux nouvelles motivations de leurs collaborateurs. Les jeunes générations sont souvent moins disposées à placer leur vie professionnelle au pinacle de la dévotion totale. Quant à ceux et celles dont l'objectif est toujours de gagner le plus possible, le plus vite possible, bien d'autres options hautement lucratives s'offrent à eux : banques d'investissements, *hedge funds* et autres sociétés d'investissement où la rémunération peut dépasser la rémunération annuelle d'un consultant ou d'un avocat par un facteur de cinq, voire de quinze. Donc, sur un marché comme celui de Londres, certains cabinets de services aux entreprises n'excluent pas de faire de la « qualité de vie » un argument majeur de leur stratégie de recrutement – une fois qu'ils auront conçu ces nouvelles façons de travailler.

Deloitte Consulting, la société de conseil, a été l'une des premières à admettre qu'elle avait un problème et à s'atteler à le résoudre. Il y a plus de dix ans, l'entreprise a pris conscience que les femmes désertaient ses rangs. Au début des années 1990, elle a organisé des ateliers de deux jours pour chacun de ses consultants – cinq mille collaborateurs en tout, pour un coût de quelque 8 millions de dollars – pour se pencher sur la question des femmes et de la mixité au sein de l'entreprise. Cette démarche a constitué « *un tournant, un événement décisif dans la vie de l'entreprise... Au final, les ateliers ont converti une masse critique de leaders de Deloitte* », a écrit en 2000 le P-DG de Deloitte Consulting, Douglas McCracken, dans un article de la *Harvard Business Review* intitulé « Gagner la guerre du talent des femmes ». « *Le message était lâché : ne faites pas d'hypothèses sur ce que les femmes veulent ou ne veulent pas. Demandez-leur.* »

La fidélisation chez PricewaterhouseCoopers

Lorsque Sarah Churchman, directrice de la diversité pour le Royaume-Uni, a commencé à travailler sur la question de la diversité chez PricewaterhouseCoopers UK en 2001, l'entreprise voyait s'en aller beaucoup de femmes au niveau du management intermédiaire. Cette tendance a été corrigée mais les femmes n'accèdent toujours pas aux postes de direction, explique-t-elle. Lorsqu'elle a présenté les faits aux associés début 2007, « *ils ont pris conscience que les obstacles n'étaient pas si évidents. Pour reprendre leurs mots, cela avait à voir avec notre culture* ». Une culture, notamment dépourvue de modèles de réussite féminine au sommet de l'organisation : « *Au cours des dernières années, moins de la moitié des étudiants que nous avons recrutés sont des hommes de race blanche. Mais au sommet de l'entreprise, sur les huit cents et quelque associés du cabinet, 90 % sont des hommes et 98 % sont de race blanche. Le sommet n'a strictement rien à voir avec la base. Cela posera des problèmes. Si les femmes s'en vont, ce n'est pas pour des questions de famille ou d'enfants, mais parce qu'elles regardent en haut et qu'elles ne voient personne comme elles.* »[33]

La pénurie de femmes au sommet est un défi d'envergure pour PwC au niveau mondial, comme l'exprime son P-DG dans la citation placée en exergue de ce chapitre. Le site Internet de l'entreprise ne faisait pas non plus mystère de l'importance de l'enjeu en 2007 : « *Nous recrutons chaque année autant de jeunes diplômés que de jeunes diplômées. Mais, plus on s'élève dans la hiérarchie, plus la proportion de femmes chute. Tant que ce déséquilibre ne sera pas corrigé, nous – et nos clients – continuerons à passer à côté du plein potentiel de nos talents féminins.* »

Les entreprises doivent reconnaître que la solution au défi de la fidélisation exige une remise en question de leur culture plus

---

33. Entretien avec l'auteur, 2007.

profonde que la plupart ne l'auraient pensé. Si les femmes sont parfois arrachées aux entreprises par des aspirations personnelles et des engagements familiaux, ce sont bien plus souvent les nombreux facteurs cumulatifs au sein des organisations elles-mêmes qui les poussent dehors (voir l'encadré ci-après).

La fidélisation est un enjeu plus complexe que celui du recrutement et exige un effort d'adaptation bien plus grand. Les entreprises l'abordent généralement comme on le ferait d'une fuite sans importance dans la salle de bains du sous-sol – sans se rendre compte que c'est toute la tuyauterie de la maison qu'il faut changer.

Petits conseils pour fidéliser les femmes

- Commencez par reconnaître que certaines vous quittent.
- Évaluez l'ampleur et le coût de cette fuite de cerveaux féminins.
- Analysez le moment et les motifs de cette fuite et déterminez s'ils diffèrent selon les sexes.
- Acceptez l'idée que les parcours professionnels des hommes et des femmes peuvent être différents et non linéaires.
- Identifiez les aspects systémiques à la source du problème.
- Mettez en œuvre les changements nécessaires pour arrêter définitivement l'hémorragie.

Quand les femmes s'en vont

Hostile aux femmes, la culture dominante des entreprises ? C'est en tout cas ce qu'elles ressentent. Si des actions en justice démontrent régulièrement qu'hostilité et discrimination n'ont malheureusement pas disparu, c'est plus souvent l'accumulation de « micro-injustices » qui finit par avoir raison d'elles – des messages ou des signaux qui véhiculent inconsciemment un préjugé ou une incompréhension : avoir par exemple un directeur qui semble incapable de distinguer ses collègues femmes les unes des autres ou de se souvenir de ce que chacune fait ; et qui ne se gêne donc pas pour confier ses travaux de secrétariat à la première femme qui passe par là ; ou qui s'approprie avec condescendance leurs idées en réunions et – parlant beaucoup plus fort qu'elles – les présente comme les siennes.

Les styles de communication sont aussi souvent en cause. À Unilever, la culture dominante était reflétée par la façon dont les individus s'exprimaient, comme l'a expliqué Niall FitzGerald, ex-co-président, dans un entretien accordé en 2003 au *Financial Times*. « *C'est une culture très agressive, très masculine... Le langage que les gens s'autorisent à employer est parfois inacceptable.* »[34]

Wanda Wallace, directrice de Leadership Forum, une société de conseil intervenant aux États-Unis et en Europe, a voulu savoir ce qui poussait les femmes occupant des postes de direction à quitter les entreprises, et comment celles qui choisissaient de rester jugeaient leur propre situation. Elle a interrogé cinquante-trois femmes à des postes qui n'étaient jamais à plus de quatre échelons au-dessous du directeur général. Les femmes travaillaient pour des organisations internationales au Royaume-Uni, en Allemagne et aux États-Unis. Elle a également interviewé onze femmes qui avaient quitté des postes de niveau similaire.

Vingt-neuf des cinquante-trois femmes en poste avaient songé à démissionner ou envisageaient de le faire. Leurs motifs étaient variés : jeux de pouvoir internes, changement de la structure de

---

34. Maitland.

l'organisation, ne pas obtenir une promotion, ne plus rien apprendre et ne pas s'amuser. Au cours de leur carrière, a-t-elle découvert, les éléments suivants ont eu un impact sur leur efficacité en tant que leaders : manque des réseaux de relations dont bénéficiaient leurs collègues masculins ; manque d'expérience opérationnelle ; feedback informel inadéquat et dépendance excessive vis-à-vis d'un seul chef. Depuis sa première étude en 2003, la plupart des femmes interrogées ont quitté les entreprises où elles travaillaient alors.

Sur les onze femmes de l'étude qui avaient déjà quitté leur emploi, deux seulement ont déclaré que leur décision était motivée par des responsabilités familiales. Certaines en avaient assez des jeux de pouvoir. Parmi les autres raisons invoquées : ne pas obtenir la promotion qu'elles voulaient ; changement de supérieur ; et tout simplement, ne plus prendre plaisir à faire leur travail. Certaines, toutefois, sont parties parce qu'elles avaient envie de faire autre chose et qu'elles jugeaient qu'elles avaient accompli beaucoup plus dans leur carrière qu'elles ne l'auraient espéré[35].

Kate Grussing et Shirley Soskin avaient toutes deux démissionné de postes importants lorsqu'elles ont décidé de créer Saphhire Partners, un cabinet à Londres qui met en relation des professionnels expérimentés qui ont envie de travailler de manière flexible et des entreprises qui recherchent des managers ou des directeurs intérimaires ou de projet. L'essentiel de leur « réservoir de talents » de mille candidats est constitué de femmes et 90 % ont travaillé pour de grandes entreprises. Elles ont généralement la quarantaine et ne sont pas toutes mères de famille.

---

35. Maitland, 2003, 2005.

Les raisons qui poussent les femmes à quitter les entreprises, explique Kate Grussing, sont quasiment toujours les mêmes. « *Elles souhaitent faire quelque chose qui leur permette d'être davantage maîtresses de leur vie et elles veulent avoir plus d'impact en tant qu'individus. Parfois, c'est à cause d'une crise familiale : un enfant malade, un divorce ou le décès d'un parent. Parfois, c'est parce que leur entreprise vivait une restructuration et qu'elles sentaient qu'il ne ferait pas bon y travailler avant longtemps. Pour environ un tiers des femmes, c'est lorsqu'elles arrivent à leur deuxième ou troisième congé maternité que tout devient plus compliqué ou plus frustrant. Elles ont essayé l'option "aménagement du temps de travail", par exemple une semaine de quatre jours, et cela ne fonctionne pas pour elles. On ne les prend pas au sérieux. Leur salaire est diminué, mais elles font le même travail. Elles veulent s'accomplir et cherchent une façon d'harmoniser leur vie et leur travail.* »[36]

Promouvoir : retour sur investissement

Comme PricewaterhouseCoopers, dont il a été question plus haut, de nombreuses entreprises recrutent des hommes et des femmes à des postes de management en nombres à peu près équivalents. Mais dès l'échelon suivant, l'écart entre les sexes commence à se creuser, le nombre de femmes diminuant régulièrement et le nombre d'hommes augmentant jusqu'à occuper tous les postes de dirigeants ou presque.

Voici à quoi ressemble généralement le graphique de la représentation des femmes aux différents échelons de management dans une entreprise internationale.

---

36. Entretien avec l'auteur, 2007.

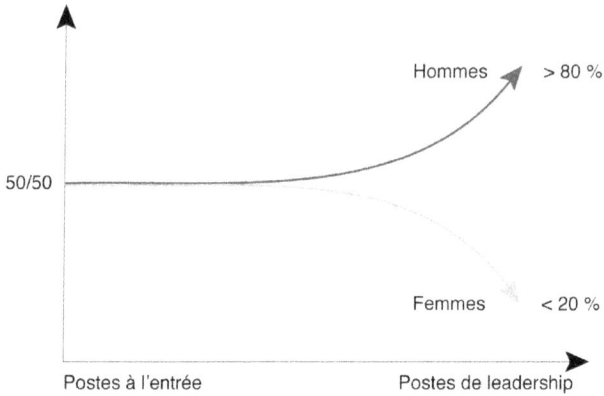

Évolution des promotions

Il s'ensuit qu'au sommet, les femmes sont rares. Aux États-Unis, 17 % des administrateurs de sociétés sont des femmes, alors qu'elles sont moins de 9 % en Europe et 2 % en Asie[37]. La Chine, malgré le manque de statistiques fiables, semble être plus proche des niveaux de la Norvège – plus de 20 %. Si ces chiffres sont généralement faibles, le nombre de femmes dans les comités exécutifs – où sont prises les décisions opérationnelles – l'est encore davantage : 16 % aux États-Unis, 4 % en Europe et 2 % en Asie[38].

Autre constat : ces chiffres n'évoluent guère. Le BoardWomen Monitor de l'European Professional Women's Network observe ainsi que les trois cents premières entreprises européennes n'ont vu progresser leur nombre de femmes administrateurs que de 8 % en moyenne en 2004 à 8,5 % en 2006. Contrairement à ce que l'on se plaît encore trop souvent à croire, les femmes n'accéderont pas au sommet des entreprises si on se contente de faire comme d'habitude.

---

37. European PWN, 2006.
38. Ricol *et al.*, 2006.

Les entreprises ont essayé d'augmenter le nombre de femmes qu'elles recrutaient, fidélisaient et promouvaient en mettant en place des programmes de « diversité ». Ceux-ci n'ont généralement pas produit les résultats souhaités. *The Economist* le soulignait en 2005 : « *Les programmes de diversité sont aussi courants que la diversité est rare au sein des conseils d'administration.* » Lesdits programmes consistent bien souvent à essayer d'enseigner aux femmes à se comporter comme des hommes, à coup de formations à « l'affirmation de soi » ou de participation à des réseaux féminins. Dans la plupart des entreprises, il n'existe toujours rien qui ressemble de près ou de loin à une stratégie digne de ce nom.

Les femmes et les entreprises se satisfont de moins en moins de cet état de fait. Le style et la composition de l'équipe dirigeante est un indicateur visible et de plus en plus étudié par les diverses parties prenantes des entreprises, actionnaires compris. Les médias, les organisations à but non lucratif et les associations de femmes se réfèrent tous désormais au degré de mixité des instances dirigeantes pour évaluer le succès des politiques d'égalité des chances et de diversité. Les agences d'évaluation n'aiment pas les conseils d'administration et les comités exécutifs exclusivement composés d'hommes de race blanche ayant la quarantaine et issus des mêmes sérails. L'agence de rating européenne Vigeo affirme sur son site Internet que « *la diversité, si on la néglige, constitue un facteur de risque tant au niveau stratégique qu'au niveau opérationnel. En revanche, gérer la diversité peut renforcer la performance globale d'une entreprise* ».

Même les hommes avouent parfois être las de ne se retrouver qu'entre eux dans les conseils d'administration et autres comités de direction. Comme le fait remarquer un dirigeant français : « *La mixité marche parce que ça rend les femmes moins pénibles et les hommes moins bêtes.* »

Comptables et économistes travaillent à développer de nouveaux indicateurs pour mesurer l'impact de la sous-utilisation des compétences des femmes. Mais la tâche n'est pas facile. Comment mesurer la démotivation des femmes à qui une promotion a été refusée parce qu'elles étaient enceintes et qu'elles n'ont jamais pu retrouver leur place parmi les talents à promouvoir ? Ou le coût de l'orientation disproportionnée des femmes dans des rôles fonctionnels plutôt que dans des postes opérationnels, qui sont la voie royale vers les sommets ?

Moins de 10 % des femmes managers aux États-Unis occupent des postes « terrain », avec des responsabilités sur les résultats financiers, si l'on en croit les chiffres de la National Association of Female Executives (NAFE)[39]. La nouvelle génération de femmes leaders est ainsi cantonnée à certains postes fonctionnels (juridique, communication ou ressources humaines par exemple). Ces postes de spécialistes sont importants, indéniablement. Il n'en demeure pas moins qu'ils sont rarement la voie royale vers le pouvoir. Dans les équipes de direction, il n'y a place que pour une personne des ressources humaines, de la communication ou des finances, la majorité de l'équipe étant composée de dirigeants opérationnels. Une option pour les entreprises est de valoriser davantage l'expérience fonctionnelle dans leurs critères de choix des candidats au comité exécutif et au conseil d'administration. Une autre est de faire davantage, et plus tôt, pour inciter les femmes à assumer des responsabilités opérationnelles.

Les postes fonctionnels ne permettent pas nécessairement de tirer le meilleur des talents reconnus des femmes pour le management pragmatique et participatif. Il y a autant de bons managers femmes que de bons managers hommes. Le fait est que plusieurs études internes d'entreprises indiquent que les

---

39. Newswire, 2006.

femmes sont mieux notées que leurs collègues mâles sur les compétences managériales.

Mais au début de leur carrière, les femmes ne se rendent pas toujours compte de l'importance de l'expérience opérationnelle – et disposent encore plus rarement des réseaux qui pourraient les conseiller dans leurs choix. Les premières promotions à des postes opérationnels d'une certaine envergure coïncident souvent avec la période où les femmes fondent une famille. Dès lors, leur ignorance, et l'absence de communication de la part de l'entreprise sur les conséquences des choix de début de carrière, sont très largement responsables de ce que les dirigeants considèrent comme un handicap majeur à l'accession des femmes à des postes élevés : leur manque d'expérience à des postes assortis d'une responsabilité directe sur les résultats.

De nombreuses femmes continuent de croire que les choses seront différentes pour elles, qu'elles pourront réussir grâce à leurs performances exceptionnelles, qu'elles rayonneront et qu'on les remarquera. Lorsque la chimère s'évanouit, elles sont amèrement déçues. « *Parce que les femmes occupent désormais des postes de management dans la plupart des entreprises américaines, l'évolution professionnelle des femmes demeure un problème que beaucoup ne reconnaissent pas en tant que tel, déclare la présidente de la NAFE, le Dr Betty Spence. Dans des organisations où les femmes réussissent réellement – où nous trouvons des femmes qui dirigent des divisions et les opérations de pays – des mesures drastiques ont été mises en place : le conseil d'administration étudie les plans de succession et les rémunérations pour vérifier que l'égalité des chances est bien réelle et les managers sont responsables de leur propre avancement et de leur propre rémunération...* »[40]

---

40. *ibid.*

Petits conseils pour promouvoir les femmes

- Déterminez à quel niveau hiérarchique le pourcentage de femmes dans votre organisation commence à baisser de manière importante.

- Analysez les raisons de ce phénomène.

- Définissez le profil de leadership futur idéal pour votre entreprise et revoyez les systèmes d'évaluation afin de garantir que ce soit bien ce qu'ils produisent.

- Définissez des objectifs pour le nombre de femmes dans les programmes de leadership, les viviers de collaborateurs à haut potentiel et sur les listes des plans de succession.

- Rendez les managers responsables de la promotion des femmes.

- Mesurez les progrès par division, service et manager pour identifier les blocages et encourager les progrès.

Bâtir de meilleurs conseils d'administration

Nous avons vu au début de ce chapitre que la mixité était bénéfique pour l'entreprise en termes de résultats financiers. Les conseils d'administration gagneraient eux aussi beaucoup à s'ouvrir à la diversité.

Marie-Christine Lombard, P-DG de TNT Express, un groupe de livraison international basé aux Pays-Bas, a été la première femme à siéger au conseil d'administration de cette entreprise. L'année qui a suivi son arrivée, Peter Bakker, le directeur général du groupe, a commenté en ces termes l'impact de cette révolution : « *Les ego ont déserté la salle du conseil.* » Les autres dirigeants d'entreprises cités dans le livre de Peninah Thomson et Jacey Graham, *A Woman's Place in the Boardroom* (Palgrave MacMillan, 2005), déclarent que les femmes « *ont une meilleure pensée latérale* », qu'elles sont « *plus sensibles aux enjeux humains* », « *plus idéalistes* » et qu'elles apportent « *calme et objectivité* ».

Certaines de ces qualités ont également été évoquées lorsque Angela Merkel, la chancelière allemande, a pris la présidence tournante de l'UE. Un article élogieux de Thomas Ferenczi paru en 2007 dans le quotidien français *Le Monde* reconnaissait sa capacité exceptionnelle à jeter des ponts entre les États membres sur des enjeux tels que le changement climatique : « *Les pays membres étaient profondément divisés sur la question du nucléaire et sur la part des énergies renouvelables dans le mix global. Il aura fallu toute la ténacité et le savoir-faire de Mme Merkel pour rallier les indécis et convaincre les réticents... L'approche de la chancelière repose sur l'écoute, la prudence et la fermeté. Sans grandes déclarations ni gestes spectaculaires, Mme Merkel fait son chemin.* »

Dans les conseils d'administration, la mixité semble renforcer la bonne gouvernance et favoriser la diversité au sein de l'organisation. Une étude du Conference Board au Canada souligne que « *bien loin de se focaliser sur les domaines traditionnellement "mous", les conseils d'administration qui comptent davantage de femmes sont beaucoup plus attentifs que les conseils d'administration exclusivement masculins à l'audit et à la surveillance et au contrôle du risque* »[41]. Carol Stephenson, de l'Ivey School of Business, au Canada toujours, ajoute que « *la diversité des sexes au sein des conseils d'administration et des équipes de direction aide les entreprises à attirer et fidéliser des talents féminins de valeur* ».

Dans son *Female FTSE Report 2006*, Cranfield University souligne l'écart entre les entreprises ayant un nombre croissant

---

41. Stephenson, 2004.

de femmes dans leurs instances dirigeantes et les autres. Tout juste un peu plus de la moitié des entreprises de l'indice FTSE 100 ont déclaré compter des femmes dans leur comité exécutif. Dans deux cas – Lloyds TSB et Reuters – les femmes constituaient un tiers de l'équipe de direction. En outre, Lloyds TSB compte quatre administratrices et Reuters deux.

Une dirigeante a déclaré aux chercheurs de Cranfield qu'avoir plus d'une femme au conseil d'administration « *équilibre les comportements et élargit les discussions qui ne concernent pas l'entreprise à autre chose que le foot et le golf* ». Et une autre de commenter : « *J'aime travailler avec d'autres dirigeantes, souvent parce qu'elles ont une intelligence émotionnelle plus développée.* »

La nomination alibi d'une ou deux femmes, histoire de se donner des airs de diversité, est en revanche le plus sûr moyen de favoriser l'immobilisme. Avoir une seule femme dans son conseil d'administration n'est ni très drôle ni très efficace pour ce qui est de permettre à la différence de faire son œuvre.

Légiférer : les quotas controversés

La Norvège, pays scandinave comptant tout juste 4,6 millions d'habitants a adopté une approche nettement plus radicale – et extrêmement controversée. La classe politique norvégienne, composée pour moitié de femmes, a décidé au début de ce siècle qu'il était grand temps pour le secteur privé de féminiser lui aussi ses équipes dirigeantes. Un objectif de 40 % de femmes dans les conseils d'administration des entreprises cotées a donc été fixé. Une invite courtoise – délivrée le bâton à la main. Si cet objectif n'était pas atteint, il serait rendu obligatoire par la loi.

En 2005, les progrès n'étant pas satisfaisants, une loi a été adoptée, stipulant que les quotas devaient être atteints en 2008. Entre 2004 et 2006, la Norvège a réussi à faire progresser la représentation des femmes dans les conseils d'administration de ses plus grandes entreprises de 22 % à 29 %. Fin 2007, la proportion était proche de 40 %. L'idée commence à se répandre, sous une forme moins radicale. Le gouvernement espagnol presse les conseils d'administration d'accorder 40 % des sièges à des femmes. La France a envisagé, puis rejeté, un projet de loi obligeant les entreprises à avoir 20 % de femmes dans leurs conseils d'administration. Quoi que les entreprises pensent des quotas, il est clair qu'elles doivent les inclure dans leurs scénarios.

Aux États-Unis et au Canada, les initiatives concertées des associations et des groupes de réflexion de femmes, ciblées sur la question des femmes et du leadership, ont à tout le moins permis d'obtenir une présence féminine symbolique. Les cent premières entreprises américaines comptent désormais toutes, sans exception, au moins une femme dans leur conseil d'administration et leurs comités exécutifs, et un tiers en comptent au moins deux. En Europe, quatre-vingt-deux des cent premières entreprises ont au moins une femme dans leurs instances dirigeantes, mais cinq seulement en comptent plus d'une. En Asie, en revanche, 34 % des entreprises ne comptent qu'une seule représentante féminine[42].

Lors du Forum International des Femmes qui s'est tenu à Deauville en 2006, la question de la pertinence et de l'efficacité des quotas a alimenté un débat passionnant. Le public a été sondé au début et à la fin du débat. Au début, 40 % des personnes interrogées doutaient de l'efficacité du système. À la fin, 90 % se sont prononcées en faveur de quotas, au moins temporaires, pour corriger certains déséquilibres jouant contre les femmes.

Voilà qui résume assez bien le débat. La plupart des hommes et des femmes sont opposés aux quotas. Mais face à la lenteur à laquelle les choses évoluent, certains se tournent à contrecœur vers la thérapie de choc. Il y a ceux et celles qui, comme Cherie Blair, au Women's Forum en 2005, pensent que les quotas ne sont applicables qu'aux gouvernements, dont la première fonction est la représentation. Le secteur privé, insiste-t-elle – et avec elle, la plupart des dirigeants d'entreprise –, est davantage affaire de « *compétences et de savoir-faire* » et il convient de lui laisser la liberté de choisir ses dirigeants.

---

42. Ricol *et al.*, 2006.

Le débat recèle une dimension culturelle indéniable. Les pays qui ne répugnent pas à un certain interventionnisme de l'État sont plus susceptibles d'expérimenter des quotas. Ils seront vraisemblablement les premiers à découvrir les avantages ou les inconvénients d'une augmentation très importante de la présence des femmes à des postes de direction dans le secteur privé. La Norvège et la Suède caracolent régulièrement en tête des classements mondiaux en matière de performances économiques et de qualité de vie. Les résultats de leurs entreprises afficheront-ils bientôt des progrès similaires ?

Les signes de prise de conscience – à défaut de solutions – se multiplient. Il suffit de parcourir des rapports annuels récents pour s'en convaincre. Ils étaient traditionnellement agrémentés de photos séduisantes des membres du conseil d'administration et du comité exécutif. Ces temps derniers, toutefois, ces photos semblent nettement moins prisées, pour des raisons aisément compréhensibles. Bien que la plupart des entreprises aient échoué à instaurer une réelle mixité de leurs équipes de leadership, elles ont suffisamment évolué pour être mal à l'aise avec l'uniformité de l'image qu'elles projettent. Il est vrai qu'il est plus facile de supprimer des photos que de faire progresser la diversité au sommet de l'entreprise.

Les entreprises les plus en avance ont pris conscience que les femmes représentaient une source essentielle, et pourtant encore largement inexploitée, de talent pour les générations actuelles et futures de leadership. Sous la pression de l'évolution démographique et de la pénurie des compétences, d'autres commencent à prendre plus au sérieux la question de la mixité.

Dans le prochain chapitre, nous explorerons l'autre grande dimension de l'« or des femmes ». Les femmes ne représentent pas seulement la majorité du vivier de talents. Elles constituent également l'essentiel du marché pour de nombreuses entreprises. Une poignée de visionnaires, principalement en Amérique, ont compris les formidables débouchés que ce marché pouvait offrir – sous réserve de savoir prendre en compte et répondre à ses attentes. Il est temps que le reste du monde leur emboîte le pas.

Chapitre III

LES REINES DU MARCHÉ

● ● ●

« L'Américaine moyenne gagnera plus que l'Américain moyen d'ici à
vingt ans. Les femmes comptent pour 57 % des étudiants en licence
et 59 % des étudiants de troisième cycle. Il y a une corrélation
parfaite entre l'éducation et le revenu. Au sein du ménage, le
pouvoir a changé de mains et la tendance va aller en s'amplifiant. Les
femmes « contrôlent » et « dirigent » les dépenses de la famille.
C'est « elle » qui décide quand la famille va au restaurant, quand elle
commande une nouvelle cuisine ou une nouvelle baignoire, part en
vacances, achète une nouvelle voiture. Ce sont les premières étapes
vers la création d'une société matriarcale, où le sexe féminin use
d'un pouvoir économique et social. Cette tendance est plus
prononcée aux États-Unis. Mais le Royaume-Uni, la Scandinavie et la
France ne sont pas loin. L'Allemagne et la Chine elles aussi finiront
vraisemblablement par aller dans ce sens. »

Michael J. Silverstein, senior vice-président,
The Boston Consulting Group[43]

---

43. Entretien avec l'auteur, 17 avril 2007.

La présence massive des femmes dans l'enseignement supérieur et le monde du travail est synonyme d'une augmentation tout aussi massive de leur revenu disponible. Plus les femmes travaillent et plus elles occupent des postes à responsabilités, plus elles gagnent d'argent et plus elles achètent, en tant que consommatrices individuelles, mais aussi en tant qu'acheteuses dans les entreprises.

« Aujourd'hui aux États-Unis, les femmes prennent 80 % des décisions d'achats de biens de consommation et la majorité des acheteurs et des responsables des achats dans les entreprises sont des femmes. Les femmes entrepreneurs comptent pour 70 % des créations d'entreprise », souligne Marti Barletta dans son livre *Marketing to Women* (Dearborn Trade, 2006). Les Américaines, déclare Tom Peters dans sa préface au livre, ne constituent ni plus ni moins que la plus grande économie nationale du monde, présentant une opportunité *« plus faramineuse qu'Internet »*.

Dans les autres pays développés également, les femmes achètent davantage de tout, des voitures et des ordinateurs aux emprunts et aux assurances. Les entreprises qui l'ont compris adaptent leurs études de marché, leur développement produit et leurs stratégies de relation clients afin de prendre en compte cette nouvelle réalité. Ces pionnières se forgent un avantage concurrentiel durable, qui leur permettra, demain, de continuer à capitaliser sur une tendance qui ira en s'accélérant. Sur le marché du B to B, l'accession des femmes au management fait de certaines d'entre elles les décideurs d'achats clés sur tout l'éventail des produits et des services. Mieux comprendre les femmes, dans toute la pluralité de leurs rôles de décideurs, doit être un objectif fondamental pour toute entreprise souhaitant avoir sa part de ce marché.

Pouvoir d'achat : au-delà de la parité

En Amérique du Nord, une myriade de livres aux titres évocateurs a été publiée au cours des cinq dernières années, décrivant les opportunités de marché que présentent les femmes. De *The 80 % Minority*, de Joanne Thomas Yaccato (Viking Canada, 2003) à *Don't Think Pink* de Lisa Johnson et Andrea Learned (AMACOM, 2004), en passant par *The Power of the Purse* de Fara Warner (Prentice Hall, 2005) et *Marketing to Women* de Marti Barletta, ils martèlent tous le même message aux entreprises américaines : l'avenir est féminin. L'ouvrage britannique cité plus haut, *Inside Her Pretty Little Head*, de Jane Cunningham et Philippa Roberts, est récemment venu allonger la liste. Pour l'instant, l'Europe continentale n'a pas porté la même attention au phénomène. L'analyse, pourtant, vaut également pour de nombreux pays d'Europe et d'Asie.

L'influence économique croissante des femmes conduit des institutions financières de premier plan comme Goldman Sachs à voir des opportunités d'investissement dans des actions qui bénéficient de cette tendance. C'est ainsi que le panier d'actions « Women's 30 » de la banque d'affaires a obtenu de meilleurs résultats que les actions internationales au cours des dix dernières années, une tendance qui devrait se poursuivre au cours des dix ans à venir. Comme le souligne Kevin Daly en 2007 : « *Il est également probable que l'augmentation relative de la richesse des femmes se traduira par un changement des schémas de consommation ; un changement qui se fera de plus en plus notable à mesure que les revenus des femmes dépasseront le niveau requis pour acheter des biens et des services essentiels et atteindront un seuil où une part significative du revenu pourra être consacrée à des dépenses de confort. Cette évolution dynamisera la consommation de biens et de services exclusivement ciblés sur les femmes (vêtements et accessoires de luxe par exemple) ainsi que la consommation de produits destinés aux deux sexes.* »

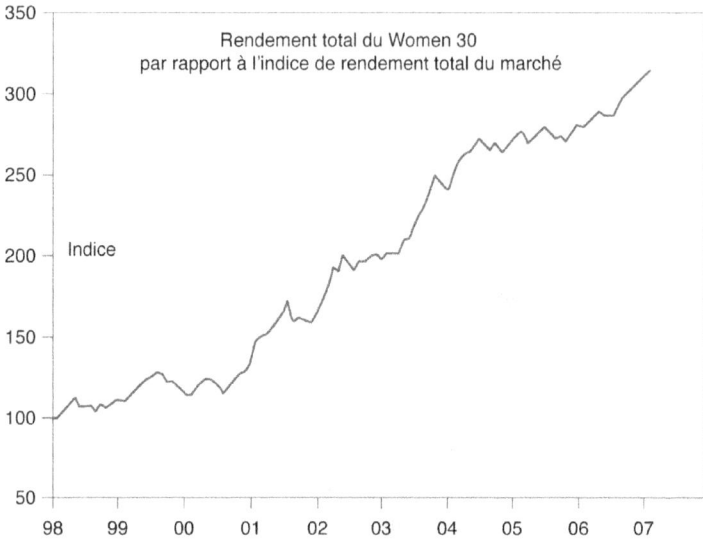

Les actions « pour les femmes » ont le vent en poupe[44]

Au Japon, où la participation des femmes à la population active reste en retrait par rapport aux autres pays développés mais où elle est en augmentation, les jeunes consommatrices représentent une population intéressante pour l'industrie mondiale du marketing, avance Goldman Sachs dans une autre étude de 2005. Le revenu disponible moyen des Japonaises célibataires âgées de moins de 34 ans a atteint 86 % de celui de leurs homologues masculins en 2004. Quant aux dépenses de ces jeunes femmes, davantage qu'à des produits comme les vêtements ou les montres, elles sont de plus en plus consacrées à des services.

À l'autre extrémité de la pyramide des âges, on trouve un contingent croissant de femmes âgées dans les pays riches qui survivent à leur époux et qui ont des comptes en banque bien

---

44.   Source : Datastream, GS Equity Strategy Calculations

garnis. L'espérance de vie des femmes et des hommes a considérablement augmenté dans les pays de l'OCDE au cours des
quarante dernières années et devrait se poursuivre sur cette
voie – bien que l'on observe des variations importantes d'un
pays à l'autre. En moyenne, les femmes âgées aujourd'hui de
65 ans ont plus de dix-neuf ans de vie devant elles, contre seize
ans pour les hommes[45]. Dans les pays de l'OCDE, le nombre
moyen d'années que les femmes peuvent espérer passer à la
retraite a bondi de moins de quatorze en 1970 à près de vingt-
trois en 2004, alors que pour les hommes le chiffre est passé de
onze à dix-huit[46].

Espérance de vie des femmes[47]

Espérance de vie des femmes à la naissance dans différents pays de l'OCDE en 1960 et 2003/2005 (en années)		
Pays	1960	2003/2005
Japon	70	86
Mexique	59	78
Espagne	72	84
Turquie	50	74
États-Unis	73	80

Espérance de vie des femmes à l'âge de 65 ans dans différents pays de l'OCDE en 1960 et 2003/2005 (en années)		
Pays	1960	2003/2005
Japon	14	23
Mexique	15	19
Espagne	15	21
Turquie	12	15
États-Unis	16	20

---

45.   OCDE, 2005.
46.   OCDE, 2006.
47.   Source : *OCDE Health Data 2006*, octobre 2006

« *Dans les pays développés*, expliquait en 2006 Tom Kowaleski, ex-vice-président de General Motors, *les consommateurs âgés dépensent davantage que les jeunes dans quasiment chaque catégorie, mais les entreprises ont été lentes à s'adapter à ce marché grandissant.* » Sur plusieurs catégories, « *les consommateurs d'âge mûr ont plus de 40 % de parts de marché, alors qu'aux États-Unis les plus de 50 ans comptent pour près de la moitié du total de dépenses de consommation* ». La majorité des plus de 50 ans, précisons-le, sont des femmes.

Finances féminines

L'industrie des services financiers voit s'ouvrir là d'importants débouchés. Pour beaucoup de banques privées, leurs clients les plus riches sont désormais des femmes, jeunes et moins jeunes. Dans un rapport intitulé « Targeting Women in Private Banking », Datamonitor estimait en 2007 que les femmes aux États-Unis contrôleraient le chiffre stupéfiant de 22 mille milliards de dollars en 2010. La richesse des femmes augmente également dans de nombreuses autres parties du monde.

Au Royaume-Uni, on prévoit que les femmes posséderont 60 % de l'ensemble des richesses personnelles en 2025. Il y a désormais davantage de femmes que d'hommes millionnaires dans la tranche d'âge des 18-44 ans. Et aussi plus de femmes millionnaires dans la tranche des plus de 65 ans[48].

Une majorité de femmes gagnent seules l'argent dont elles disposent, sous forme de revenus, mais aussi d'investissements personnels. Une étude internationale conduite par Barclays Wealth et The Economist Intelligence Unit en 2007 montre que ces sources d'enrichissement sont toutes devenues plus impor-

---

48.   Carter, 2006.

tantes que le mariage, les héritages ou le divorce. L'étude révèle également que les femmes sont plus prudentes que les hommes pour ce qui est d'investir dans « *l'extrémité la plus risquée du spectre financier* », actions, instruments financiers ou encore *hedge funds*. « *Les institutions financières doivent prendre conscience que les motivations des hommes et des femmes sont différentes et qu'une approche uniforme pour gérer ce public aisé risque de ne pas fonctionner* », explique Amy Nauiokas, directrice générale et responsable du courtage de Barclays Wealth.

Selon Datamonitor, les banques privées et les banques d'investissement américaines sont à l'avant-garde avec des méthodes innovantes pour séduire les femmes aisées. Citigroup Private Bank a ainsi lancé un service ciblé spécifiquement sur les femmes, alors que d'autres banques commencent à proposer des ressources Internet ou des événements de réseaux à l'attention des femmes.

En la matière, il reste encore beaucoup de chemin à parcourir aux banques britanniques. Si nombre de banques privées et de divisions de gestion du patrimoine déclarent être conscientes de l'importance du marché des femmes à hauts revenus, seules quelques-unes ont pris des mesures concrètes, déclare Lauren McAughtry, analyste services financiers chez Datamonitor et auteur du rapport. De nombreuses banques passent à côté d'opportunités parce qu'elles n'envisagent pas la question de manière stratégique, du fait de l'absence de budgets spécifiques pour conduire des études sur le marché féminin.

Une « approche champagne et chocolat » ne fonctionnera pas, met en garde Lauren McAughtry : « *Les femmes attendent davantage de leur banque qu'une réduction sur une séance de remise en forme et un joli site Internet. Les banques ne pourront ajouter de la valeur qu'en comprenant réellement leurs besoins – au quotidien et à long terme – et en ayant des chargé(e)s de relations capables de nouer un réel dialogue avec les femmes et de parler leur langue.* »

Le domaine du conseil financier affiche lui aussi un retard considérable. « *Nous avons besoin de davantage de femmes à des postes de conseillers pour attirer des femmes plus riches. Seulement 10 % environ des conseillers financiers indépendants au Royaume-Uni sont des femmes et ce chiffre n'a que peu évolué au cours des vingt-cinq dernières années* », explique Fiona Price, pionnière des services de conseils financiers indépendants pour les femmes. Elle a créé son entreprise, Fiona Price & Partners, en 1988 et l'a vendue en 2004.

Fiona Price établit un lien entre talent féminin et marché féminin, avançant que la culture qui permettra aux femmes de s'épanouir et de se développer dans l'entreprise est aussi celle qui permettra de répondre à leurs attentes et d'accompagner leur développement en tant que clientes de services financiers. « *Dans le monde de la finance, une population masculine vieillissante prendra sa retraite dans les dix ou quinze ans à venir, et il est probable que leur relève ne sera pas assurée. La carrière [de conseiller financier] est adaptée aux qualités et au style de vie des femmes, mais personne n'essaye de les attirer. C'est l'un des derniers bastions masculins, gouverné par les objectifs et les résultats à court terme. L'approche de la carotte séduit rarement les femmes. L'environnement les incite à penser qu'elles échouent parce qu'elles n'obtiennent pas de résultats suffisamment rapidement. Mais les femmes sont souvent plus qualifiées que les hommes parce que l'esbroufe n'est pas leur truc. Elles sont dans une dynamique de long terme et, si on leur laisse la possibilité de se développer plus lentement et qu'on les encourage, elles obtiennent souvent d'excellents résultats.* »

Selon son expérience, les conseillères financières tendent à porter un regard holistique sur leurs clients, au lieu d'essayer tout de suite de leur vendre un produit. « *Il s'agit de développer une relation durable avec les autres. Et il s'agit aussi de parler simplement, d'éviter le jargon cher au secteur, et de créer un espace où les femmes se sentent libres de poser ce qu'elles pensent être des questions idiotes, qui sont en fait généralement tout l'inverse. Il ne devrait pas être nécessaire qu'une femme soit conseillée par une femme parce que les services financiers sont unisexes. Mais aussi longtemps que la profession sera dominée par les hommes et une attitude condescendante vis-à-vis des femmes, il y aura une barrière de communication.* »[49]

Les chiffres pour le dire

Les femmes comptent pour 40 % du PIB des pays développés.

Aux États-Unis

Les femmes comptent pour 83 % des achats de produits de consommation, dont :

- 94 % des achats de mobilier ;
- 91 % des achats de nouvelles maisons ;
- 80 % des achats de produits de bricolage ;
- 60 % des achats de voitures neuves ;
- 89 % des ouvertures de comptes bancaires ;
- 80 % des produits de santé.

Le nombre de femmes ayant des revenus égaux ou supérieurs à 100 000 dollars a triplé au cours de la dernière décennie. Les femmes acquerront plus de 90 % de la croissance de la richesse privée entre aujourd'hui et 2010.

.../...

---

49. Entretien avec l'auteur, mai 2007.

Au Royaume-Uni

- 80 % des décisions d'achat de biens de consommation sont prises par des femmes.

- 75 % des médicaments sans ordonnance sont achetés par des femmes.

- 80 % des décisions de santé sont prises par des femmes.

- 66 % des achats d'ordinateurs sont placés sous la responsabilité des femmes.

- Un tiers des nouvelles entreprises sont créées par des femmes.

- Les femmes comptent pour 63 % des acheteurs en ligne qui achètent plus d'une fois par semaine.

Les femmes seront plus riches que les hommes à l'horizon 2025 et gagneront 60 % (contre 48 %) de la richesse personnelle britannique.

Il y a davantage de femmes que d'hommes millionnaires dans la tranche d'âge 18-44 ans et dans la tranche des plus de 65 ans.

Source : Cunningham et Roberts, 2006

D'autres secteurs ont également du chemin à parcourir pour comprendre le nouveau pouvoir de consommation des femmes. Dans le domaine technologique par exemple, la société internationale de conseil Gartner, spécialiste du secteur, souligne la part prépondérante des consommatrices – et les risques auxquels s'exposent les entreprises qui les ignoreraient. *« Les femmes influencent ou contrôlent 80 % des dépenses de consommation ; les hommes conçoivent 90 % des produits et des services de technologies de l'information »*, indique une récente étude Gartner.

« Si les choses ne changent pas, le secteur court à la faillite. Ce n'est pas une question de diversité. C'est une question de survie. »

Les femmes et les hommes envisagent différemment leurs décisions d'achat de produits de technologies de l'information. *« Les femmes sont plus sensibles à la commodité et la productivité, les hommes aux fonctionnalités. Les entreprises et les organisations IT ont besoin de nouvelles approches pour satisfaire une clientèle de plus en plus importante de femmes indépendantes – et refuser cette réalité serait tout bonnement stupide. »*[50]

Une enquête conduite au Royaume-Uni par l'agence de publicité Saatchi & Saatchi a calculé que les fabricants et les distributeurs de produits électroniques étaient passés en 2007 à côté de 600 millions de livres de chiffre d'affaires faute d'avoir su parler aux consommatrices. L'étude indique que près d'une femme sur trois considère que la publicité pour les produits technologiques n'est pas en phase avec ses attentes ; 9 % seulement considèrent qu'il est important que les gadgets aient un look féminin. *« Ces résultats sont corroborés par le feedback qualitatif émanant de leaders d'opinion et de consommatrices qui se sentent "rabaissées" et se disent "choquées" par l'abondance de produits "roses" au détriment des produits racés et épurés dont elles ont envie »*, souligne Saatchi.

Best Buy, le distributeur en ligne nord-américain, a su s'adapter. *« Il fut un temps où nous étions un magasin d'hommes, construit par des hommes, pour des hommes mais il y a quatre ou cinq ans, tout a changé »*, explique Julie Gilbert, vice-présidente de l'entreprise. Ce changement est intervenu avec l'essor des produits « incontournables » comme les appareils photo numériques, les lecteurs MP3, les téléphones portables et les autres appareils nomades, et les produits comme les téléviseurs à

---

50. Moreno *et al.*, 2006.

écran plat qui sont désormais des objets de décoration inté-
rieure à part entière. « *Dans notre secteur, les dépenses des
femmes l'emportent sur celles des hommes par 55 milliards de
dollars contre 41 milliards,* dit-elle. *Qui plus est, les femmes
influencent actuellement 90 % des achats. Une nouvelle ère s'est
ouverte pour l'électronique grand public.* »[51]

Dans le même temps, les femmes sont en train de devenir des
utilisatrices de plus en plus importantes d'Internet. Au Royaume-
Uni, le premier groupe d'utilisateurs d'Internet sont les femmes
âgées de 18 à 34 ans, selon une enquête conduite en 2007 par
Nielsen/NetRatings. « *Internet n'est plus le domaine réservé des
jeunes adultes mâles,* déclare Alex Burmaster, analyste Internet
pour l'Europe. *Les résultats, qui montrent que les jeunes femmes
passent désormais plus de temps que les hommes devant leur ordinateur, sont révélateurs de la transformation du paysage
Internet ; une transformation dont les ondes de choc ne manque-
ront pas de se faire sentir dans toute l'industrie en ligne.* »

Au total, il y a presque autant de femmes que d'hommes utilisateurs d'Internet au Royaume-Uni. Les femmes, dès lors, et en
particulier les 18-34 ans, devraient constituer des cibles de
premier plan pour la publicité en ligne. Or, beaucoup d'entreprises sont à la traîne. Comme le soulignait en 2007 le *Financial
Times*, les sociétés spécialisées dans l'ameublement, la décoration et les produits pour la maison, qui utilisent traditionnellement des médias de masse comme la télévision et les magazines
pour faire de la publicité à l'attention des femmes, ne consacrent toujours qu'une part relativement réduite de leurs budgets
publicitaires au Web.

---

51. Meece, 2006.

Sexe et segmentation

La première chose dont les entreprises doivent prendre conscience, c'est qu'il n'y a pas un segment de la femme, mais des myriades de segments. Nous sommes de tout cœur avec les professionnels du marketing : comprendre les femmes n'est pas chose facile ! Le statut des femmes a tellement changé au cours des trente dernières années qu'il est difficile pour quiconque, y compris parfois pour les femmes elles-mêmes, de savoir ce que veulent les femmes. Il n'y a plus un « segment de la femme » – s'il a jamais existé.

Cela étant, il peut être utile de se souvenir que chaque génération récente de femmes est née et a grandi dans des contextes extrêmement différents. C'est également vrai des hommes, bien entendu. Mais en ce qui concerne les femmes, les opportunités et les attentes ont explosé en l'espace de trois générations. L'analyse des cohortes générationnelles dans la population active salariée instruite donne une idée de l'étendue des expériences des femmes et de la nécessité d'adapter et d'affiner les études de marché et les analyses marketing.

Femmes jeunes

Nées et élevées pour être les égales des hommes, ces femmes ont des attentes d'égalité et d'ambition sans précédent. Elles ne s'attendent pas à rencontrer d'obstacles sur leur chemin et pour elles, la question de la mixité appartient au passé. Elles ne se posent même pas la question de l'égalité des chances. Elles achètent des voitures, des maisons et des plans d'investissement toutes seules. Elles travaillent, beaucoup se marient plus tard et repoussent le moment d'avoir des enfants et beaucoup ont aussi un taux élevé de revenu disponible. Elles attendent un monde adapté à leurs besoins.

Intermédiaires

Au cœur de l'action, ces femmes sont la « deuxième génération d'immigrants » qui ont suivi en masse leurs mères pionnières dans le monde du travail. Elles jonglent avec de nombreux rôles et identités, en solo ou avec le soutien de plus en plus affirmé de leur partenaire. Elles veulent que leurs réalisations soient reconnues et que l'on réponde efficacement à leurs besoins. Le temps leur est une denrée précieuse, prises comme elles le sont souvent entre de nombreuses demandes contradictoires, à commencer par celles de jeunes enfants et de parents âgés. Elles ont l'habitude de tout gérer et de gérer tout le monde – au travail et chez elles – mais elles ressentent souvent les coins des angles qu'elles doivent arrondir.

Femmes mûres

Il s'agit de la première génération des « jeunes vieilles ». Ce sont les femmes qui ont changé les règles pour la génération suivante. Elles se sont battues et elles ont travaillé dur, et celles qui ont réussi à faire leur chemin savourent désormais les fruits de leur révolution. La population aisée à la retraite aujourd'hui dans les pays développés détient une large part de la richesse du monde, bénéficie de retraites confortables et reste active bien plus longtemps que celles qui l'ont précédée. La femme de 60 ans qui fréquente les clubs de gym en paraît 45. Ces femmes ne veulent pas entendre parler de leur âge, elles veulent l'assumer, comme elles ont assumé tout le reste. Les femmes qui rejoignent cette catégorie ont davantage de temps et d'argent que n'importe qui ou presque… ainsi qu'une espérance de vie plus longue.

Chacun de ces segments, et les nombreux sous-segments qu'ils recouvrent (mariée/célibataire/divorcée, salariée/manager/entrepreneur, mère/sans enfants, minorité ethnique/race blanche et ainsi de suite) offrent des débouchés importants, et à ce jour non exploités – comme le démontre, si besoin était, leur absence du paysage publicitaire.

Certaines sociétés, toutefois, ont commencé à exploiter l'idée que les « sexagénaires sont les nouveaux quadra ». Un exemple très remarqué, et couronné par de nombreux prix, est la campagne de publicité d'Unilever pour sa marque de produits de toilette Dove. Allant à l'encontre de l'idée préconçue selon laquelle les femmes ne répondent qu'à des images idéalisées de mannequins jeunes et faméliques, cette campagne a créé une nouvelle gamme de produits pour les femmes de plus de 50 ans, utilisant des femmes « réelles » grandes, petites, rondes et moins rondes, et de différentes origines ethniques.

La campagne affirmait haut et fort sa volonté de faire changer les attitudes vis-à-vis du vieillissement : « *Affirmation et jubilation au lieu de rejet et méfiance* ». La marque a réalisé un sondage international auprès de femmes âgées de 50 à 64 ans et découvert que 91 % d'entre elles estimaient qu'il était temps que la société change sa vision des femmes et du vieillissement. Quatre-vingt-sept pourcent ont déclaré qu'elles étaient trop jeunes pour être « du passé »[52].

De la même manière, Marks & Spencer a connu un gros succès au Royaume-Uni avec des campagnes de publicité pour ses vêtements, mettant en scène Twiggy, l'icône des années 1960, aujourd'hui âgée d'une cinquantaine d'années, aux côtés de mannequins, s'adressant avec intelligence aux consommatrices de tout âge et réaffirmant aux femmes mûres qu'elles peuvent être belles et sexy.

Pour de nombreuses femmes, ces campagnes sont autant de bouffées d'air pur dans un désert visuel qui a nié la réalité pendant trop longtemps. Fara Warner, journaliste au *Wall Street*

---

52. Unilever, 2007.

Journal, raconte en 2006 sa surprise et son plaisir lorsqu'elle a découvert une publicité du diamantaire De Beers disant : « *La main gauche berce. La main droite dirige le monde.* » « *Dans ces deux petites phrases, j'ai vu une vision de la femme que je n'avais jamais vue avant en publicité. Voilà une entreprise... qui a eu le courage de parler ouvertement de ce que les femmes ont toujours du mal à comprendre et à assumer* », s'enthousiasme-t-elle.

La vaste majorité des campagnes de publicité, et les produits dont elles parlent, représentent toujours les femmes dans des rôles beaucoup plus limités, ou les enferment dans des images à une dimension (« la jeune talentueuse », « la maman au foyer » ou « l'ambitieuse aux dents longues »), au lieu de reconnaître et de célébrer la diversité des rôles et des relations que vivent les femmes aujourd'hui.

Un champ d'innovation formidable s'offre aux entreprises qui souhaitent répondre aux besoins et aux attentes des femmes telles qu'elles sont aujourd'hui, à tout âge et à tout moment de leur vie. Les femmes modernes représentent un vaste « océan bleu »[53] d'opportunités inexplorées, comme source de talent aussi bien que comme nouvel espace de marché. Les deux, d'une certaine manière, vont main dans la main. Il est plus facile de comprendre les consommatrices si vous en comptez quelques-unes dans votre équipe de direction.

Jane Cunningham et Philippa Roberts l'ont souligné en 2006 : « *Il y a une relation forte entre les caractéristiques d'une organisation (féminine ou masculine) et sa capacité à développer un marketing adapté à un public féminin. Le respect pour les différences des femmes et, partant, le respect pour les consommatrices et les salariées est essentiel pour réussir.* »

---

53. Chan Kim et Mauborgne, 2005.

Vendre aux femmes : un marketing aux multiples visages

Il y a de nombreuses façons d'inclure les femmes et la mixité dans les stratégies commerciales et marketing des entreprises. Les entreprises commencent souvent par des percées « roses » extrêmement polarisées. L'approche la plus progressiste, et la plus durable selon nous, est celle qui va au-delà de la « faveur » pour prendre en compte les deux sexes avec un arc-en-ciel de goûts et de préférences différents.

Comment les entreprises s'adressent-elles aujourd'hui aux femmes ? Voici un aperçu des quatre approches les plus courantes. L'ignorance : cette approche ne tient pas compte de la proportion de femmes parmi les consommateurs ou utilisateurs-finals et toute exigence particulière qu'elles pourraient avoir. Pour sa part, la marginalisation vend une définition unidimensionnelle de « la femme ». La spécialisation, elle, vise un segment exclusivement féminin d'une façon très ciblée. Quant au rééquilibrage, il repose sur une réévaluation des processus commerciaux et marketing afin qu'ils incluent à la fois les femmes et les hommes, dans toute leur diversité.

Chacune de ces approches est détaillée ci-après.

Ignorance

On sait désormais que la majorité des décisions d'achats de voitures sont prises ou fortement influencées par les femmes. Pourtant, la plupart des techniques de marketing et de vente automobiles sont toujours tellement peu en phase avec elles qu'aux États-Unis, les sites Internet spécialisés ont fleuri pour répondre spécifiquement à leurs demandes d'achats et d'entretien (voir par exemple www.askpatty.com).

Combien de constructeurs automobiles répondent vraiment à la réalité des femmes comme acheteuses clés ? Combien de vendeurs automobiles sont des femmes ? Les forces de vente ont-elles été sensibilisées aux priorités différentes des femmes en matière d'achats automobiles, mises en lumière par les études ? Et comment douter que mieux répondre aux attentes de celles qui comptent pour plus de la moitié du marché puisse constituer un avantage concurrentiel énorme ? Que seulement 10 % des vendeurs automobiles au Japon soient des femmes peut s'expliquer par le contexte culturel. Mais les mêmes difficultés persistent aux États-Unis, alors que l'on y parle de « vendre aux femmes » depuis des dizaines d'années. Ignorance, réticence ou incapacité à s'adapter aux réalités du marché : quelles que soient les raisons qui expliquent l'attitude des entreprises, on en vient à se demander si elles sont des acteurs aussi rationnels qu'elles le pensent.

La magie Mini

Un des auteurs de ce livre a récemment acheté une voiture. Elle accorde beaucoup d'importance au design et elle voulait une petite citadine. Elle hésitait entre un nouveau modèle Citroën, couleur citron vert, et une Mini rouge vif, deux modèles sur lesquels elle s'était abondamment renseignée sur Internet. Un déplacement dans les concessions respectives des deux marques allait faciliter sa décision… Naturellement, elle n'eut affaire qu'à des vendeurs. Chez Citroën, le vendeur, donc, était mal à l'aise et lui posa des questions comme pour vérifier que son interlocutrice avait bien fait ses devoirs avant de venir. Elle lui expliqua qu'elle ne voulait pas d'option, juste un modèle de base avec radio et climatisation. Mais ce sont des options, lui fut-il répondu. Ensuite, le vendeur lui demanda en fronçant les sourcils comment elle comptait financer l'achat du véhicule et il prit un air extrêmement soupçonneux quand elle lui dit que c'était une voiture de société, société qu'elle dirigeait. « *Il me faudra des justificatifs* », dit-il. Dégoûtée, elle s'en alla. Chez Austin, l'accueil fut différent. Un vendeur sympathique vint tout

de suite la voir, lui expliquant que les Mini se vendaient comme des petits pains et que ce n'était après tout que justice, tant elles étaient mignonnes. Il parla design et maniabilité, et dit que la radio et la climatisation étaient des équipements de base compris dans le prix (ce qui rendait le modèle moins cher que la Citroën). Sans hésiter une seconde, elle acheta la Mini. Le jour où elle vint prendre livraison de sa voiture, le même vendeur lui montra les commandes et autres détails de base, sans jamais tomber dans la condescendance. Puis, il ouvrit le coffre avec un grand geste du bras et en sortit un bouquet de fleurs. Elle est conquise, inutile de le préciser.

Marginalisation

Dans ce cas de figure, les entreprises savent que leur marché est féminin mais fondent toujours leur marketing et leur développement de produits et de services sur des stéréotypes de ce que les femmes étaient autrefois.

Une grande entreprise américaine d'électroménager est dirigée en Europe par deux cents hommes – il n'y a qu'une femme au comité exécutif. Dans un entretien, le directeur de la R & D, un monsieur d'un certain âge, soulignait avec enthousiasme que son travail « contribuait à la libération des femmes ». Lorsqu'on lui demanda s'il pensait que son entreprise contribuerait mieux à la libération de la femme si ses publicités encourageaient les hommes à commencer à s'occuper du linge, il est resté bouche bée. Cet entretien a eu lieu en Italie au XXIe siècle. Les utilisateurs finals de l'entreprise sont essentiellement des femmes. Mais l'idée que se fait le management des besoins et des désirs des femmes contemporaines semble être gelée à tout jamais dans les glaces de l'Histoire. Dans la mesure où leur équipe de direction ne compte quasiment aucune femme, on comprend qu'il leur soit difficile de faire évoluer leur approche[54].

Même le marketing de sociétés qui s'adressent essentiellement aux femmes, comme les marques de cosmétiques ou de produits de luxe, donne souvent l'impression de s'adresser à une image de la femme à mille lieues de la réalité contemporaine. L'accroche de L'Oréal, aujourd'hui âgée de dix ans, « *Parce que je le vaux bien* » (qui est devenue récemment

---

54. Entretien avec l'auteur.

« *Parce que vous le valez bien* ») date d'une époque où les femmes ne se sentaient pas valorisées et où elles avaient besoin d'encouragements. Une lecture plus contemporaine de la génération actuelle est que les femmes n'ont plus besoin d'être convaincues de dépenser de l'argent pour elles-mêmes et qu'elles ne seraient pas mécontentes qu'on leur offre une image un peu plus inspirante de « ce qu'elles valent ».

Spécialisation

Dans cette catégorie, les entreprises développent des campagnes produits ou marketing extrêmement ciblées qui se concentrent sur un segment exclusivement féminin mais qui restent marginales dans l'entreprise. C'est souvent ce que commencent par faire les entreprises lorsqu'elles découvrent que les femmes sont un marché – ou, comme le suggèrent Cunningham et Roberts dans leur livre, lorsqu'elles essayent de se démarquer d'une ligne de produits ou d'un segment de marché dominé par les hommes. Cette démarche relève de la même logique que les initiatives en faveur des femmes mises en place dans les entreprises. Voilà un moyen pour les marques de vérifier qu'un marché féminin existe bien, de mieux le cerner et de comprendre en quoi il peut être différent.

De telles approches peuvent produire le pire et le meilleur. Il semblerait que cela dépende beaucoup du contexte culturel et de la sensibilité et de l'authenticité avec lesquelles elles sont lancées. Elles sont le mieux reçues... là où les femmes ne le sont pas. C'est dans les pays où les femmes n'ont pas accès au pouvoir réel que les cibler avec des « jouets pour filles » semble fonctionner le mieux. Ces approches doivent être manipulées avec précaution pour éviter la condescendance, mais elles peuvent être extrêmement populaires si les femmes découvrent, souvent pour la première fois, des produits développés pour elles. Dans certaines catégories de produits, il peut aussi arriver que les femmes prennent à contre-pied les icônes « féminines » pour se les réapproprier avec un message sous-jacent très différent.

Resona Holdings, un des paniers d'actions « Womenomics » de Goldman Sachs au Japon (pays connu pour les obstacles que rencontrent les femmes dans le monde de l'entreprise), a lancé un produit d'investissement ciblé sur les femmes, sous le nom « Aimez-moi ! ». Le lancement est intervenu à la suite d'enquêtes auprès d'investisseurs potentiels de sexe féminin, conduites par des collaboratrices de l'entreprise, qui ont montré que les femmes étaient moins tolérantes au risque que les hommes et souhaitaient un revenu fixe régulier de leurs placements. Parmi les avantages proposés aux investisseuses, les soins de beauté voisinaient avec les cours d'introduction à la finance[55].

Dans les pays où les femmes ont fait des progrès plus importants dans les entreprises, comme aux États-Unis, l'approche « joujou pour les filles » est parfois toujours utilisée en publicité – bien que sur un mode plus ironique. Prenons par exemple la campagne de marketing direct (couplée avec une campagne télévisée) de Sheilas' Wheels, la filiale d'assurance automobile pour les femmes du groupe Halifax and Bank of Scotland. Sur l'enveloppe, on voit trois filles glamour faisant la moue, vêtues de robes roses pailletées et installées dans une décapotable rose, avec l'accroche « *Pour vous Mesdames* ». La lettre à l'intérieur propose une couverture contre le vol de sacs à main, une liste de « *garages où on ne vous prendra pas pour une idiote* » et même un service d'assistance psychologique, en plus de statistiques édifiantes sur la manière de conduire plus sûre des femmes.

Le marché du téléphone mobile est un exemple intéressant de la déclinaison de l'approche « rose » aux quatre coins du monde.

---

55. Goldman Sachs, 2005.

L'électronique a été si longtemps dominée par des produits gris pour les matheux boutonneux que les nouvelles campagnes « roses » ont fait souffler sur le secteur un vent d'innovation et de design ludique. C'est ainsi qu'au Japon par exemple, une kyrielle de produits roses et mignons se sont révélés extrêmement populaires – et donc lucratifs – auprès des femmes.

Tous les fabricants de téléphones mobiles ou presque ont créé un modèle « pour la femme ». Motorola a son téléphone « rose », Alcatel s'est associé au magazine *Elle* pour lancer le GlamPhone et Siemens a créé un modèle pour les femmes conçu par une équipe exclusivement féminine, doté d'un écran qui, en appuyant sur une touche, se transforme en miroir. « *Certains téléphones viennent de Mars, celui-là vient de Vénus* », dit la publicité. Ce genre de démarche appuie sur tous les bons boutons pour le segment des « femmes jeunes » décrit plus haut.

Rééquilibrage

Les sociétés les plus à l'écoute conduisent des études sur les besoins et les attentes des femmes et les utilisent pour repenser toute leur activité et toute leur approche marketing pour leur cœur de clientèle – hommes et femmes.

Volvo a expérimenté cette approche lorsque le constructeur a eu recours à une équipe exclusivement féminine pour concevoir un « concept car » destiné aux femmes. Nombre des caractéristiques et des innovations de la voiture ont été intégrées dans les autres modèles de la marque parce que, comme l'ont montré les recherches du constructeur, « *si vous répondez aux attentes des femmes, vous dépassez celles des hommes* »[56].

Une autre approche innovante de cette démarche « à l'écoute de la mixité » est une série de publicités couronnée par de

---

56. Widell Christiansen, 2004.

nombreux prix, créée par Johnson & Johnson. La campagne, intitulée « Having a Baby Changes Everything » (« Avoir un bébé change tout »), est composée de spots en noir et blanc, merveilleusement filmés, illustrant le changement de mode de vie qu'affrontent les parents après la naissance de leur premier enfant. Ce que cette campagne tendre et émouvante a de révolutionnaire, c'est que les hommes et les femmes y figurent sur un pied d'égalité. Elle parle aux hommes dans leur nouveau rôle tout en réaffirmant les efforts des femmes pour que les publicitaires cessent de les présenter comme le seul parent. C'est sensationnel, efficace et inclusif.

Même dans les secteurs traditionnellement plus dominés par les hommes, de grands changements liés à la mixité n'attendent qu'une étincelle pour se produire. Apple a révolutionné et l'informatique et le marché des lecteurs mp3 avec ses innovations de design. Ce qui a peut-être moins retenu l'attention, c'est à quel point ces innovations étaient « women-friendly » – et combien les hommes et les femmes les ont appréciées. Toutes les caractéristiques des marques à l'écoute des femmes y sont présentes – attention portée au design, tant au niveau du développement du produit que de la communication marketing, simplicité intelligente d'utilisation, refus de la technologie pour la technologie, attention portée aux détails et au packaging. Une des révolutions d'Apple a été d'apporter de la couleur et du design à un monde sombre, technique. Si d'autres acteurs ont vaguement essayé de mettre de la couleur à leurs tours informatiques, il leur reste bien du chemin à parcourir – preuve que l'électronique bilingue ne saurait se résumer à des enjolivements de façade.

Le bricolage a longtemps été un passe-temps masculin. Mais les magasins de bricolage du monde entier, de Home Depot en Amérique du Nord, à Bricorama en France, ont appris que les femmes sont un marché au potentiel de croissance formidable. En France, il semblerait que la moitié féminine de la population se soit mise avec enthousiasme à la « déco ». Une étude indique ainsi que 80 % des femmes françaises ont pris leur marteau dans ce qui est devenu un secteur qui pèse quelque 19 milliards d'euros. « *Sous l'influence d'une clientèle féminine de plus en plus nombreuse, les matériaux sont devenus plus faciles à manipuler et les outils ont été simplifiés* »[57] pour le bénéfice de tous, est-on tenté d'ajouter. Les tactiques de vente ont également évolué, nombre de ces enseignes proposant des démonstrations et des présentations pédagogiques en magasin, sur la base d'études montrant que les femmes préfèrent les approches éducatives à la vente agressive.

Prendre en compte les attentes des deux sexes peut s'avérer pertinent même pour les secteurs industriels les plus lourds. Lorsque le pétrolier BP a commencé à analyser ses études de satisfaction par genre dans les années 1990, il a découvert que les femmes ne se sentaient pas en sécurité dans les stations-service, en particulier quand elles devaient laisser leurs enfants seuls dans la voiture pendant qu'elles allaient payer. BP a donc innové en créant des bornes de paiement, à proximité des pompes, ou des systèmes de paiement automatiques par carte bancaire. Ce changement, initialement suggéré par les femmes, a bénéficié à tous les utilisateurs – femmes, hommes et enfants[58].

Les approches larges, inclusives, ne doivent pas être neutres ou « unisexes ». Elles doivent être bilingues, c'est-à-dire s'adapter d'une manière experte et fluide aux besoins et aux attentes des hommes et des femmes, en tout, depuis les études de marché et la segmentation jusqu'au développement produit, à la publicité et à la gestion de la relation client.

Les entreprises bilingues savent jouer de l'humour, du réalisme et de l'ironie pour parler aux femmes. Elles partent de l'hypo-

---

57. Amalou, 2006.
58. Entretien avec l'auteur, novembre 2006.

thèse que leur public est aussi intelligent que leur publicité. Nike a innové avec des images de femmes athlétiques, accompagnées par une voix off vantant les « canons » habituels de la beauté (blonde, longues jambes, 60 cm de tour de taille). La publicité s'achevait sur un changement soudain : « *Un nul... Voilà ce que vous êtes si vous croyez toutes ces bêtises.* » Une publicité de la marque de céréales Kellogg's pour Special K tourne gentiment en dérision l'obsession des femmes pour leur apparence. Elle met en scène des hommes qui se plaignent de leur physique et l'examinent sous toutes les coutures, faisant ainsi prendre conscience aux spectateurs à quel point ces préoccupations sont éloignées de celles de l'homme moyen. Ces publicités parlent de manière complice aux femmes, comme une femme s'adresserait à une autre. Elles sont aussi rares que rafraîchissantes.

Les femmes, nous espérons en avoir apporté la preuve, sont à la fois une source gigantesque de talents et un gigantesque nouveau marché. Découvrir et exploiter ce dernier dépendra probablement – au moins en partie – de la capacité à gérer et à promouvoir comme il le faut le premier. Il est plus facile de comprendre les consommatrices si vous en comptez quelques-unes dans votre équipe de direction. Que peuvent faire les entreprises pour insuffler de la mixité dans leurs instances dirigeantes ? C'est ce que nous allons voir dans le prochain chapitre.

Petits conseils pour vendre aux femmes

- Commencez par analyser quelle part de votre marché actuel les femmes représentent et comment cette part a évolué.
- Sachez quelle génération de femmes vous ciblez et ce que sont leurs attentes.

.../...

- Auditez vos études de marché afin de repérer d'éventuels préjugés sexués (qui définit les recherches, dirige les focus groupes, rédige les questions ?).

- Y a-t-il des femmes dans vos services développement, design, innovation et communication ? Qui dirige ces services ?

- Analysez l'approche que vous retenez pour vendre aux femmes et faites-en un choix et une stratégie délibérés :
  - fermer les yeux : ignorer les femmes ;
  - marginalisation : s'adresser aux femmes d'aujourd'hui comme à celles du temps jadis ;
  - spécialisation : penser rose ;
  - rééquilibrage : parler la langue des deux sexes et s'adresser aux deux sexes – le marketing bilingue.

Chapitre IV

VERS L'ENTREPRISE BILINGUE

◉   ◉   ◉

« Comprendre l'enjeu de la mixité n'est pas une option. C'est une
question de vie ou de mort. »

Lars-Peter Harbing (Président, Europe, Endo-chirurgie,
Johnson & Johnson)

Pour jeter les bases d'une réflexion sur le « bilinguisme », il est
d'abord nécessaire de comprendre pourquoi tant des efforts
déployés à ce jour n'ont pas produit les résultats attendus. En
quoi consistent les approches traditionnelles ? Quels sont leurs
inconvénients ? Comment les entreprises s'engagent-elles dans
cette démarche ? C'est ce que nous allons examiner dans ce
chapitre, avant de proposer des repères pour développer une
approche plus efficace.

Un nouveau regard sur les approches traditionnelles de la mixité dans l'entreprise

Comme nous l'avons montré dans les chapitres précédents, les entreprises pourront de moins en moins ignorer le pouvoir, économique notamment, des femmes. Pour certains employeurs, toutefois, comprendre que les femmes sont moins un handicap qu'une formidable opportunité exige une véritable révolution culturelle.

Le fait est que la question de la mixité et de la place des femmes dans le monde du travail a de tout temps été associée à la notion de respect de la loi. Lorsque le monde de l'entreprise s'est engagé sur cette voie, il y a plus de trente ans, c'est en suivant les indications portées sur une carte reposant sur des principes juridiques et éthiques. Les politiques qui sont apparues d'abord en Amérique étaient fondées sur les lois du pays et les procès en discrimination que les femmes commençaient à intenter. Aux États-Unis, l'Equal Pay Act remonte à 1963, alors que la législation sur l'égalité des rémunérations a été adoptée au Royaume-Uni en 1970, suivie cinq ans plus tard par le Sex Discrimination Act.

C'était une cause admirable : garantir l'égalité de tous – et, partant, échapper à de coquets dédommagements. Le vocabulaire qui s'est développé reflète ce dessein louable – égalité des chances, non-discrimination, égalité des salaires – tout comme celui des barrières qui se dressent sur son chemin : plafond de verre et, plus récemment, plancher collant.

Dans ce cadre légaliste, les femmes ont été le plus souvent décrites comme des victimes, les hommes comme des oppresseurs et les entreprises comme la scène du crime. Cela a commencé avec les droits les plus élémentaires de la personne. Dans l'un des premiers procès en discrimination sexuelle, engagé par Ida Phillips contre Martin Marietta Corporation, la

Cour suprême américaine a jugé qu'un employeur ne pouvait pas refuser d'embaucher une femme ayant des enfants en âge préscolaire s'il embauchait des hommes ayant des enfants en âge préscolaire.

Au Royaume-Uni en 1977, Belinda Price a remporté le premier procès en discrimination sexuelle indirecte, contre l'administration. On lui avait dit qu'elle ne pouvait pas postuler à un poste de fonctionnaire de rang supérieur à 35 ans parce que la limite d'âge était de 28 ans, une disposition dont le tribunal a découvert qu'elle touchait davantage les femmes que les hommes, dans la mesure où les femmes interrompaient leur carrière pour avoir des enfants. Aujourd'hui, les femmes comptent pour la moitié des effectifs de la fonction publique et un quart des postes de direction[59].

Depuis ce temps-là, les procès en discrimination et en harcèlement continuent de fleurir. Les « *class actions* » sont devenues courantes dans les conflits avec les employeurs aux États-Unis, et les répercussions financières en sont potentiellement considérables. C'est ainsi qu'en 1992, State Farm Insurance Company, une société de l'Illinois, a versé 157 millions de dollars pour mettre fin à une action collective en discrimination sexuelle.

Les procès mettant en cause le petit monde de Wall Street ont fait couler beaucoup d'encre. Il en va ainsi de la banque Morgan Stanley, qui a versé 54 millions de dollars pour mettre fin à une action collective en discrimination collective intentée par 340 salariées de l'entreprise en 2004. Les collaboratrices de Morgan Stanley affirmaient qu'on leur refusait une rémunération équivalente et les mêmes opportunités de promotion – discrimination que la banque nia, bien qu'elle ait accepté de

---

59. Equal Opportunity Commission, 2005.

travailler avec l'US Equal Employment Opportunity Commission pendant trois ans afin d'améliorer les conditions de travail.

En 2007, la banque accepta de verser au moins 46 millions de dollars pour mettre fin à une autre action collective, portée cette fois par des femmes courtiers salariées et ex-salariées de l'entreprise qui soutenaient qu'elles étaient l'objet de discrimination dans la façon dont elles étaient formées, promues et rémunérées. Dans un article consacré à cet accord, le *New York Times* soulignait que le procès ne contenait pas d'accusations de sexisme primaire, « *mais avait cherché à débusquer une forme plus subtile, mais vraisemblablement très répandue, de discrimination qui gênait Wall Street depuis longtemps* ». Dans le cadre de l'accord, Morgan Stanley s'est engagé à réviser son système de répartition de nouveaux comptes entre les courtiers, un système dont les femmes soutenaient qu'il favorisait les hommes qui dominaient le secteur[60].

Début 2007 toujours, a eu lieu aux États-Unis le plus grand procès de l'histoire opposant des salariés à leur employeur. Le jury d'une cour d'appel fédérale a donné son feu vert à une action collective pour discrimination sexuelle contre le géant de la grande distribution Wal-Mart, premier employeur privé du pays, impliquant environ 1,6 million de salariées et ex-salariées du groupe. Le *Financial Times* a écrit que la décision du jury risquait de rendre les grandes entreprises plus vulnérables à des actions collectives coûteuses. Wal-Mart a déclaré que le groupe ferait appel de la décision[61].

Afin de garantir l'égalité des rémunérations et de réduire les risques d'actions en justice du type de celles que nous venons d'évoquer, les managers dans les entreprises ont été mis en liberté conditionnelle et enjoints de traiter tout le monde de la

---

60. Anderson, 2007.
61. Waldmeir, 2007.

même façon, ce que la plupart d'entre eux ont fait. Ils se sont conformés à la lettre de la loi. Ils ont traité tout le monde pareil. Au fil des décennies, de nombreux managers ont pris fait et cause pour le principe d'égalité des chances et ont cru de bonne foi que plus ils traitaient tout le monde pareil, plus leur style de management était équitable et objectif.

Cette approche, toutefois, a eu un effet secondaire involontaire. Plus les entreprises traitaient les femmes comme les hommes (et plus les femmes militaient pour cette égalité des chances), plus les différences que les femmes amenaient avec elles dans l'entreprise étaient balayées et ignorées. Dans un tel climat, elles étaient encouragées à se comporter le plus possible comme des hommes et à cacher ou à ignorer les atouts de la différence.

Cette forme d'assimilation est mise en lumière par d'importants travaux de recherche. Catalyst, le premier club de réflexion sur la place des femmes dans l'entreprise en Amérique du Nord, qui se développe aujourd'hui en Europe, met en lumière des études empiriques qui démontrent que les femmes et les hommes dirigent de manières très similaires[62]. Ces résultats sont peut-être moins surprenants qu'on ne pourrait le penser, dans la mesure où les femmes en question n'auraient sans doute pas pu occuper les positions qui sont les leurs si elles s'étaient comportées autrement.

Égales et différentes

Nous pensons néanmoins qu'il est encore trop tôt pour affirmer que les styles de leadership des femmes sont les mêmes que ceux des hommes. Les femmes qui occupent des postes de leadership dans les entreprises constituent toujours une petite minorité et nombre de celles qui sont parvenues à de tels postes

---

62. Catalyst, 2005, 2006b.

ont dû adapter leur style dans leur ascension vers les sommets ou bien possédaient naturellement un style de leadership masculin (et étaient reconnues pour cela).

Nous soupçonnons que les styles de leadership des femmes, sous réserve qu'on les laisse s'exprimer librement, pourraient se révéler fort différents de ceux des hommes. Comme nous l'avons vu, des recherches indiquent que la mixité des équipes de direction est bénéfique pour l'entreprise – ce qui tend à suggérer que les femmes apportent effectivement autre chose. Différents travaux (*The Female Brain* de Louann Brizendine, *The Essential Difference* de Simon Baron-Cohen, *Leadership : a Masculine Past, but a Feminine Future* de Beverly Alimo-Metcalfe, *Talking from 9 to 5 : Women and Men at Work* de Deborah Tannen) nous décrivent les différences fascinantes qui existent entre les hommes et les femmes : styles de communication, rythmes biologiques, fonctionnement du cerveau, pour n'en citer que quelques-unes. Pourquoi donc en irait-il autrement des styles de leadership ? Et, plus important, pourquoi faudrait-il le souhaiter ?

Ironiquement, c'est dans les premières entreprises qui ont essayé de soutenir l'avancement des femmes, des multinationales américaines pour la plupart, que la tendance à l'assimilation a été la plus forte. Il en résulte qu'hommes et femmes ont des griefs contre celles qui, à l'heure des pionnières, ont accepté les règles du jeu et adapté leur style de vie et de management pour réussir. « Pseudo-mecs » ou « garces » : elles se sont attiré des étiquettes pas toujours flatteuses[63]. Les normes sociales ont la vie dure. L'agressivité, toujours excusée chez les chefs masculins, est dénoncée comme anti-féminine au possible lorsqu'elle est déployée par des femmes. Les entreprises, pourtant, en sont en partie complices, qui organisent des formations à l'« affirmation de soi » à l'intention de leurs dirigeantes.

---

63. Heffernon, 2004.

L'être hybride qui en résulte semble ne satisfaire personne, pas même les intéressées elles-mêmes. Jocelyn Bell Burnell est une éminente astrophysicienne d'Irlande du Nord qui a découvert les pulsars (étoiles pulsantes) dans le cadre de ses recherches doctorales en radio astronomie, mais a dû se battre pour faire reconnaître ses travaux. En 1974, le Prix Nobel a été décerné à Anthony Hewish, son directeur de thèse, et Martin Ryle, collègue radio-astronome, mais elle n'a pas été mentionnée. Lors d'un congrès sur le leadership féminin en 2007, elle a résumé sans détour le prix que les pionnières doivent payer : « *Qu'ont fait les rares femmes qui sont au sommet de ces disciplines ? Que doivent-elles faire pour y parvenir ? Quel est le prix à payer ? Ou, pour dire les choses plus crûment : suis-je toujours une femme ? Suis-je un petit homme ? Un homme au féminin ? Une virago ?*

Une Amazone ? Il y a une tripotée de mots pour décrire les femmes comme moi. »

Après trente ans de ce refrain « *Nous sommes tous pareils* », les choses commencent à changer. L'idée fait son chemin que l'on peut être égaux et différents, et que c'est l'optimisation de ces différences qui est source de valeur. La diversité se chante désormais sur l'air de l'avantage concurrentiel. Les P-DG, après un demi-siècle de bouleversements de la place et du rôle des hommes et des femmes dans la société, commencent enfin à prendre conscience que la mixité est tout sauf un gadget. Mais le vieux refrain n'a pas totalement disparu.

Les dilemmes de la diversité

Un des obstacles à l'avènement d'une nouvelle ère est la tension qui existe entre mixité et diversité. Dans les entreprises, la diversité est synonyme de gestion des minorités. Le mouvement est parti des États-Unis, où les entreprises souhaitaient éviter les procès et mieux refléter l'évolution de la société. Telle qu'elle est en train de se répandre aux quatre coins du monde, sous la houlette d'un puissant groupe d'entreprises américaines, la diversité recouvre un large éventail de différences : minorités ethniques, orientations sexuelles, croyances religieuses, diversité culturelle… et mixité.

Force est de se demander si l'inclusion systématique de la « question des femmes » sous le parapluie de la diversité n'est pas une façon détournée (mais efficace) de faire en sorte que les femmes continuent à être traitées comme une minorité. Tout se ramène donc à un jeu de statistiques. Gérer une minorité, selon les entreprises, c'est écouter leur point de vue, s'adapter un peu et les accueillir, à doses représentatives, autour de la table.

Accepter un partenaire en nombre égal dans la sphère du leadership est une autre paire de manches. Gérer la diversité et gérer les femmes sont deux choses aussi différentes qu'IBM finançant une start-up et IBM fusionnant avec Microsoft. L'enjeu sous-jacent est essentiel : qui change ? Les femmes représentent la moitié de la population, la majorité des diplômés universitaires, la majorité des salariés dans certaines entreprises et elles prennent la majorité des décisions d'achat.

Il ne fait guère de doute que les femmes exposées à des cultures d'entreprise dominées par les hommes ressentent à certains égards ce que ressentent les minorités dans nos sociétés (voir le chapitre 7). Mais inclure la question de la mixité dans des programmes de diversité la positionne de manière incorrecte, condamnant quasiment les entreprises à voir échouer leurs efforts. Et c'est aussi gravement sous-estimer les gains potentiels qu'une meilleure gestion de la moitié de la population pourrait générer.

Intégrer pleinement les femmes dans le leadership des organisations nécessitera des changements culturels profonds. Il est peu probable que faire des femmes l'une de la demi-douzaine de sous-sections d'un programme de diversité piloté par les RH véhiculera la conviction nécessaire pour y parvenir.

La plupart des managers, cependant, se sentent beaucoup plus à l'aise avec la « diversité » qu'ils ne le sont avec la « mixité ». Beaucoup préfèrent associer la mixité avec autre chose – n'importe quoi d'autre. On comprend mieux, dès lors, que le concept de diversité ait connu un tel succès... sans faire changer grand-chose. Comme l'écrivait le magazine *The Economist* en 2005, « *les prétendus programmes de diversité sont aussi courants que la diversité est rare au sommet des entreprises* ».

Quand la diversité engloutit la mixité

Une société de haute technologie s'apprêtait à lancer un programme de diversité en Europe. Première cible désignée, les
femmes : l'entreprise n'en comptait pas suffisamment dans ses
équipes de direction ni aux postes qui pouvaient y conduire et
savait que son marché se féminisait de plus en plus. L'entreprise
engagea une femme venant d'un rôle opérationnel pour diriger le
programme. Le dirigeant sponsor de l'initiative en Europe était un
ardent défenseur de la cause des handicapés. Il demanda donc à
son consultant sur le handicap de siéger au comité de pilotage du
programme de diversité. Ce fut ensuite au tour du siège du groupe
aux États-Unis de se faire entendre, imposant ses priorités pour
l'année, à savoir la cause des lesbiennes et des homosexuels. Et
donc la politique de diversité qui fut lancée en Europe recouvrait
les femmes, le handicap et les homosexuels et les lesbiennes,
perdant de vue son impératif économique de départ qui était de
s'adapter aux demandes des consommatrices.

Chacun de ces groupes de salariés soulève des enjeux importants
et différents, auxquels l'entreprise doit répondre. Les regrouper
tous ensemble dans un même paquet « diversité » ne va pas sans
risque, à commencer par les traiter comme un *gros* problème de
« minorité à gérer », ce qui ne peut que les marginaliser. Le
deuxième risque est que cela encourage une mentalité « on
coche des cases » : « *Maintenant qu'on a "fait" les femmes, on
passe aux minorités ethniques.* » Le troisième danger, et le plus
grave pour ce qui est du sujet de ce livre, est que cela noie totalement l'importance stratégique des femmes pour les entreprises,
aussi bien comme marché que comme vivier de talents.

Il est temps de cesser de traiter la mixité comme une question
de minorité. Dans la prochaine section, nous allons voir
comment affronter le malaise des managers vis-à-vis de ce sujet,
et comment les leaders peuvent apprendre à apprivoiser un
enjeu fondamental pour les entreprises.

Méritocratie… masculine

Forts du discours dominant sur la diversité, les managers dans la plupart des entreprises aujourd'hui sont persuadés qu'ils sont résolument égalitaires – y compris lorsqu'ils ne comptent pas la moindre femme dans leur comité exécutif ou dans les postes qui y conduisent. Ils se vantent de l'objectivité de leurs systèmes. Et répètent à qui veut les entendre qu'ils récompensent et promeuvent chacun – et chacune – sur la base de leurs compétences, sans discrimination de sexe. Il faut donc comprendre que les femmes ne sont pas à la hauteur de la tâche.

Les femmes mettent souvent la barre des compétences plus haut que les hommes. Des études conduites chez Hewlett-Packard montrent par exemple que les femmes proposent leur candidature si elles pensent qu'elles répondent à 100 % des critères mentionnés, alors que les hommes se portent candidats dès qu'ils pensent correspondre à 60 % au profil demandé, a expliqué en 2005 Cara Antoine, directrice générale en Europe. Ce qui est pire, souligne-t-elle, c'est que les managers qui recrutent font exactement la même chose. Ils engagent des femmes si elles répondent à 100 % des critères, mais ils sont prêts à recruter des hommes pourvu qu'ils répondent à 60 % des critères – et les femmes qui recrutent sont plus dures que les hommes avec les candidates.

Lors d'un séminaire pour l'OCDE en 2007, animé par l'un des auteurs, un dirigeant a parfaitement résumé la chose. « *Ce n'est pas de discrimination positive en tant que telle dont nous débattons. C'est de la nécessité pour nous tous de reconnaître que la candidate que nous avons placée en numéro 2 pourrait très bien être, en termes de nos besoins et de notre stratégie futurs, numéro 1. Et même, que la femme que nous avons mise numéro 3 pourrait aussi très bien être numéro 1. Il est grand temps que nous regardions nos préjugés en face et que nous réévaluions l'idée que nous nous faisons de notre numéro 1. »*

Ces résultats viennent corroborer les études de Catalyst en 2007 qui montrent que la vision stéréotypée des qualités de leadership féminines et masculines entravent la progression des femmes. *« Les hommes sont toujours largement considérés comme les leaders par défaut, souligne l'institut. Quant aux femmes, on les perçoit souvent comme ne répondant pas aux normes de leadership ou à celles de la féminité. Elles sont, de fait, prises entre des choix impossibles : celles qui essayent de se conformer aux comportements de leadership traditionnels – c'est-à-dire, masculins – sont damnées si elles le font et condam- nées si elles ne le font pas. »* (voir l'entretien avec Ilene Lang, présidente de Catalyst)

Samuel DiPiazza Jr., P-DG de PricewaterhouseCoopers, sait qu'il faudra du travail et de la détermination pour aller au-delà des 15 % de femmes associées (sur un total de huit mille) au niveau mondial. Il n'hésite pas en 2006 à parler de discrimina- tion positive : *« Sans une certaine forme de discrimination posi- tive, dit-il, nous ne progresserons pas. »* Qu'il nous soit permis de dire que nous ne partageons pas ce point de vue. Nous ne recommandons pas la discrimination positive. Prendre conscience des réels enjeux de la mixité, c'est en partie jeter à bas la discrimination positive qui existe actuellement – en faveur des hommes.

Les entreprises et leurs managers attireront et fidéliseront bien davantage les femmes s'ils reconnaissent que les concepts de performance, de compétence et de leadership tels qu'on les entend aujourd'hui portent fortement la marque de la norme dominante – essentiellement masculine.

Pourquoi la progression des femmes est-elle si lente aux États-Unis ?

L'Amérique mène la danse de la diversité depuis des années. Pourquoi donc le pays n'a-t-il pas réussi à faire accéder davantage de femmes à des postes de leadership dans les entreprises ? Un recensement établi par Catalyst en 2006 montre que l'accession des femmes à des postes de direction dans les cinq cents plus grandes entreprises américaines s'est même ralentie par rapport aux trois années précédentes. Au rythme actuel, indique l'étude, il faudra quarante-sept ans pour que les femmes soient à parité avec les hommes dans les postes de direction.

Pour Ilene Lang, présidente de cet organisme à but non lucratif de conseil et de recherches, un certain nombre d'obstacles subsistent. « *Catalyst travaille sur ce sujet depuis quarante-cinq ans. Au cours des vingt-sept premières années, nous avons surtout œuvré pour aider les femmes à accéder au marché du travail et aider les mères de famille à le réintégrer après une grossesse. C'était le mouvement pour les carrières. Les femmes voulaient de l'avancement. Au milieu des années 1980, nous avons évolué pour dire :* "Cela va plus loin que le cas par cas. Les femmes se heurtent à un plafond de verre. Les entreprises doivent changer." »

Ilene Lang utilise l'image des couches de pelure d'oignon : « *Vous vous attaquez aux problèmes les plus évidents et vous découvrez que ce ne sont en fait que des symptômes de problèmes plus profonds. Au départ, tout le monde pensait que le problème était lié à la maternité, à la difficulté de concilier vie professionnelle et vie familiale et que si on créait des garderies, le problème serait résolu. L'expérience nous a appris que c'était utile, mais loin d'être suffisant. Le développement de carrière a été un vrai défi. Aujourd'hui, le défi, c'est la culture des entreprises et la culture de la société.* »

Les réseaux de femmes, estime-t-elle, ont été utiles pour pallier leur manque de réseaux informels. « *Ils leur ont permis d'accéder à des opportunités de leadership et d'être plus visibles.* » Mais, selon les études de Catalyst, les stéréotypes sexués persistent dans les normes sociales et culturelles de l'environnement de travail.

Catalyst a fait de nombreuses recherches sur ce sujet. « *Indépendamment de la culture, les femmes sont* perçues *comme ayant des qualités d'accompagnement et de développement des autres, ce qui n'est pas* perçu *comme relevant du domaine du leadership ; c'est perçu comme féminin,* souligne Ilene Lang. *Notre exploration des stéréotypes fondés sur le sexe, aux États-Unis et en Europe, a mis en lumière le fait que dans de nombreux cas, quelles que soient les qualités de leadership que la culture valorise, les hommes considèrent les femmes comme n'étant pas efficaces. Ce n'est pas conscient, mais c'est omniprésent. Ce stéréotype est omniprésent dans les systèmes de gestion des performances et crée une double norme dont les individus ne sont pas conscients. Et naturellement, cela a une incidence sur la façon dont les femmes sont évaluées et promues – ou non – à des postes de direction. Les entreprises ne veulent pas avoir une double norme. Elles veulent une méritocratie. Elles regardent vers le leadership de demain et elles disent que le talent doit également venir des femmes. Mais si votre champ de vision se limite au club masculin traditionnel, vous passez à côté d'un vivier inexploité et grandissant de talents. Et votre leadership, dès lors, sera de plus en plus déconnecté de la réalité des individus qui composent votre force de travail.* »

Que pense-t-elle de la stagnation que l'on observe actuellement aux États-Unis ? « *Nous sommes déçues par les chiffres. Nous espérions, naturellement, que les choses s'amélioreraient chaque année. Les pionnières commencent à atteindre l'âge de la retraite et nous observons peut-être une stabilisation de la nouvelle génération qui prend leur place.* »

Catalyst a récemment commencé à conduire des recherches dans un nouveau domaine important, que nous considérons comme essentiel. « *Nous avons observé que dans les entreprises où des progrès sont accomplis, des hommes clés sont impliqués,* explique Ilene Lang. *Nous réfléchissons à la façon d'impliquer davantage les hommes dans le pilotage de cette transition. Ce n'est pas seulement un problème de femmes, c'est un impératif de leadership et un impératif économique. Les hommes en sont des éléments clés.* »

Les hommes, avance Ilene Lang, ne devraient pas craindre l'arrivée des femmes au pouvoir. Comme les études de Catalyst l'ont montré, compter davantage de femmes dans l'équipe de direction est bon pour les résultats de l'entreprise. « *Si vous pouvez "augmenter la taille du gâteau" et augmenter la réussite de l'entreprise, alors, vous pouvez accueillir des femmes sans mettre les hommes au placard. L'entreprise y gagne : le gâteau grossit.* »

Surprenants secteurs

Il est intéressant de noter que certains des secteurs et des entreprises qui ont le mieux réussi en termes de promotion des femmes ne sont pas ceux sur lesquels on aurait nécessairement parié. Le classement *Fortune* des dirigeantes internationales est emmené par Pat Russo, P-DG du groupe de télécommunications Alcatel/Lucent, Anne Lauvergeon, qui dirige un groupe nucléaire, et Anne-Marie Idrac, qui était à la tête de la SNCF. Au Royaume-Uni, deux femmes ont été récemment nommées à la tête de sociétés du FTSE 100, Anglo American, un groupe minier, et Drax, dans le secteur de l'électricité. L'indice FTSE 100 des femmes, établi par la Cranfield School of Management, indique que le transport et la banque sont deux des secteurs où la représentation des femmes à des postes de direction est la meilleure. Aux États-Unis, les rares grands groupes dirigés par des femmes incluent Xerox, eBay et Archer Daniels Midlands, le groupe agroalimentaire.

Comment ces secteurs traditionnellement masculins permettent-ils aux femmes de réussir ? Les sociétés de ces secteurs ont souvent dû travailler très dur pour attirer des femmes tout court, ce qui les conduit à faire encore plus d'efforts pour les garder et les promouvoir, suggère Jacey Graham, consultante en diversité et coauteur du livre *A Women's Place in the Boardroom* : « *Ailleurs, on se dit souvent que les femmes graviront naturellement les échelons de la hiérarchie – seulement voilà, cela n'arrive pas à cause des barrières culturelles.* »[64]

Que font donc les meilleures entreprises lorsqu'elles veulent corriger le déséquilibre des sexes ? Elles commencent par devenir « bilingues », d'abord en admettant que la situation existante n'est peut-être pas aussi impartiale que tout le monde le pense, puis en adaptant le langage et les comportements de leadership aux talents et à la réalité du marché du XXIe siècle.

Une nouvelle approche de la mixité

Avant de naviguer en territoire sinon inconnu du moins peu familier, il n'est pas inutile de repérer notre point de départ sur la carte. Alors que de nombreuses entreprises sont convaincues de leur comportement exemplaire en matière d'égalité des chances, il suffit de gratter un peu le vernis pour découvrir que la réalité est souvent plus compliquée.

Comprendre le point de départ

Nous avons conduit des audits des attitudes vis-à-vis de la mixité dans des entreprises de différents pays européens, interrogeant des hommes et des femmes managers sur leurs perspectives afin d'évaluer le « climat » interne existant des organisations. Dans quasiment tous les cas, les attitudes peuvent être divisées en trois segments, les femmes managers étant généralement réparties de façon égale entre les deux premiers. Ces trois groupes sont les suivants : le progressiste, le patient et le réticent.

---

64. Maitland, 2003.

Le progressiste

Un tiers des managers sont progressistes, souvent sensibilisés à ces questions du fait de convictions personnelles, parce que leur conjoint travaille ou parce qu'ils ont des filles qui commencent à exprimer leurs ambitions. Ces dirigeants sont des champions naturels de l'équilibre des sexes. Les hommes soulignent les avantages des équipes mixtes et citent des expériences positives de collègues et de supérieures femmes. De fait, les hommes progressistes sont souvent beaucoup plus directs et intransigeants dans leur soutien aux femmes que ces dernières peuvent se permettre de l'être : une telle attitude chez un homme est considérée comme altruiste ou désintéressée alors que les femmes ont toujours à craindre qu'on l'interprète comme de l'intérêt personnel. Les femmes managers qui entrent dans ce groupe ont souvent des époux qui les soutiennent et ont œuvré pour équilibrer les doubles carrières. Ils considèrent que l'avancement des femmes dans leur entreprise peut améliorer la culture pour tous les salariés. Ils sont à l'aise pour citer les compétences ou approches « différentes » qu'apportent les femmes et peuvent généralement expliquer pourquoi avoir plus de femmes sera bon pour l'entreprise. Ce sont les agents de changement clés de toute initiative en faveur de la mixité. Il est essentiel de les identifier et de les impliquer.

Le patient

Un tiers sont neutres, convaincus que le temps résoudra tout, que les femmes sont déjà bien parties, que les choses changent à un rythme satisfaisant et qu'aucune action particulière n'est nécessaire. Ce groupe s'apparente aux « électeurs indécis ». Ce sont eux qui doivent être convaincus pour en faire des progressistes. Mettant en avant le nombre de femmes qui occupent des postes de management, ils indiquent que puisque certaines ont réussi à faire leur chemin, c'est que les choses doivent être équitables et accessibles. Ils craignent qu'agir en faveur de la mixité ne suscite des résistances ou ne produise l'effet contraire de celui recherché. Ils ne voient généralement pas de motifs économiques urgents pour augmenter le nombre de femmes et soutiennent que la compétence et la performance sont récompensées comme il se doit dans leur organisation.

Le réticent

Un tiers est franchement réticent, rejetant les objectifs autant que les moyens. De nombreux hommes (le niveau varie selon les pays) sont toujours hostiles aux femmes au travail pour diverses raisons. L'une des moindres n'étant pas que leurs propres épouses ont parfois abandonné leur carrière pour soutenir la leur. Plaider en faveur de l'avancement des femmes, avouent ressentir certains, serait une trahison conjugale. Ou bien ils sont convaincus que les femmes ne sont tout bonnement pas adaptées aux réalités qu'elles affrontent professionnellement. Regardant autour d'eux, ils pointent du doigt le nombre croissant de femmes dans leurs rangs – beaucoup plus qu'avant et plus que suffisamment. Ces managers (des hommes pour la plupart) sont intimement convaincus que les femmes n'apporteront rien de nouveau ou de différent. Ils pensent que s'il y a peu de femmes dans leur entreprise, la responsabilité en revient aux femmes elles-mêmes et ils sont prompts à citer leur manque d'ambition et d'engagement, leurs priorités familiales ou la pénurie de femmes ayant les bons diplômes pour leur secteur. Ils avancent que leur secteur, leur industrie ou leur entreprise ne sont tout bonnement pas attractifs pour une femme ou que la vie familiale ne permet qu'à l'un des deux parents d'avoir une carrière professionnelle.

Il est satisfaisant de croire que l'hostilité profonde à l'égard de la femme au travail a disparu il y a des années. C'est ce que pensait Joan Bakewell, auteur et journaliste britannique de renom. Jusqu'au jour où, il n'y a pas si longtemps, elle a été témoin d'une conversation entre quatre hommes d'affaires vêtus avec élégance dans un compartiment de première classe. « *Ils parlaient de leurs collègues femmes et leur conversation portait sur leurs attributs "plantureux", le fait de savoir si "porter des jupes courtes, c'est le chercher" ; ils se demandaient également si l'une des femmes "n'avait pas passé l'âge"* » écrivit-elle dans le journal *The Independant* en 2006. « Ils se comportaient comme des maîtres de l'univers, dit-elle. Pas étonnant qu'on ne trouve pas davantage de femmes dans les conseils d'administration des entreprises industrielles et commerciales. »

La segmentation des attitudes en trois groupes décrite ci-dessus se retrouve également au niveau des comités exécutifs. Une fois que le P-DG a lancé une initiative en faveur de la mixité, il est probable que personne ne s'y opposera ouvertement. Mais les « réticents » entraveront les évolutions dans leur domaine.

Surmonter les résistances et faire des « indécis » des partisans convaincus du changement exigera un leadership et une lucidité sans faille. Hommes et femmes devront parler beaucoup mieux la langue de l'autre. Ce qui suppose de comprendre en quoi nous sommes différents afin d'apprécier ces différences et les gérer de manière constructive.

Les leaders « bilingues » sont faciles à identifier. Ils savent qu'il faut avoir en tête deux questions importantes quand on dialogue avec les femmes : ils personnalisent la conversation et ils surveillent leurs métaphores.

Personnaliser la conversation

Les leaders bilingues savent que la plupart des femmes ne compartimentent pas leur vie en une sphère personnelle et une sphère professionnelle. Elles tendent à tout mélanger et sont curieuses de – et à l'aise avec – l'être humain derrière le « travailleur ». La norme tacite de ne pas parler de choses personnelles au bureau pèse particulièrement aux femmes – qui le feraient volontiers, mais se sentent souvent bridées par la culture masculine ambiante. Les leaders qui le savent veillent donc à prendre l'initiative d'ouvrir la porte de leur vie personnelle afin d'établir la confiance et la crédibilité qui assureront qu'ils seront écoutés.

Carlos Ghosn, P-DG franco-libanais d'origine brésilienne de Renault et de Nissan, le sait bien. S'exprimant en 2006 sur la mixité dans le cadre du Forum des Femmes à Deauville, il a expliqué qu'il comprenait très bien pourquoi « *être un mouton noir est toujours difficile* ». Son enfance a été une longue expérience de la différence, a-t-il raconté à un public empathique, comme il quittait son Brésil natal pour le Liban, puis la France et les États-Unis. « *Travailler ensemble vers un seul et même but est une bonne chose – sauf si être ensemble signifie nier sa propre identité. Quand on est tous pareils, on ne se pose pas beaucoup de questions sur qui on est ou ce qu'on fait là. Mais c'est essentiellement de ceux qui sont différents que l'on apprend.* »

Voici comment il résume l'enjeu de la mixité : « *J'ai trois filles et un fils. Il m'est intolérable de penser qu'un jour mes filles ne pourraient pas faire ce qu'elles veulent parce qu'elles sont des femmes. Parfaitement intolérable. Et ce qui vaut pour les personnes que j'aime vaut pour la société dans laquelle je vis. Les P-DG ont un rôle à jouer, en particulier les femmes P-DG. Vous devez prouver que vous pouvez être au sommet et les femmes ont besoin de beaucoup d'exemples.* » À ce stade, est-il besoin de le préciser, l'auditoire était conquis.

Niall FitzGerlad, le P-DG d'origine irlandaise de Reuters, qui présida un temps aux destinées d'Unilever, a déclaré dans un entretien accordé en 2003 au *Financial Times* que son attitude vis-à-vis de la mixité avait été lourdement influencée par ses filles : l'aînée, une journaliste « *qui n'a pas froid aux yeux* », jeune femme indépendante qui a remis en question avec succès les opinions de son père, et la seconde, qui ne va pas encore à l'école, et avec qui il avait envie de passer du temps le matin et le soir[65].

Eric Daniels, Américain né d'un couple sino-allemand, est P-DG du groupe bancaire britannique LLoyds TSB. Il a mis un point d'honneur à recruter des femmes à des postes de direction. Lorsqu'il parle de l'importance de l'équilibre femmes/hommes dans l'entreprise, il fait souvent référence à sa sœur Diana, une des trois premières femmes à intégrer la Harvard School of Law. Elle est devenue conseiller juridique du *Washington Post* et a été, pendant de nombreuses années, la seule femme à des postes de management intermédiaire et supérieur. À travers son expérience, il comprend ce que cela signifie concrètement.

Ces vignettes personnelles pourront sembler déplacées dans le contexte d'une réunion professionnelle ordinaire, mais sont typiques de la façon dont les femmes communiquent entre elles. Pour les hommes qui souhaitent s'adresser aux deux sexes, elles agissent comme un sésame, un mot de passe qui libère un mélange d'étonnement, de soulagement, d'appréciation et de confiance. Et cela ne coûte pas grand-chose puisqu'il y faut seulement de l'intelligence émotionnelle et la volonté de montrer un peu de vulnérabilité. Pour utiliser une métaphore plus masculine, on pourrait parler de déposer les armes.

Gérer les métaphores : le pouvoir du vocabulaire et de la vision

Ceci nous conduit à un autre enjeu majeur du bilinguisme. Ce n'est pas seulement ce qu'on dit qui compte, mais la façon dont on le dit. Le vocabulaire constitue l'une des différences intéressantes entre les sexes, comme l'a étudié en 2001 Deborah Tannen, professeur de linguistique.

---

65. Maitland.

Le monde de l'entreprise, et l'image que s'en font les hommes, portent la marque d'un vocabulaire particulier. L'entreprise abonde en messages et métaphores de conquête militaire. Didier Lombard, P-DG de France Télécom, en a fait la démonstration lors d'une conférence. Parlant d'innovation, on le sentait totalement engagé et mobilisé par une lutte sans merci dans un secteur hautement concurrentiel. Son langage était émaillé d'images guerrières : « *regonfler les troupes* », « *être prêt au combat* » et avoir « *l'expérience de la guerre* ». De toute évidence, le combat qu'il a à mener le stimule et le motive et il pense que faire résonner les sabres linguistiques aide à motiver les troupes.

Sauf que les troupes comptent de plus en plus de femmes et que le vocabulaire doit donc évoluer. Michèle Alliot-Marie, première femme ministre de la Défense française (nommée ensuite ministre de l'Intérieur sous la présidence de Nicolas Sarkozy), l'a bien compris. Elle ne parlait pas de guerre, mais de paix. Lorsqu'elle était ministre de la Défense, elle a expliqué en 2006 qu'elle était en train de faire évoluer les campagnes de communication et de recrutement de l'armée pour souligner que sa mission aujourd'hui est moins de faire la guerre que de préserver la paix sur la planète. Ce faisant, dit-elle, l'armée attire un nombre croissant de femmes.

Tout comme les femmes ont besoin de comprendre les modes courants de la communication masculine, les hommes doivent se familiariser avec les styles de communication des femmes. « Ambition », « jeux d'influence » et « pouvoir » sont des mots avec lesquels de nombreuses femmes sont mal à l'aise, qui préfèrent nier leurs ambitions ou leur goût des jeux politiques plutôt que de passer pour des « chefaillonnes » ou des « carriéristes ». Marill Lynch a conduit un programme de formation à destination des femmes pour améliorer leurs compétences politiques et a découvert qu'elles étaient rétives à la terminologie retenue.

Sue Henley, en charge de la diversité pour l'Europe, explique :
« *Les femmes ne voulaient pas faire de politique. Nous avons donc
remplacé le mot "politique" par "profil".* »[66]

Nature ou culture ?

Matt Ridley, auteur de best-sellers scientifiques dont *Nature via
Nurture* (Fourth Estate, 2003), soutient que ce type de
différences est enraciné dans la génétique. « *Le désir dévorant
d'atteindre les sommets et de surestimer votre capacité à y
parvenir est plus courant chez les hommes que chez les femmes*,
a-t-il expliqué lors d'une conférence sur les femmes comme
leaders. *C'est la raison pour laquelle une forme de
discrimination positive dans l'entreprise est une bonne idée :
mentoring, repérer les talents et faire prendre conscience aux
chefs qu'il leur appartient aussi de repérer les talents féminins. Il
ne s'agit pas de corriger des aptitudes différentes, mais de
rééquilibrer la tendance des hommes à se mettre en avant trop
vite et celle des femmes à dire, « Je ne suis pas sûr d'être prête pour
la prochaine étape* », alors qu'elles le sont.

« *Parmi nos parents les plus proches, les chimpanzés*, poursuit
Ridley, *l'essentiel de la concurrence hiérarchique a lieu entre et
parmi les mâles. Les femelles sont loin d'être aussi compétitives
pour ce qui concerne le statut. Il y a donc vraisemblablement un
héritage biologique des hommes ayant tendance à se marcher les
uns sur les autres pour grimper au sommet de l'arbre et peut-être
à ne même pas remarquer qu'ils sont en fait aussi en
concurrence avec des femmes.* »[67]

Les femmes peuvent être inconsciemment – ou consciemment –
pénalisées dans les entreprises pour recourir à un discours
hésitant ou respectueux de préférence à un langage de
commandement, ou « de pouvoir ». Amener une idée en disant

---

66. Maitland, 2006b.
67. Entretien avec l'auteur, 2007.

« Je ne suis pas sûre que cela puisse fonctionner, mais... » ou faire précéder une demande des mots *« Excusez-moi, mais vous pourriez peut-être...* » risque d'être interprété comme un manque de confiance en soi ou d'autorité.

De telles hypothèses doivent être remises en question. Le langage impératif qui exclut l'opinion du récepteur du message – *« J'ai besoin que vous fassiez ça maintenant* », *« Disons à 13 heures* » – n'est pas à sa place dans les entreprises modernes qui prétendent être collégiales et inclusives. Sans compter que communiquer de cette façon est vraisemblablement beaucoup moins positif pour son statut que ne le croit le locuteur. Dans les équipes où les individus sont fortement dépendants les uns des autres pour accomplir une tâche, les études ont montré que ceux qui ont recours à des styles de langage moins définitifs s'acquièrent en fait davantage de statut et de respect[68]. Qui plus est, les styles de communication du leadership anglo-américain sont loin d'être universels.

Les femmes, et peut-être ne faut-il pas s'en étonner, sont davantage à l'écoute que les hommes de ces différences de styles de communication. Lors d'un atelier mixte sur les différences entre les sexes, un cadre moyen d'IBM, par souci de respecter le politiquement correct ou par conviction, a nié que les hommes et les femmes communiquaient différemment. Au cours du même atelier, une dirigeante de Ford a fait remarquer : *« J'ai passé vingt-cinq ans dans l'industrie automobile à veiller à ce que les hommes se sentent à l'aise avec moi, et non l'inverse. »*

---

68. Fragale, 2006.

Les briques de base du bilinguisme

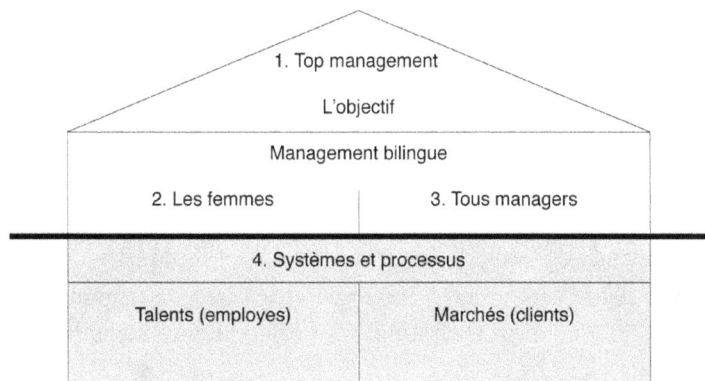

Les 4 briques de base du bilinguisme

Quatre éléments sont essentiels pour devenir une organisation bilingue. Il n'y a pas de règle intangible sur celui qu'il conviendrait de mettre en place en premier. Cela dépend de l'entreprise et de sa stratégie, de ses objectifs, de ses priorités concernant la mixité. Chaque élément, toutefois, est nécessaire pour exploiter le plein potentiel des femmes – en tant que parties prenantes, consommatrices, salariées et leaders.

La plupart des entreprises qui lancent des initiatives en faveur de la mixité privilégient de manière excessive l'un des quatre éléments : elles investissent l'essentiel des ressources dans des stratégies visant à faire changer les femmes. Elles créent des événements et des réseaux de femmes, offrent aux femmes formations et coaching et tout un éventail d'autres mécanismes de « soutien ». Ces mesures peuvent constituer une étape utile pour l'accession des femmes à davantage de responsabilités. Mais leur philosophie, trop souvent, est d'encourager les femmes à se comporter comme des hommes. Elles renforcent donc, volontairement ou non, ce préjugé au lieu d'œuvrer à le faire disparaître.

Une entreprise multinationale américaine a organisé une conférence d'une journée pour son réseau de femmes. Plusieurs
ateliers étaient au programme, dont l'un consacré à la « communication qui marque ». L'atelier débutait par la vidéo d'un
discours du P-DG très viril de l'entreprise. Pendant une heure,
l'animateur de l'atelier s'est employé à analyser ses points forts
et à encourager les participantes à les imiter.

Cette mentalité « réparer-les-femmes » concentre ses efforts sur
le mauvais segment de la population. Les femmes n'ont pas
besoin d'être « réparées ». L'énergie et les investissements ainsi
déployés seraient mieux employés s'ils étaient consacrés aux
éléments ci-après.

« Piger le truc » : l'engagement de la direction générale

Comme pour toute initiative stratégique de changement, la
direction générale doit être convaincue des motifs économiques
en faveur d'une plus grande mixité au sein de ses équipes dirigeantes. C'est d'autant plus vrai et important que le sujet suscite
des réactions et des résistances fortes. Si la direction générale
n'est pas convaincue et prête à montrer la voie (ce qui implique
notamment de promouvoir des femmes au comité exécutif), il
sera quasiment impossible de convaincre des managers qu'il
s'agit là d'une priorité de l'entreprise.

Au cours de cette phase, plusieurs actions devront être
conduites par les leaders : réunir les éléments établissant la
pertinence de cette démarche d'un point de vue économique
pour l'entreprise, convaincre l'équipe dirigeante de s'y rallier et
répéter le message de son importance stratégique. Cela signifie
parler régulièrement et systématiquement de la question, définir
des objectifs et montrer par l'exemple. C'est une étape fonda-
mentale – à conduire de préférence en premier.

Bilinguisme de management : gérer la différence de manière proactive

C'est le cœur de toute initiative concernant la mixité dans l'entreprise. C'est à lui que devrait être consacré l'essentiel de l'effort et du budget des initiatives en faveur de la mixité. C'est alors que le changement se produira – ou non. C'est à ce niveau que de nombreuses initiatives échouent. Si la chose est menée à bien, toutefois, elle peut transformer les cultures des organisations, les rendant plus ouvertes aux hommes et aux femmes – en d'autres termes, plus humaines.

Cette phase prépare tous les managers (hommes et femmes) à être des managers efficaces, inclusifs, d'hommes et de femmes. Elle les forme à comprendre les différences entre les sexes et permet d'adapter en conséquence les styles de management. Elle comprendra notamment des ateliers de sensibilisation, des formations, du coaching individuel ou collectif, du mentoring et des programmes de mentoring inversé.

Les objectifs sous-jacents sont les suivants :

- démontrer l'importance économique d'une plus grande mixité pour l'entreprise ;
- permettre aux hommes et aux femmes de reconnaître et d'accepter les différences entre les sexes et de les envisager comme des opportunités ;
- adapter les styles de management et de leadership pour intégrer davantage la dimension des femmes, à la fois comme salariées et comme consommatrices ;
- proposer des exemples pratiques sur la *façon* d'y parvenir ;
- utiliser à la fois des approches intellectuelles et des méthodes empiriques plus émotionnelles.

Les connaissances et les réseaux pour réussir

Comme nous le verrons dans le chapitre 7, les femmes ne sont souvent que partiellement familières des « codes » de la « politique en entreprise », de la culture et des règles du jeu des hommes dans l'entreprise. Leur accès à des réseaux informels où s'échange une grande partie de l'information cruciale étant limité, des systèmes parallèles doivent, pour un temps, être créés.

Il existe en la matière un large éventail d'options et les entreprises en ont expérimenté un certain nombre : réseaux de femmes, formation sur mesure, systèmes de mentoring, coaching individuel ou collectif. Quel que soit le support choisi, les ingrédients de la réussite sont :

- rendre les règles de progression de carrière et de promotion plus transparentes et explicites, particulièrement auprès de la décennie cruciale des trentenaires ;

- amener les dirigeants – hommes et femmes – à transmettre leur expérience et à faciliter les introductions ;

- établir et étendre des réseaux professionnels en interne et à l'externe ;

- développer le potentiel des femmes en construisant leur confiance en elles, leur compétence politique et leur professionnalisme d'une manière adaptée à leurs besoins et à leurs attentes ;

- *ne pas* s'attendre à ce que les réseaux de femmes résolvent à eux seuls le problème du déséquilibre des sexes.

Faire la chasse aux préjugés

Les entreprises progressistes examinent avec soin leurs processus et leurs systèmes afin d'y repérer les préjugés inconscients qui peuvent affecter la carrière des femmes ou leurs expériences en tant que consommatrices. Ce type d'efforts doit se déployer sur deux dimensions complémentaires : les individus en interne d'une part, le marché d'autre part.

En interne

Cela signifie examiner les systèmes de gestion des carrières et les données sur les promotions, et se poser les questions suivantes.

- Recrutement : les campagnes de recrutement sont-elles efficaces pour attirer des femmes ou les managers disent-ils qu'ils adoreraient embaucher des femmes mais qu'ils « n'arrivent pas à en trouver » ? Où les offres d'emploi sont-elles diffusées et quelles images sont utilisées pour véhiculer la culture de l'entreprise ? De nombreuses entreprises découvrent qu'il leur faut activement « briefer », voire former leurs RH et leurs agences de recrutement pour supprimer les préjugés au niveau de la phase de l'entretien d'embauche.

- Rémunération : y a-t-il des préjugés dans le système de rémunération ? Les femmes restent-elles plus longtemps que les hommes dans certaines tranches de rémunération ? Les collaborateurs n'obtiennent-ils d'augmentations que lorsqu'ils le demandent ? Auditer les pratiques et les tendances de rémunération est un moyen idéal de mettre à jour des discriminations cachées.

- Identification des individus à haut potentiel : l'entreprise dispose-t-elle d'un programme structuré pour identifier les individus à haut potentiel, avec un âge déterminé pour les participants ? S'il s'agit d'une tranche d'âge (généralement 28-35 ans), il y a une discrimination involontaire contre les femmes qui veulent avoir des enfants. Les entreprises progressistes augmentent la limite supérieure à 40 ou 45 ans ou, comme certaines entreprises scandinaves, la suppriment purement et simplement.

- Plans de succession et promotions : y a-t-il une cible chiffrée pour des plans de succession mixtes ? S'il se révèle que les femmes sont régulièrement absentes de ces listes, cela peut être un indice que d'autres préjugés sont à l'œuvre. Y a-t-il un rang ou un niveau de poste à partir duquel le pourcentage de femmes baisse brutalement ? Ce « plafond de verre » indique généralement que l'égalité des chances n'est pas ce qu'elle devrait être.

* Évaluation des performances : les évaluations de performances sont souvent plus subjectives que les managers ne se plaisent à le croire, et aussi plus prédéterminées. Elles tendent à reproduire une norme dominante de leader en ligne avec la culture de l'organisation et ne correspondent pas toujours au style avec lequel de nombreuses femmes sont à l'aise. Former les managers à comprendre les différences entre les sexes les aide généralement à regarder d'un peu plus près qui ils promeuvent et pourquoi.

* Aménagement du temps de travail : est-il principalement destiné aux femmes ? Les postes les plus élevés de l'entreprise en sont-ils exclus ? Les hommes sont-ils encouragés à être des exemples d'aménagement du temps de travail, sous diverses formes ? Bien souvent, ces programmes sont toujours traités comme des « avantages » destinés aux femmes qui ont des enfants, ce qui les place *ipso facto* dans un ghetto associé à un faible engagement. Il n'en demeure pas moins que la souplesse et le contrôle sont de plus en plus recherchés par les salariés et peuvent conférer un avantage concurrentiel aux entreprises qui les encouragent (voir le chapitre 8). Une étude britannique a montré que travailler régulièrement depuis son domicile avec un ordinateur et un téléphone (télétravail) était en fait plus courant parmi les hommes hautement qualifiés occupant des postes d'encadrement supérieur. L'aménagement du temps de travail doit être repensé, extrait de l'arène « mixité » et considéré comme un outil prioritaire pour attirer et fidéliser toutes sortes de colla-

borateurs, hommes et femmes, en réponse à l'évolution des attitudes sociales.

À l'externe

Bannir les préjugés implique d'examiner toutes les façons qu'ont les entreprises d'analyser et de répondre à leurs clients et à leurs parties prenantes.

- Études de marché : les études marketing sont-elles conduites puis analysées par sexe ? Lorsqu'il y a dix ans, BP a conduit pour la première fois des enquêtes de satisfaction par sexe, la société a découvert que les femmes ne se sentaient pas en sécurité lorsqu'elles étaient obligées de laisser leur voiture (et leurs enfants) pour aller payer dans les stations-service. Cela a conduit l'entreprise à innover en mettant en place des bornes de paiement à proximité des pompes et des guichets de paiement à la sortie des stations-service.

- Développement produit : les produits sont-ils développés pour répondre aux besoins et aux attentes des clients et des clientes ? Volvo a développé un « concept car » conçu par une équipe exclusivement féminine. Nombre de ses caractéristiques et fonctionnalités ont été intégrées dans les modèles de la marque.

- Communication marketing et communication produit : l'image et la communication externe de l'entreprise sont-elles attractives pour les consommateurs comme pour les consommatrices ? Les grandes chaînes de bricolage comme Home Depot et Leroy Merlin ont entrepris une transformation radicale de l'agencement de leurs magasins ces dernières années, en créant par exemple des formations en magasin, une tactique commerciale puissante pour séduire le nombre croissant de femmes bricoleuses.

- Service clients : est-il fait sur-mesure pour les besoins des femmes ? Certaines banques commencent à comprendre que de plus en plus de clients « à valeur nette élevée » sont des clientes, et à veiller à ce que, si elles le souhaitent, elles puissent avoir accès à d'autres femmes pour parler finance et investissements.

En conclusion, l'étape essentielle pour devenir bilingue est de commencer par reconnaître qu'il existe une langue différente, et qu'elle est désormais parlée par une majorité économiquement puissante. Il n'est plus utile – et il sera bientôt préjudiciable – d'exiger (consciemment ou non) que les femmes s'adaptent aux normes et règles du jeu existantes. Les entreprises qui veulent exploiter cette force économique révolutionnaire doivent comprendre que les jours de l'adaptation des femmes au monde du travail tirent à leur fin. L'argent et le talent des femmes de demain iront aux entreprises adaptées à leurs besoins, leurs styles et leurs motivations. Cela exigera leadership, conviction et compétences linguistiques. Obtenir le meilleur des femmes – en tant que clientes, salariées ou actionnaires – requiert que les managers et les organisations soient réellement bilingues. L'êtes-vous ?

Les deux grands types d'approche de la mixité

Approches traditionnelles	Approches bilingues
Inclure la mixité dans des approches parapluie de la diversité.	Positionner la mixité comme une priorité stratégique.
Traiter tout le monde équitablement et de la même manière.	Auditer et comprendre la réalité actuelle des attitudes à l'égard de la mixité et leurs conséquences.
Supposer l'équité des hypothèses des performances et l'existence d'une méritocratie.	Analyser où se situe votre entreprise pour chacune des briques de base décrites précédemment.
Aborder la mixité à travers le prisme de la « conformité ».	Adapter la langue du leadership pour indiquer une compréhension de la « différence ».

Chapitre V

SEPT ÉTAPES POUR RÉUSSIR LA MISE EN ŒUVRE

● ● ●

« Cela nous conférera un avantage concurrentiel considérable. Pour nos concurrents qui ne savent pas accueillir les femmes, le vivier de talents féminins de haut niveau ne cesse de se réduire. Nous avons au moins cinq ans d'avance. Et nous continuerons à augmenter notre avance. C'est un enjeu très dur d'avoir du retard à rattraper. »

Jim Andrews, Gender Diversity Manager, Schlumberger

Pour devenir bilingue, il faut commencer par changer de perspective. Admettre que faire progresser la mixité est de la responsabilité de tous les managers, pas seulement des femmes. Et concentrer ses efforts pour apprendre à la majorité actuelle à devenir bilingue, à parler couramment la langue et la culture des hommes et des femmes. Ce n'est qu'une fois que tous les managers auront compris que les méthodes et les messages utilisés pour recruter, gérer et évaluer les hommes ne fonctionnent pas nécessairement avec les femmes que les talents féminins auront une chance d'être reconnus pour ce qu'ils sont et optimisés.

Engager une action en faveur de la mixité n'est pas chose simple, tant s'en faut. Les entreprises sous-estiment souvent les réactions que suscitent ces initiatives – de la part des hommes comme de celle des femmes. Et pour ajouter encore à la complexité, les attitudes à l'égard de la mixité et du rôle respectif des hommes et des femmes diffèrent fortement d'un pays à l'autre et d'une région à l'autre, comme nous y reviendrons dans le chapitre 6.

La réussite d'une initiative de ce type dépend de la façon dont elle est lancée. Partir du mauvais pied peut susciter le ressentiment et entraver l'objectif recherché, parfois pour des années. Faire les choses correctement exige une compréhension fine de ce que recouvrent les enjeux – et de ce qu'ils ne recouvrent pas.

Nous proposons ci-après sept étapes pour la mise en place d'une stratégie de mixité efficace, qui inclue les hommes et les femmes. Nous nous inspirons abondamment ici de la déclinaison managériale du concept de « point de bascule » de Malcolm Gladwell décrit en 2000 telle que l'ont proposée W. Chan Kim et Renée Mauborgne dans leur article « Tipping Point Leadership » publié en 2003 dans *Harvard Business Review*.

Les sept étapes, détaillées plus bas, sont les suivantes :
- réveiller votre équipe dirigeante ;
- établir la pertinence économique et stratégique de la démarche ;
- laisser les résistances s'exprimer ;
- en faire un enjeu économique, pas féminin ou féministe ;
- apporter des changements avant de faire du bruit ;
- ne pas mélanger les messages ;
- allouer un budget, pas seulement des bénévoles.

Éveiller votre équipe dirigeante

Le signal du changement émane fréquemment du P-DG. Souvent, il (ou, plus rarement, elle) est nouveau dans l'entreprise et apporte avec lui une culture de la mixité acquise chez de précédents employeurs. Ou il a récemment pris conscience de l'enjeu et voudrait que son entreprise fasse de même. Le P-DG dit à son comité exécutif de régler le problème. Le comité exécutif nomme une personne en charge de la mixité et tout le monde retourne à ses occupations.

Surmonter la barrière cognitive : « *Pour produire une bonne argumentation en faveur du changement, ne vous contentez pas de montrer des statistiques du doigt et de dire qu'elles doivent évoluer. Votre message abstrait ne collera pas. Faites plutôt vivre à des managers les problèmes de votre organisation.* » Chan Kim et Mauborgne, 2003

La première étape d'une initiative de mixité efficace est de convaincre l'encadrement supérieur que c'est un enjeu économique pour l'entreprise. La question, en effet, est souvent très éloignée des préoccupations et des priorités des dirigeants. Ils n'ont pas nécessairement été sensibilisés aux changements considérables que nous avons explorés dans les chapitres précédents. Nombre d'entre eux font les hypothèses suivantes :

• la mixité dans l'entreprise n'est pas un enjeu ;

• les hommes et les femmes sont égaux et identiques ;

• le monde des entreprises est rationnel et obéit à une logique de résultats ;

• la crème des talents managériaux s'élève automatiquement au sommet.

Si tous reconnaissent bien volontiers l'importance de la diversité nationale et culturelle pour leurs activités de plus en plus mondiales, seul un petit nombre a conscience de l'ampleur qu'est amenée à prendre la mixité. Les sensibiliser à l'évolution des rôles des femmes en tant que salariées, consommatrices et actionnaires est une première étape indispensable. Cette prise de conscience est particulièrement efficace si elle peut être faite de manière expérientielle autant qu'intellectuelle.

Expérience concrète

Une grande société canadienne de bricolage, décrite dans le livre de Joanne Thomas Yaccato *The 80 % Minority*, a envoyé tous les membres de son comité exécutif dans un de ses magasins, harnachés de porte-bébés ventraux contenant des poupées, avec des sacs à la main et le gigantesque et encombrant chariot du magasin à pousser. Dans le magasin, le vice-président en charge des opérations a été percuté par un jeune vendeur enthousiaste qui a débouché en courant d'un coin sans faire attention et a heurté l'avant du chariot du dirigeant. Le « bébé » que celui-ci portait sur la poitrine a été écrasé dans l'accident. Le mois suivant, tout le marché national a été rééquipé de chariots plus petits et plus légers.

Inversion des rôles

Une autre technique consiste à demander à des dirigeants de s'exprimer devant des groupes composés exclusivement de femmes, un exercice que même les plus expérimentés peuvent trouver déconcertant. Un membre du comité exécutif d'une des plus grandes entreprises françaises a été invité à intervenir à l'occasion du déjeuner mensuel de l'European Professional Women's Network à Paris, l'un des réseaux de femmes les plus importants d'Europe. Face à cinquante visages féminins amicaux, il a découvert qu'il avait les mains qui tremblaient et que la sueur coulait sur son visage. Il a eu le tact et le courage de rire de lui-même, en s'essuyant le front. Il a reconnu que vivre pour la première fois de sa vie ce que beaucoup de dirigeantes affrontaient quotidiennement avait été étonnamment désagréable. Ce type d'expérience points de bascule sensibilise les hommes aux problèmes auxquels sont toujours confrontées les femmes et leur ouvre de nouveaux horizons quant à la façon d'y répondre. Ou, comme l'exprime la spécialiste de la diversité Jacey Graham, qui dirige le FTSE 100 Cross-Company Mentoring Programme avec Peninah Thomson, de tels programmes engagent à la fois le cœur et la tête, et c'est l'alliance des deux qui pousse les individus à agir.

ZOOM SUR...

Apprendre grâce à un mentoring réciproque

Certaines entreprises mettent en place des schémas de mentoring réciproque ou « inversé » dans lesquels des dirigeants sont associés à de jeunes femmes à haut potentiel dans leur entreprise ou dans d'autres. Sous la direction conjointe de Niall FitzGerald et d'Anthony Burgmans, les membres masculins de l'équipe de direction d'Unilever ont admis que pour que les choses changent pour les femmes chez le géant de la grande consommation, il fallait qu'ils remettent en cause leur façon de penser. Chacun d'entre eux a donc accompagné et été accompagné par une dirigeante de l'entreprise qui les a aidés à ouvrir les yeux sur certains des obstacles que les femmes rencontraient sur leur chemin. Des groupes focus avec des managers ont mis en lumière que les femmes se sentaient exclues de et par la culture dominante.

« *La nature de la conversation changera pour de bon lorsque les dirigeants en parleront honnêtement*, souligne Rhodora Palomar-Fresnedi, qui a mis en place le programme de double mentoring en tant que responsable mondiale de la diversité et qui est aujourd'hui vice-présidente d'Unilever en charge de la communication. *Ce qui me semble très important, c'est ce travail individuel et en tête-à-tête avec les hommes. La dimension personnelle est indispensable, comme lorsqu'ils découvrent que leurs filles sont confrontées à ces problèmes dans leur travail. Pour qu'il se passe quelque chose, il faut qu'ils arrivent à rattacher ça à une expérience directe, qui les concerne. FitzGerald et Burgmans l'ont "pigé"* ». Depuis, le conseil d'administration d'Unilever s'est

ouvert à la diversité, avec la nomination récente de deux femmes
– Hixonia Nyasulu, une des plus grandes femmes d'affaires
d'Afrique du Sud, et le professeur Geneviève Berger, scientifique
française de renom – et la nomination de Narayana Murthy,
fondateur du groupe indien Infosys Technologies. Chez Unilever
UK, le nombre de femmes occupant des postes de management a
été multiplié par deux en dix ans, et s'élève aujourd'hui à 40 %, la
hausse la plus importante étant intervenue entre 2003 et 2006, ce
qui coïncidait avec l'impulsion de la direction sur le sujet.
L'augmentation la plus notable du nombre de femmes ces
dernières années s'est faite dans les postes de responsabilité[69].

Il y a également plusieurs exemples récents d'approches de
mentoring mises en place dans des entreprises, répondant plus
particulièrement à la volonté de féminiser les conseils
d'administration. La Confederation of Norwegian Business and
Industry (NHO) a lancé en 2003 l'initiative Female Future pour
identifier les femmes compétentes – ce qu'ils appellent la
« pêche aux perles » – et les préparer à des rôles d'administrateur
via leur participation à des réseaux et des programmes de
mentoring sur mesure.

Au Royaume-Uni, dans le cadre du FTSE 100 Cross-Company
Mentoring Programme mentionné plus haut et lancé en 2004,
directeurs généraux ou P-DG jouent le rôle de mentor auprès de
dirigeantes d'autres entreprises. Une initiative inspirée du
programme britannique a été lancée en France en 2007, sous le
nom de BoardWomen Partenaires. L'objectif premier de ces
programmes est de permettre aux femmes de rencontrer et de
bénéficier des conseils de dirigeants de premier plan, ayant de
puissants réseaux. Un effet secondaire est que ces dirigeants
commencent à voir autrement les enjeux de la mixité, depuis la
perspective des femmes. Alison Wheaton, une des femmes qui a
participé au programme britannique, souhaiterait que davantage
de dirigeantes soient mentors, mais adopte une position

---

69. Entretiens avec l'auteur, février et mai 2007.

pragmatique. « *Nous allons devoir être accompagnées par des hommes jusqu'à ce que davantage de femmes occupent ces postes* », déclare-t-elle[70].

Établir les arguments économiques

L'étape suivante consiste à consacrer du temps à discuter de la question au sein du comité exécutif, dont les agendas surchargés exigent d'en faire une priorité suffisamment importante pour qu'elle y figure. L'équipe dirigeante doit pouvoir exprimer librement ses préoccupations et son scepticisme – le cas échéant. Le P-DG doit vendre l'idée à son équipe d'une façon qui permettra à cette dernière de la vendre à son tour à ses propres équipes. Prendre le temps de concevoir et de formuler une argumentation économique convaincante, fondée sur les défis et les besoins de l'entreprise elle-même, en faveur de la féminisation du comité exécutif est une étape essentielle. Pourquoi et en quoi la mixité constitue-t-elle un enjeu économique pour l'entreprise ? Quelle est la réalité actuelle de l'organisation – quelle est l'image de l'entreprise et quelles sont ses relations avec ses clientes et ses salariées ? Quelles opportunités de croissance recèle une meilleure exploitation du talent ou du pouvoir d'achat des femmes ? Si les dirigeants ne définissent pas une argumentation stratégique en faveur du changement, il est peu probable qu'ils y répondront efficacement – ou qu'ils convaincront leurs collègues de le faire.

Au cours de cette phase, il est important que les membres du comité exécutif débattent de leurs analyses et de leur définition de ces arguments stratégiques et économiques. Au cours de ces séances, on pourra par exemple présenter les travaux et les

---

70. Maitland, 2006.

statistiques sur la place des femmes dans l'entreprise et sur le marché, et les défis évoqués précédemment dans ce livre, étudier ce que font d'autres entreprises dans le même pays et le même secteur, et analyser la situation actuelle de l'organisation (*via* des audits internes et des audits auprès des clients). L'objectif est que chacun comprenne *pourquoi* une initiative en faveur de la mixité est nécessaire et de trouver un accord sur la *façon* de la conduire. Ces réunions sont également utiles pour identifier les champions et les supporters potentiels pour le voyage à venir.

Ouvrir les yeux

Une séance de ce type dans un grand groupe industriel européen a contribué à révéler au P-DG, très impliqué, qu'il existait différents niveaux de prise de conscience au sein de l'équipe de direction et pas vraiment de consensus sur l'importance du sujet ou la façon d'évaluer ses conséquences potentielles pour l'entreprise.

Au cours du débat qui a suivi, le groupe a découvert les faits clés concernant la mixité, pris conscience que certains concurrents étaient en train de se positionner agressivement pour attirer le talent féminin, évalué le niveau de sensibilisation et d'ouverture de chaque individu au sujet, et appris par un audit que les salariées du groupe étaient fermement coincées sous un plafond de verre situé à un niveau précis, plafond de verre dont les dirigeants étaient jusque-là convaincus qu'il n'existait pas.

Beaucoup ont également pris conscience que le sujet de la mixité était bien plus large qu'ils ne le pensaient – et que pour y apporter des réponses, il faudrait aller au-delà des initiatives RH envisagées jusque-là. Ils décidèrent que l'enjeu était suffisamment important pour y sensibiliser l'ensemble de l'entreprise, et déclinèrent des sessions du même type pour tous leurs managers comme phase préparatoire à une stratégie proactive.

Ce n'est généralement pas ainsi que sont lancées les initiatives en faveur de la mixité. Plus souvent qu'à leur tour, les entreprises commencent par adopter une approche fondée sur les statistiques, sans reconnaître les enjeux sociaux et émotionnels complexes sous-jacents. Souvent, une fois que le P-DG a décidé d'agir, l'étape suivante consiste à s'atteler à un objectif chiffré. Ce chiffre se situe actuellement quelque part entre 25 % et 40 % de femmes à des postes de management en Europe, et au moins une femme au conseil d'administration et au comité exécutif. Quant aux sociétés de services, juridiques et comptables notamment, où le pourcentage d'associées est de l'ordre de 10 % (en dépit de chiffres de recrutement qui sont souvent à parité), la cible sera plutôt de l'ordre de 20 % ou 25 %.

L'argument avancé est souvent que le pourcentage visé de femmes à des postes d'encadrement supérieur doit *au minimum* refléter le pourcentage de diplômées dans la cohorte de recrutement (dans les sociétés industrielles d'ingénierie par exemple, ce chiffre est souvent de l'ordre de 20 %) ou le pourcentage de femmes recrutées dans l'entreprise au niveau licence (les choses sont naturellement très différentes selon les secteurs et l'attractivité perçue de l'entreprise pour les femmes).

Quand on fixe des cibles, la plupart des gens essayent de les atteindre. Après une analyse des statistiques actuelles sur la mixité, un benchmarking avec quelques concurrents et un plan défini pour que les chiffres tombent juste, on définit des cibles, des dates butoir et on dit aux managers de faire ce qu'il faut pour que cela marche. Il suffit toutefois de gratter un peu le vernis pour découvrir que nombre de membres du comité exécutif ne sont pas convaincus de la nécessité et du bien-fondé stratégiques de telles initiatives. Plus d'un murmure dans sa barbe que les « quotas » et la discrimination positive auront des conséquences négatives sur les compétences (la discrimination positive en faveur du groupe dominant actuel est rarement mentionnée). Même ceux qui sont intellectuellement séduits sont souvent bien loin de comprendre en quoi consiste réellement l'enjeu, comment y répondre ou comment le vendre à leurs propres équipes.

Les managers commencent donc vaillamment par promouvoir la première femme qu'ils trouvent, tout en sachant parfois pertinemment qu'elle n'est pas prête pour le poste, et si elle échoue, on y voit une preuve que les femmes ne sont décidément pas faites pour ce genre de responsabilités. Au bout d'un an et quelque de ce régime, comme a pu l'exprimer un manager, ils ont « tiré toutes leurs cartouches » et il n'y a plus personne à promouvoir. Alors, ils montrent du doigt le recrutement et le tuyau vide et attendent que les choses arrivent... dix ans plus tard.

Permettre aux résistances de s'exprimer

Dans toute initiative en faveur de la mixité dans l'entreprise, dans tout comité exécutif et dans tout groupe de managers, on observe la segmentation des attitudes que nous avons décrite dans le chapitre 4 : le progressiste, le patient et le réticent. Admettre cette réalité est moins évident qu'il n'y paraît.

La plupart des P-DG qui lancent ce type d'initiatives sont person-nellement convaincus de l'importance de l'enjeu. Mais ils partent de l'hypothèse que leur équipe n'a pas besoin d'être convaincue, que tous ses membres sont unanimement ouverts et réceptifs à l'idée de promouvoir des femmes à des postes de management. Il est difficile aux hommes progressistes de voir qu'ils ne sont pas (encore) nécessairement représentatifs de leur sexe. Ils pensent que fixer des objectifs sera suffisant pour faire évoluer les chiffres et que le problème disparaîtra alors. Cette approche se termine généralement par un P-DG frustré deman-dant deux ans plus tard pourquoi les chiffres n'ont pas bougé.

Il est toujours préférable d'affronter sans détour les désaccords (comme vous le dira tout expert de la gestion du changement).

Concrètement, il s'agira notamment de conduire un sondage des attitudes des membres du comité exécutif et d'un échantillon représentatif de managers – hommes et femmes – avant d'imaginer des solutions ou de définir des objectifs. Il est essentiel d'avoir une idée de la culture et du contexte dans lesquels vous travaillez. Engager un consultant extérieur pour interviewer les collaborateurs sur ce sujet est un moyen d'éviter la langue de bois du politiquement correct qui entoure le sujet. La plupart seront ravis de livrer leurs sentiments réels à une personne extérieure à l'entreprise, leur permettant d'identifier les champions naturels et les opposants potentiels – ainsi que leurs arguments. Ces discussions avec un expert sont également une première occasion de sensibiliser les individus interviewés.

Ces réactions seront ensuite rapportées anonymement au comité exécutif, et discutées. Quelques exercices de groupe permettront de déterminer, en public, où se situent les uns et les autres par rapport au sujet. Chacun, le P-DG y compris, prend ainsi conscience que la question est loin de faire l'unanimité. Les sceptiques ne seront pas des « metteurs en œuvre » efficaces. Au contraire, ils risquent fort d'être de redoutables saboteurs. Il est préférable de les identifier au début du processus, d'écouter leurs objections et d'y répondre. Une fois convaincus, les opposants d'hier deviennent bien souvent les meilleurs défenseurs du changement.

Dans un grand groupe international, une journée entière a été consacrée à travailler sur les arguments en faveur de la mixité avec un groupe de managers des ressources humaines. À la fin de la journée, un rapide tour de table de discussion a montré que le groupe, composé en majorité de femmes, était sur la défensive et mal à l'aise avec le sujet, et peu convaincu de son importance pour les activités de l'entreprise. Au lieu de prendre ces résistances en considération, pour y répondre de manière plus persuasive, le responsable des ressources humaines s'est levé et a tapé du pied. Il a dit avec colère aux managers qu'ils et elles n'étaient pas là pour demander pourquoi l'entreprise souhaitait lancer une telle initiative mais pour mettre en œuvre la décision du P-DG. Il ne fait guère de doute que cette entreprise s'est aliénée le groupe même dont elle dépend pour faire accepter l'initiative et la déployer. Réparer les dégâts de cette erreur de dix minutes peut prendre des années.

Le scénario le plus inefficace est de se contenter de fixer une politique et de penser que tout le monde va y souscrire avec enthousiasme. En matière de mixité, dans un univers de management toujours modelé par les normes masculines, c'est une attitude naïve et hypocrite. Il faut du temps, de la persuasion et de la détermination pour faire adhérer les individus à des politiques controversées qui les touchent profondément, tant professionnellement que personnellement.

Nettoyer l'atmosphère[71]

Il aura fallu tout le travail subtil d'un consultant spécialisé dans le « changement » pour détecter et affronter la culture totalement macho de la division achat d'espace d'une entreprise. Jurons, boisson, plaisanteries douteuses et commentaires sexistes étaient tellement enracinés dans la façon dont les gens travaillaient que certaines salariées en faisaient autant. En surface, tout le monde trouvait cela « *plutôt marrant* ».

Ce n'est que lorsque le consultant a été engagé dans le cadre d'un programme plus vaste de changement culturel que ses entretiens confidentiels avec des membres du personnel ont révélé le malaise sur la façon dont les femmes étaient traitées. Beaucoup de femmes n'osaient rien dire par crainte d'être stigmatisées comme rabat-joie. Parce que la culture était extrêmement hostile aux femmes prenant des congés maternité,

EN PRATIQUE

71. Étude de l'auteur.

les femmes cachaient leur grossesse à leur supérieur le plus longtemps possible. Il apparut également que les hommes jeunes étaient blessés par les agressions verbales perpétuées par la vieille garde.

Lorsque les résultats des entretiens furent présentés aux collaborateurs et collaboratrices, par groupe d'une vingtaine de personnes, les problèmes apparurent au grand jour pour la première fois. Certains des partisans les plus ardents des comportements en cause refusèrent d'admettre qu'ils étaient choquants et offensants. Ils argumentèrent que, quand le travail exigeait des négociations dures, directes, les gens devaient se comporter ainsi. Mais par la suite, certains des hommes plus jeunes et des femmes les plus courageuses osèrent les réprimander lorsqu'ils retombaient dans leurs anciennes habitudes. *« Ce qui a eu le plus d'effet, c'est que la chose soit exprimée et exposée au grand jour*, déclare le consultant. *Cela a été une sorte de catharsis. Il devenait possible de reconnaître quelque chose de l'ordre de l'inceste dans une famille. »*

Un enjeu économique, pas une question de femmes

« Pour transformer une simple stratégie en mouvement, les individus doivent admettre ce qui doit être fait et vouloir le faire eux-mêmes. Mais n'essayez pas de réformer toute votre organisation ; c'est lourd et cher. Préférez motiver les influenceurs clés – des individus persuasifs dotés d'un réseau de relations étendu. Comme la quille du milieu au bowling touchée directement, ils entraînent toutes les autres quilles. La plupart des entreprises ont plusieurs influenceurs clés qui partagent des problèmes et des préoccupations – ce qui les rend faciles à identifier et à motiver. »

Chan Kim et Mauborgne, 2003

Passer la haie de la motivation

En règle générale, la personne nommée pour diriger des projets de mixité est une femme. Souvent, la directrice des ressources humaines ou l'une des femmes les plus élevées dans la hiérarchie de l'entreprise se voit confier la responsabilité d'organiser l'analyse de la situation et de rédiger des propositions pour augmenter le nombre de femmes à des postes de management. Dans presque toutes les entreprises qui ont engagé une initiative en faveur la mixité, c'est une femme qui est nommée pour la diriger.

En outre, on demande souvent aux femmes de donner les réponses. La plupart des entreprises commencent par interroger les femmes, leur demandant quels sont, selon elles, les problèmes. Ou le management demande aux réseaux de femmes de dire ce qui ne va pas et de proposer des solutions. Un établissement d'enseignement a ainsi interrogé ses étudiantes, ses enseignantes et ses anciennes élèves – les invitant à partager leurs analyses avec l'équipe dirigeante, exclusivement composée d'hommes. C'est comme de se mettre debout sur le plafond de verre et de se pencher pour demander à toutes les femmes au-dessous pourquoi elles n'arrivent pas à atteindre le sommet.

Cette approche fragilise la solution. Positionner la mixité comme un enjeu de femmes, et non comme un enjeu organisationnel ou économique, c'est faire entendre sans le vouloir que l'absence de femmes à des postes de dirigeantes est de la responsabilité (ou de la faute) des femmes. Et on demande donc à la minorité de « réparer » le problème. Les entreprises progressistes savent que les femmes ne sont que partiellement responsables de leur statut de minorité.

Les raisons fondamentales de la faible féminisation des instances de direction des entreprises sont ailleurs. Elles sont inscrites dans des systèmes qui ont évolué au fil des années et reflètent les valeurs, les motivations et les points de vue d'une majorité masculine. Rien de tout cela n'est fait volontairement ni même consciemment. C'est le fruit de l'histoire et de l'évolution des entreprises. Mais aussi longtemps que ces enjeux ne seront pas identifiés, ils constitueront un obstacle inextricable à une entreprise moins sexiste.

> Franchement, je ne vois pas où est le problème, mais si vous y tenez les filles, nous serions ravis que vous y réfléchissiez et que vous nous rédigiez un rapport.

SALLE DU CONSEIL

ROGER BEALE

En pratique

Deloitte à la loupe

Douglas M. McCracken, ex-P-DG de la société de conseil Deloitte Consulting, a écrit en 2000 : « *Nous nous sommes attaqués au fait que chez Deloitte, les femmes étaient sur le seuil*

– dehors, devant la porte... Seulement quatre de nos cinquante candidats pour devenir associés étaient des femmes alors même que... [nous] avions recruté énormément de femmes à la sortie de l'université ou des écoles de commerce depuis 1980. Nous avons également découvert que le taux de départ des femmes était significativement plus élevé que celui des hommes. » Il reconnaît également que pendant longtemps, l'entreprise n'a pas réellement envisagé la chose comme un enjeu économique, mais plutôt comme une question de choix personnel. *« Pour être franc, nombre des senior partners de la société, moi y compris, ne voyaient pas l'exode des femmes comme un problème ou, à tout le moins, ce n'était pas notre problème. Nous supposions que les femmes s'en allaient pour avoir des enfants et rester chez elles. Si problème il y avait, c'était du côté de la société ou des femmes, mais pas du nôtre. En fait, la plupart des senior partners étaient convaincus que nous faisions tout ce qui était possible pour les retenir. Nous nous enorgueillissions de notre environnement de travail ouvert, collégial, fondé sur les performances. Comme nous nous trompions et que de chemin parcouru depuis. »*

Renverser la haie politique

> *« Même lorsque les entreprises atteignent leur point de basculement, des intérêts puissants résistent au changement. Identifiez et réduisez au silence les opposants le plus tôt possible en plaçant dans votre équipe dirigeante un manager respecté acquis à la cause. »*
>
> Chan Kim et Mauborgne, 2003

La plupart des entreprises et des managers sont profondément convaincus que leurs systèmes et leurs cultures sont impartiaux, rationnels et parfaitement justes. Avoir une femme – ou un groupe de femmes – qui se lève et proclame que ce n'est pas le cas n'est pas la meilleure garantie d'un dialogue mutuellement enrichissant.

Un angle plus convaincant, qu'un petit nombre d'entreprises comme Schlumberger, le groupe de services pétroliers, commencent à expérimenter consiste à confier les rênes des initiatives en faveur de la mixité à un jeune dirigeant au parcours particulièrement brillant. Dans ce cas, la réputation et l'influence du dirigeant ajoutent de la crédibilité à une initiative dont la tâche clé est de convaincre une majorité de managers hommes que la mixité est réellement source de valeur pour l'entreprise et qu'elle représente une opportunité économique et stratégique.

« *Je me sens comme un poisson dans l'eau*, déclare Jim Andrews, récemment nommé Gender Diversity Manager de Schlumberger. *Il est plus facile pour moi de promouvoir la cause avec une équipe de management dominée par les hommes. Cela fait dix-sept ans que je travaille chez Schlumberger, j'ai occupé des postes aux ressources humaines et des postes opérationnels, j'ai dirigé les activités de l'entreprise dans des pays comme Oman et le Pakistan. Je connais nos gens – et, plus important, ils me connaissent.* »

Raj Ray, qui chapeaute l'initiative de mixité de Lehman Brothers en tant que directeur de la diversité pour l'Europe, est avocat et ancien conseiller financier auprès du Crédit Suisse. Avant d'occuper ses fonctions actuelles, il était directeur des services juridiques de la division actions de Lehman Brothers en Europe. « *J'avais passé plus de six ans chez Lehman Brothers à différents postes dans les salles de courtage, à aider à structurer et exécuter des transactions complexes sur les marchés de capitaux. Au cours de cette période, j'ai noué des relations solides avec les chefs des business units. Il s'est révélé que ce parcours constitue un atout considérable à mon poste actuel. Si un responsable de la diversité veut réussir dans une organisation, il est essentiel qu'il soit crédible auprès des dirigeants de l'entreprise.* »[72]

---

72. Entretien avec l'auteur, juin 2007.

Comme l'a immortalisé le théoricien de la communication cana-
dien Marshall McLuhan, le message, c'est le médium. Cela vaut
pour le choix du leader d'un programme de mixité. Nommer
une étoile masculine au poste de champion de la mixité envoie
un message clair – à moins, naturellement, que l'entreprise ne
soit plutôt féminine. Dans un cas comme dans l'autre, le champion doit être quelqu'un qui comprend l'enjeu et qui est perçu
par la majorité comme un individu ouvert et progressiste. Une
personne à laquelle on ne confierait que des missions d'importance stratégique.

Il convient toutefois de procéder avec un tact extrême. Si le
choix se porte sur un homme, il doit à la fois avoir la confiance
du leadership et être à l'écoute de la masse des collaborateurs,
hommes et femmes. On a vite fait de créer du ressentiment.
Beaucoup de femmes de talent, responsables de la diversité
dans de grandes entreprises, peinent à faire émerger le changement culturel. Certaines sont passées à autre chose par frustration, n'ayant pas réussi à faire changer les choses, faute de
soutien de la direction, ou à cause de la résistance des managers. La nomination à ce poste d'un dirigeant influent doit aller
de pair avec la clarification des obstacles qui ont empêché les
progrès (voir l'entretien avec Schlumberger à la fin de ce
chapitre, p. 165).

Autour du leader, créez une équipe de responsables opérationnels de grande qualité, hommes et femmes, pour piloter l'initiative. Cette approche présente l'avantage de refléter le type
d'organisation que vous appelez de vos vœux : une organisation
mixte, qui sait comment optimiser les talents et écouter les voix
et des femmes et des hommes. Cela permet également aux
membres du comité de direction de tenir leur rôle opérationnel
en parallèle, soutenus par les ressources humaines ou les spécialistes de la diversité. De la sorte, ils gardent un pied dans l'activité

et conservent leur légitimité aux yeux de leurs collègues, tout en portant le message de la mixité au cœur même de l'entreprise.

Dans les entreprises pour lesquelles la mondialisation et la compréhension de différents marchés et cultures sont essentielles à la croissance future, passer un an ou deux au comité pour la mixité doit être un rite de passage de développement personnel attractif. C'est très exactement ce qu'a fait le groupe aéronautique EADS (European Aeronautic Defence and Space Company). Son management a constitué un comité de pilotage composé d'une personne opérationnelle et d'une personne des ressources humaines, généralement un homme et une femme, de chaque division. Le groupe s'est réuni à plusieurs reprises pour étayer son argumentation économique et stratégique en vue de sa présentation devant le comité exécutif. Au cours de leurs journées de réunions, ils ont exploré et analysé les opportunités et les risques liés à la mixité pour l'entreprise, les obstacles et les objectifs à atteindre en termes de recrutement, d'identification des individus à haut potentiel et de développement du leadership. Ils ont analysé les tendances du marché et la pression accrue des gouvernements en matière d'égalité des sexes dans toute l'UE. Ils ont demandé des études complémentaires à des organismes extérieurs et débattu de la question de savoir qui serait le représentant le plus crédible pour présenter la question au comité exécutif. Lorsqu'ils furent prêts pour leur présentation, ils étaient tous devenus des champions informés de l'initiative – convaincus qu'elle revêtait une importance stratégique.

Changer avant de parler

L'expérience d'une entreprise illustre la valeur de cette démarche. Cette multinationale, dominée par des ingénieurs et comptant seulement une poignée de femmes à des postes d'encadrement, envisageait de lancer une initiative en faveur de la diversité. Sa première étape, après avoir reçu le feu vert du comité exécutif, devait être d'annoncer la décision aux collaborateurs *via* ses supports de communication interne. Après des débats sérieux au sein de l'équipe en charge du projet, toutefois, l'entreprise décida qu'une annonce risquait de se retourner contre l'initiative. Les porteurs du projet prirent conscience des dangers qu'il y avait à proclamer brutalement à une majorité d'hommes que l'entreprise souhaitait désormais promouvoir des femmes. Quel meilleur moyen de provoquer des émotions improductives en tout genre ? Ils adaptèrent donc leur approche et commencèrent par expliquer, au cours de sessions structurées, les impératifs économiques qui justifiaient une plus grande mixité. Ceci préparait le terrain à une approche de communication plus large qui serait mieux reçue à une date ultérieure.

Avant de lancer une initiative en faveur de la mixité, communiquez les raisons stratégiques qui expliquent son importance pour votre entreprise. La communication doit être faite avec soin. C'est un sujet délicat qui peut facilement rebuter les hommes et les femmes – les premiers parce qu'ils n'ont pas envie de voir des femmes surgir sur leur chemin de promotion, les secondes parce que nombre d'entre elles sont convaincues qu'elles, elles y arriveront à la seule force de leurs performances.

Des stratégies de communication doivent être conçues pour chaque étape de l'initiative et le message doit venir d'en haut. La première tâche consiste à convaincre la direction générale ainsi que les agents clés de changement, qui doivent être des influenceurs d'opinion et des « poids lourds » opérationnels. À ce stade, il n'est pas nécessaire d'impliquer le service communication. En revanche, il faudra organiser des sessions de sensibilisation ciblées. Ces sessions seront dans un premier temps destinées au comité exécutif, puis aux agents de changement clés et aux champions et puis à des groupes plus étendus. Après le lancement, ce type de session peut devenir un élément central des programmes de management et de développement du leadership.

Les arguments concernant la communication valent également pour les femmes dans l'organisation. Cela ne les aidera pas nécessairement de claironner aux quatre coins de l'entreprise que vous soutiendrez leur avancement avant que la moindre action n'ait été mise en place. Qui sont les femmes « modèles » dans l'entreprise ? Comprennent-elles les enjeux de la mixité ou les réfutent-elles ? Sont-elles des modèles acceptables pour les femmes plus jeunes ? Sont-elles prêtes à être des championnes du sujet ? On suppose souvent que les femmes sont automatiquement disposées à soutenir les initiatives en faveur de la mixité. Ce n'est pas nécessairement le cas. Les femmes ont des attitudes très différentes sur la question et toutes ne souhaitent pas être des porte-drapeaux de la mixité. Certaines y sont même de farouches opposantes. Il convient donc de les choisir avec tout autant de soin que les hommes si on veut en faire des porte-drapeaux de l'initiative.

Enfin, une fois l'initiative précisément expliquée aux agents d'influence clés – hommes et femmes – et leurs apports intégrés à votre stratégie et votre plan de communication, vous pouvez commencer à communiquer plus largement pour sensibiliser tous les managers à la question. Cela intervient parfois des mois après le lancement.

Communiquer à l'externe sur la mixité est une tentation à laquelle certaines entreprises céderaient volontiers. Sur le front du recrutement, la pression est de plus en plus forte pour avoir une image d'entreprise sachant parler aux femmes. Les références de l'entreprise en matière de mixité sont étudiées d'un œil de plus en plus attentif par les candidates à l'embauche avant de signer un contrat de travail.

De nombreuses entreprises se précipitent dans des campagnes de communication externe et de recrutement faisant de grands signes amicaux aux femmes. Mais si la réalité est un peu moins rose en interne, les nouvelles recrues rejoignent des entreprises où elles sont choquées de découvrir que l'image externe ne correspond pas du tout à la réalité interne. Lorsqu'elles démissionnent, c'est coûteux pour elles comme pour l'entreprise.

Les campagnes de communication externe peuvent être planifiées en parallèle des campagnes internes. Il est préférable de ne pas en dire trop avant d'être prêt. Vous risqueriez de vous aliéner vos nouvelles recrues, mais aussi vos salariées actuelles. Elles tourneront en dérision des promesses et des annonces qu'elles n'auront jamais vues ni entendues en interne.

Une entreprise a acheté une double page dans un quotidien national le 8 mars, jour de la Journée de la Femme, présentant le top 100 de ses salariées, avec des photos, sans avoir lancé quoi que ce soit en interne concernant la mixité. Le service communication avait pris l'initiative dans son coin, sans même en parler aux ressources humaines. Le retour de bâton en interne a été presque instantané, les femmes protestant contre cette instrumentalisation.

Il n'est pas toujours facile aux entreprises de synchroniser leurs messages. Deutsche Bank s'est ainsi retrouvé sous les feux des médias parce qu'une de ses campagnes de publicité, mettant en scène des hommes de race blanche, athlétiques, sous l'accroche « La passion des résultats », était en complet décalage avec les efforts engagés en interne pour recruter et promouvoir des femmes et des personnes issues de minorités ethniques[73]. Tess Finch-Lees, la consultante en diversité qui a attiré l'attention sur ce décalage, explique que la mésaventure a conduit la

---

73. Maitland, 2004.

banque à repenser sa communication externe. « *La série de photos bourrées de testostérone, affichant toutes le même proto- type masculin, associait clairement la virilité blanche, bien faite, à la réussite. En une campagne, le service marketing de Deutsche Bank a réduit à néant tout le travail accompli pour promouvoir l'entreprise comme un employeur valorisant la mixité* », explique-t-elle.

En matière de communication, mieux vaut aller lentement et sûre- ment et être certain de savoir quelles sont les attitudes de votre entreprise, et celles du milieu ambiant, à l'égard de la mixité, avant de brandir votre étendard. Toute communication touchant à cette question doit être cohérente et adaptée au contexte.

Ne mélangez pas les messages

La mixité et l'équilibre vie professionnelle/vie personnelle sont deux sujets distincts. Trop d'entreprises associent ces deux questions, lançant des programmes d'aménagement du temps de travail dans le cadre ou la communication d'initiatives de mixité. Cela n'aide pas. Cela ne fait que réaffirmer dans l'esprit des réfractaires l'idée que les femmes ont des problèmes pour concilier leur vie personnelle et leur vie professionnelle… et pas les hommes. L'équilibre est un enjeu qui touche toutes les entreprises et les deux sexes.

Barbara Cassani, fondatrice de la compagnie aérienne low- cost Go, et leader de la proposition victorieuse de Londres pour les jeux Olympiques de 2012, a exprimé son point de vue sur la ques- tion lors d'une conférence organisée par McKinsey en 2007, Women as Leaders : « *Même la question de la garde des enfants n'est pas une question de femmes ; c'est une question familiale, a-t-elle déclaré. Et pour être franche, ceux qui posent ce genre de questions à des personnes comme moi sous-entendent ni plus ni moins que les femmes devraient se sentir coupables du déséquilibre de leur vie de famille, et se sentir plus coupables que les hommes. »*

La flexibilité et le choix sont de plus en plus importants pour toutes les générations actuellement présentes dans la population active, ainsi que pour celles qui ne l'ont pas encore rejointe, comme nous le verrons dans le chapitre 8. Les entreprises progressistes comprennent que de nouvelles façons de travailler seront un atout précieux pour attirer les talents de la prochaine génération. Mais les initiatives en faveur de la mixité n'ont rien à gagner à ce que les deux sujets soient amalgamés.

L'approche plurielle de Lloyds TSB

EN PRATIQUE

Lloyds TSB, groupe bancaire britannique de premier plan comptant 63 % de femmes parmi ses effectifs, s'est débattu plus que beaucoup d'autres avec la question de la mixité. Le groupe a agi sur de nombreux fronts pour aider les femmes à atteindre leur potentiel :

- engagement de la direction du groupe ;

- visibilité du recrutement ;

- plans de succession ;

- évaluation des actions engagées ;

- programmes de talent ;

- redéfinition de la flexibilité du travail.

Il aura fallu du temps, mais la banque commence à récolter les fruits de ses efforts. En 2007, le groupe comptait quatre femmes dans son comité exécutif de neuf membres et deux femmes directrices générales sur un conseil de quatorze membres. Le nombre de femmes occupant des postes de management général a progressé, passant de 15 % en 1998 à près de 39 %, et la progression est de 9 % à 21 % pour les postes d'encadrement supérieur selon Fiona Cannon, responsable de l'égalité et de la diversité[74].

74. Entretien avec l'auteur, février 2007.

Eric Daniels, ancien dirigeant américain de Citibank qui est devenu P-DG de Lloyds TSB en 2003, « *était fermement déterminé à avoir davantage de femmes à des postes d'encadrement supérieur*, explique Fiona Cannon. *Il sentait qu'il fallait que quelque chose au niveau de la direction générale dise :* "C'est une organisation différente." *Il a joué un rôle fondamental à ce niveau.* »

Eric Daniels a décidé de recruter des femmes en externe pour doper les chiffres, et notamment Helen Weir, directrice financière, qui venait de la distribution, et Terri Dial, directrice américaine de la division britannique banque de détail. Il a également fait entrer la directrice des ressources humaines – un rôle fonctionnel souvent marginalisé dans la réflexion stratégique – au comité exécutif du groupe. Tous les six mois, Eric Daniels revoit les progrès des femmes et des minorités ethniques à des postes d'encadrement supérieur avec les dirigeants des business units dans le cadre des plans de succession.

Avoir des femmes au sommet, toutefois, n'était pas suffisant pour apporter un changement de culture. « *Il était également essentiel de développer des talents féminins "maison"*, dit Fiona Cannon. *C'est très démotivant d'avoir l'impression que la seule voie vers le sommet passe par l'extérieur.* » La branche banque de détail du groupe, où sont concentrés les effectifs féminins, organise des conférences de talent dont l'objectif est d'identifier et d'encourager de jeunes femmes managers à haut potentiel à se mettre en avant pour des promotions, tout en leur demandant à quels obstacles elles sont confrontées.

Les évaluations et l'analyse des données sont un élément important de la stratégie. « *Cela confère à la question davantage de pertinence stratégique*, explique Fiona Cannon. *Vous parlez d'une chose précise au conseil d'administration.* » En 1998, Lloyds TSB a analysé en détail la composition de ses effectifs, y compris les postes occupés par les femmes. Cela lui a permis de disposer d'un point de repère pour évaluer les progrès.

« *Nous mesurons également la performance des femmes par rapport aux hommes à travers l'ensemble de l'organisation. Les femmes sont 8 % plus susceptibles que les hommes d'atteindre ou de dépasser des attentes. Elles font un travail formidable mais elles ne se mettent pas sur les rangs pour le niveau supérieur ou n'ont pas le sentiment qu'elles peuvent progresser* », souligne Fiona Cannon.

Donc, les managers s'en mêlent pour les aider à le faire. « *Ils gèrent les carrières de ces femmes d'un peu plus près que celle des hommes parce que le nombre de femmes qui progressent dans la hiérarchie est moindre.* »

À la fin des années 1990, la banque a décidé de faire faire peau neuve à la notion d'aménagement du temps de travail – qui se résume bien souvent à placer les femmes qui ont des enfants dans un ghetto de temps partiel. Elle a lancé un programme appelé Work Options, ouvert à tous ceux qui le souhaitaient, pourvu qu'ils puissent négocier avec leur manager un accord qui fonctionne également pour l'entreprise. « *Cela a permis de supprimer la division hommes/femmes de l'aménagement du temps de travail* », déclare Fiona Cannon.

Beaucoup de ces femmes continuent toutefois à travailler moins d'heures que les hommes, et donc à gagner moins, parce qu'elles vont chercher les enfants à l'école ou chez la nourrice à heure fixe. Les hommes qui ont opté pour l'aménagement du temps de travail, en revanche, tendent à compresser une semaine de travail complète dans des journées plus longues, moins nombreuses, ce qui signifie qu'ils perçoivent toujours un salaire complet. « *Beaucoup de dirigeants choisissent cette solution.* »

La prochaine étape pour développer le potentiel des femmes est de revoir le fonctionnement de postes comme ceux de responsable d'agence et de responsable régional. Ces postes sont assortis de longues heures de travail. Les responsables régionaux voyagent beaucoup. Répartir le poste entre deux personnes est une réponse possible, avance Fiona Cannon. « *En général, les femmes n'acquièrent pas suffisamment d'expérience des postes assortis de responsabilités financières. Cela leur donnerait l'expérience tout en leur permettant un équilibre de leur vie familiale et de leur vie professionnelle. Elles verront qu'elles peuvent le faire et l'organisation verra que les choses peuvent être faites autrement. Si vous voulez mon avis, nous n'aurons pas plutôt transformé ces postes en postes partagés que les hommes se précipiteront pour se mettre eux aussi sur les rangs. »*

Il n'est pas si facile, ajoute-t-elle, de se lancer dans une telle solution. *« L'aménagement du temps de travail pour ces postes pivots est diversement perçu. Mais si vous pouvez aménager ce type de poste en contact avec les clients, alors vous pouvez aménager tous les postes. »*

Un budget, pas seulement des volontaires

Pour de nombreuses entreprises, l'enjeu de la mixité se résume à redéfinir les priorités des ressources humaines et les statistiques cibles. Une fois les objectifs fixés, à l'équipe en place de se débrouiller avec les ressources existantes. Rares sont les initiatives stratégiques de changement qui ne disposent pas d'un budget. La taille de celui-ci et la position de l'équipe sont des indicateurs forts de l'importance accordée au sujet. Sans budget, les initiatives en faveur de la mixité sont des gadgets : elles suscitent beaucoup d'attentes et de réactions et ne sont pas en mesure d'y répondre comme il le faudrait. C'est souvent le cas des réseaux de femmes, qui restent des initiatives de « bénévoles », au lieu d'être des initiatives stratégiques, qui dépendent de l'engagement personnel de femmes déjà fort occupées et ont du mal à obtenir des financements au-delà de la phase de lancement[75]. Si cela ne vaut pas le coup, à quoi bon investir ?

---

75. Cranfield, 2004.

Lancer une initiative en faveur de la mixité est une décision importante. Elle peut changer la culture de l'entreprise bien au-delà de ce que ses leaders imaginent. Comme nous l'avons vu plus haut, Douglas McCracken a décrit en 2000 l'expérience engagée par Deloitte et ses résultats, dans un article au titre évocateur : « Gagner la guerre du talent des femmes : il faut parfois une révolution ». L'initiative de Deloitte en faveur de la fidélisation et de la promotion des femmes est issue des travaux d'un groupe de réflexion piloté par le P-DG de l'époque, Mike Cook. *« Au départ, un certain nombre d'associées du cabinet ne voulaient rien avoir à faire avec cette initiative parce qu'elle relevait de la discrimination positive. »* Mais Mike Cook dirigea le projet avec une équipe mixte, veillant à ce qu'elle représente un large éventail de points de vue, y compris un scepticisme non dissimulé. Une approche méthodique fut adoptée : collecter les données et comprendre, avant d'agir et de communiquer. Deloitte prépara ses cinq mille consultants au changement en organisant des séries d'ateliers intensifs de deux jours, pour un coût de quelque 8 millions de dollars. Ce n'est qu'après cette phase de sensibilisation que l'entreprise passa au déploiement de sa politique.

« Toute résistance était inutile », se souvient un associé. Douglas McCracken lui-même ne fait pas mystère de son scep-ticisme à l'égard des « programmes type RH » et de la rentabilité d'une initiative aussi coûteuse. Mais, conclut-il : *« J'avais tout faux. Les ateliers ont constitué un tournant, un événement central dans la vie de l'entreprise… Au final, les ateliers ont convaincu une masse critique de leaders de Deloitte. »*

Les initiatives qui visent à agir sur la mixité au sein de l'entre-prise sont des programmes de changement qui doivent débuter de manière stratégique, sans trop de bruit, pour prendre graduellement de la force et de la vigueur grâce au soutien et à la conviction que l'on aura veillé à susciter chez les collaborateurs. Si elles ne sont pas lancées comme il faut, ces initiatives ont tôt fait d'être perçues comme une lubie du management, sans budget ni influence. Objets de dérision, elles finissent par faire plus de mal que de bien à la réputation et aux chances des femmes. Corriger ce type d'impression initiale négative est plus difficile que de partir du bon pied.

En conclusion, si vous êtes convaincu que la mixité est un enjeu stratégique pour l'avenir de votre entreprise, prenez le temps de commencer intelligemment. Débutez par le sommet en obtenant le soutien de votre comité exécutif, déployez tranquillement les ailes de votre projet en trouvant des « modèles » crédibles – respectés par les hommes et les femmes – pour conduire et défendre la cause, et ne communiquez avec le monde extérieur que lorsque vous aurez quelque chose à montrer, pas seulement quelque chose à dire. Ne vous contentez pas de « faire de la diversité ». Devenez bilingue. L'entreprise a tout à y gagner.

Nous terminons ce chapitre par les interviews de deux dirigeants sur les approches innovantes qu'ils ont engagées pour relever le défi de la mixité dans leur entreprise.

Schlumberger : une approche audacieuse de la mixité

Schlumberger a une longue histoire de diversité en termes de nationalités. Après quarante années de recrutements et de formations dans les quatre-vingt et quelque pays où il est présent, le groupe considère qu'il a atteint une diversité culturelle complète à tous les niveaux. Aucune nationalité ne domine son conseil d'administration ou son comité exécutif et parmi ses trente-deux dirigeants, on compte douze nationalités. Mais seulement deux femmes.

Malgré dix ans d'efforts, la direction de Schlumberger reconnaît que le groupe a beaucoup moins progressé sur la mixité et que celle-ci est devenue une priorité stratégique pour l'entreprise.

« *La mixité répond à des considérations stratégiques et écono-miques*, déclare Andrew Gould, P-DG. *Pourquoi priver l'entreprise d'accéder à la moitié du potentiel intellectuel du monde ?* »

Dans un entretien, Jim Andrews, récemment nommé au poste de responsable de la mixité, explique pourquoi les progrès ont été aussi lents jusqu'à présent. « *Le problème est double. D'abord, le secteur du gaz et du pétrole n'a pas su se vendre aux femmes. Ensuite, nous, en tant qu'entreprise, n'avions pas pris conscience de la nécessité de faire évoluer l'environnement de travail pour capitaliser sur le potentiel des deux sexes* », dit-il.

L'entreprise a décidé que l'enjeu était absolument crucial et que le moment était venu de le promouvoir beaucoup plus activement. La première décision fut d'élever la position hiérarchique du responsable de la mixité. « *Dans le passé, ce poste avait été occupé par des femmes extrêmement compétentes, mais la fonction n'était pas rattachée à un niveau suffisamment élevé dans l'organigramme de l'entreprise. Cela étant, lorsque j'ai essayé de convaincre nos dirigeantes de prendre le poste, toutes sans exception m'ont dit non. Elles soutenaient l'initiative, mais elles ne voulaient pas qu'on puisse dire qu'elles avaient été promues parce qu'elles étaient des femmes. J'ai donc pris ces fonctions moi-même. Et je me sens comme un poisson dans l'eau. Il m'est plus facile de défendre la cause auprès d'une équipe de direction à dominante masculine. Cela fait dix-sept ans que je suis chez Schlumberger, j'ai occupé des fonctions aux ressources humaines et des fonctions opérationnelles, j'ai dirigé les activités de l'entreprise dans des pays comme Oman et le Pakistan. Je connais nos gens – et, ce qui est plus important, ils me connaissent.* »

Andrew est franc et positif sur les changements que ce nouveau rôle a impliqué pour lui. « *Je trouve très agréable de travailler tout d'un coup avec une majorité de femmes. J'ai adapté mon style de communication. Je suis sans doute un tout petit peu moins direct et agressif bien que je veille à ne pas trop changer. Il ne fait aucun doute que j'ai amélioré mon style d'écoute et que je suis devenu beaucoup plus conscient de mon langage corporel. Ce n'était pas autant le cas avant et cela m'aide à progresser. Ce n'est pas nécessairement une bonne chose de recourir automatiquement à mon style naturel dans un contexte largement féminin, où j'ai besoin que les femmes soient complètement à l'aise. Et non, nos femmes ne doivent pas trop basculer de l'autre côté – j'en ai marre qu'elles agissent toutes comme des hommes ! Certaines différences sont réellement fascinantes. Presque toutes les femmes chez Schlumberger pensent qu'il est plus difficile de progresser quand on est une femme. Et presque tous les hommes pensent que c'est plus facile pour les femmes. Cela signifie que nous avons au moins une chose en commun : nous pensons que c'est plus facile pour l'autre sexe !*

Plus j'observe ce que font les autres entreprises sur ce sujet, plus je me dis que la mixité ne fait sûrement pas partie des priorités de leur P-DG. Un véritable engagement haut/bas sur le sujet reste rare. Pour Schlumberger, ce n'est ni une lubie ni une mode. Nous sommes profondément convaincus de la nécessité économique et stratégique de doter l'entreprise d'une réelle mixité. Et nous continuerons à investir le temps et les ressources nécessaires, exactement comme nous l'avons fait pour la nationalité. Le soutien indéfectible de la direction général rend mon travail beaucoup plus facile. Nous nous débattons toujours avec le "comment". Les erreurs que nous avons commises étaient peut-être dues à une certaine complaisance, du fait de notre succès en matière de diversité des nationalités. Nous pensions que si nous réussissions à recruter des femmes de talent, il suffirait de les plonger dans une culture à dominante masculine et que les choses évolueraient peu à peu toutes seules. Au cours des quarante dernières années, nous avons effectivement appris à manager différentes nationalités. Mais toujours avec des hommes. Nous avons appris que les femmes sont différentes. Nous devons désormais adapter l'environnement de travail à leurs besoins. Les combinaisons que portent nos ingénieurs terrain, par exemple, sont des vêtements une-pièce sophistiqués, à l'épreuve du feu, conçus pour protéger nos collaborateurs même dans des conditions climatiques extrêmes – froid et chaleur. Mais une femme doit enlever le haut pour aller aux toilettes et nous avons eu des cas de femmes qui ne buvaient pas pendant vingt-quatre heures avant de sortir, pour éviter ce problème et l'exposition au froid qu'il implique. Ces combinaisons avaient été conçues pour des hommes, avant qu'il n'y ait des femmes sur le terrain. Aujourd'hui, nous avons deux mille femmes ingénieurs sur site. Notre lieu de travail est-il complètement équitable ? Non et il est temps de l'adapter. L'autre grand défi est le milieu de carrière – la trentaine. Les femmes, et peut-être aussi les hommes, sont un peu naïfs en début de carrière et nous n'avons pas fait suffisamment pour les aider. Notre problème essentiel, c'était le manque de flexibilité. Les interruptions de carrière ne nous posaient pas de problème, mais nous n'en avions pas fait une politique, en particulier pour les congés maternité. Nous pratiquions la chose au cas par cas. Désormais, nous la mettons par écrit, ce qui aide les managers à l'appliquer de manière plus cohérente. Les femmes ne demandent pas toujours ce qu'elles veulent. Cela ne signifie pas qu'elles n'attendent pas reconnaissance et récompenses. Et parfois, il arrive qu'elles démissionnent parce qu'elles ne les obtiennent pas – même sans les avoir jamais demandées. Une des premières choses que nous avons faites a donc été de ne plus accepter automatiquement de démissions féminines sans un effort sérieux de la direction pour comprendre et résoudre les problèmes sous-jacents. »

Comment l'entreprise saura-t-elle qu'elle a réussi ? « *Lorsque nous aurons le même mix d'hommes et de femmes dans notre équipe de direction que parmi nos nouvelles recrues,* dit-il. *La majorité des membres de notre équipe de direction ont fait leurs classes chez Schlumberger, et ne sont donc pas des recrutements externes. Au cours des dernières années, nous sommes passés de 9 % à 16 % de cadres moyens femmes. Il faudrait que nous atteignions le chiffre de 30 %, qui est cohérent avec le pourcentage de jeunes diplômées que nous engagerons cette année. Il nous faudra peut-être encore vingt ans pour y parvenir, et que les femmes accèdent au conseil d'administration, mais nous ferons ce qu'il faut pour que les choses évoluent. Un engagement sans faille du management est indispensable – si vous espérez que cela va changer tout seul, vous vous trompez. Cela conférera à Schlumberger un avantage concurrentiel formidable. Pour nos concurrents qui ne savent pas accueillir les femmes, le vivier de talents féminins de haut niveau ne cesse de se réduire. Nous avons cinq ans d'avance. Et nous entendons bien l'augmenter. Ce n'est jamais une position facile d'avoir du retard à rattraper. Nous n'avons pas ou peu de difficultés à recruter des femmes de talent. Le défi est de leur offrir une carrière qui leur permette d'équilibrer leurs ambitions personnelles et professionnelles. Lorsque nous aurons trouvé la clé pour les femmes, nous aurons créé un meilleur environnement de travail pour tous nos collaborateurs, y compris les hommes. Il ne s'agit pas de travailler moins. Il s'agit d'enlever les chaînes et de laisser des individus intelligents, ambitieux, décider de la meilleure manière de travailler. »*

Bain & Co : « Les femmes ont la clé, mais les hommes contrôlent la serrure »

Le cabinet international de conseil en stratégie Bain & Co a nommé en 2006 un associé dirigeant pour piloter ses efforts en vue d'augmenter le nombre de femmes dans son équipe de direction en France. Olivier Marchal, directeur général du bureau de Paris, explique le point de vue de l'entreprise. *« Ce n'est pas un gadget. Améliorer la diversité aux plus hauts échelons d'une entreprise est à la fois une chose très intelligente et très difficile à faire. C'est ainsi : les choses ne bougent pas s'il n'y a pas un engagement fort et clair de la direction. En confiant cette responsabilité à un associé comme Bernard Pointeau, nous avons accompli trois choses. Nous avons démontré aux hommes et aux femmes de notre organisation que nous étions sérieux. Nous avons fourni aux femmes un canal pour communiquer au plus haut niveau. Et nous avons inscrit "l'impératif des femmes" au cœur de l'agenda de l'équipe de management, en la personne d'un de ses membres les plus respectés. Nous ne nous sommes pas contentés de nommer quelqu'un pour porter la "casquette des femmes". La responsabilité est liée à des objectifs et des critères de performance précis. La mission de Bernard Pointeau est de faire évoluer les attitudes de l'équipe de management sur la mixité et d'identifier les barrages, et de mettre en œuvre des plans d'actions spécifiques. Il rencontre régulièrement les femmes de l'entreprise pour définir avec elles les leviers sur lesquels agir pour améliorer la situation et les convaincre du sérieux de l'initiative. Notre objectif est d'augmenter la proportion de femmes au sein de l'équipe de direction de 40 % d'ici à 2009, en ligne avec les objectifs qui ont été fixés par notre directeur général en 2007. Les résultats de Bertrand en tant qu'associé seront en partie jugés sur les progrès accomplis vers ces objectifs. »*

Bain France a également été l'un des partenaires de l'édition 2007 du Forum des Femmes à Deauville, et en particulier de son « Coin des hommes », un espace où P-DG et dirigeants étaient invités à se réunir pour discuter du défi de la féminisation des instances dirigeantes des entreprises. *« Nous pensons que le Forum est un événement unique en ce sens qu'il réunit deux perspectives : promouvoir la nécessité d'une plus grande mixité et promouvoir l'opinion des femmes sur les grands défis auxquels notre monde est confronté,* explique Olivier Marchal. *L'idée du "Coin des Hommes" était d'avoir un espace réservé aux P-DG et dirigeants. Un espace, toutefois, qui soit davantage qu'un havre où les hommes, peu habitués à être en minorité, puissent échapper à la dominance peut-être écrasante des femmes, dans un environnement plus rassurant et plus sûr. Y étaient également proposées des sessions de partage d'expérience, où les leaders comparaient leurs analyses de l'importance et des difficultés du défi de la mixité. Car en la matière, si les femmes détiennent la clé, ce sont toujours les hommes qui contrôlent la serrure. »*

Pourquoi considère-t-il qu'il est grand temps que les P-DG prennent le sexe au sérieux ? *« Les P-DG ont, certes, des objectifs trimestriels à atteindre, mais aussi une responsabilité plus importante et à plus long terme vis-à-vis de l'entreprise qu'ils dirigent : préparer l'avenir. Cela exige d'être capable de développer et de communiquer une vision, et de renforcer l'équipe et la culture qui la porteront. Ne pas intégrer la mixité dans leur agenda serait manquer à cette responsabilité à long terme ; on ne badine pas avec le sexe... Les raisons pour lesquelles la mixité des équipes dirigeantes est cruciale sont de plus en plus reconnues et acceptées. C'est une des solutions à la guerre toujours plus vive pour les talents ; un enrichissement de l'intelligence collective de l'équipe et un impératif de responsabilité sociale. En d'autres termes, prendre la mixité au sérieux est désormais une nécessité acceptée. Mais ceux qui y ont réfléchi et y ont déjà travaillé savent que, par-delà la phase facile de communication, s'étendent les difficultés de la mise en œuvre, et tous les obstacles culturels qui l'accompagnent. En ce domaine, changer exige leadership, patience et conviction. C'est la raison pour laquelle le P-DG doit être le premier à prendre la chose au sérieux. »*

Chapitre VI

LA CULTURE COMPTE :
CE QUE LES PAYS PEUVENT FAIRE

● ● ●

« Les pays qui ne capitalisent pas sur le plein potentiel de la moitié
de leur société gaspillent leurs ressources humaines et compromet-
tent leur potentiel compétitif. »

Forum économique mondial

P-DGères et mères

Le vieillissement de la population et la baisse du taux de natalité
posent de graves problèmes à de nombreuses économies, en
particulier dans les pays développés. Une solution évidente,
mais encore souvent négligée, est la participation accrue des
femmes à la population active. De nombreuses cultures, et de
nombreux gouvernements, semblent toujours croire que la
chose n'est pas compatible avec l'objectif de faire davantage
d'enfants. En réalité, c'est l'inverse qui est vrai. La croissance

WOMENOMICS

économique – grâce à une meilleure utilisation des talents et des compétences des femmes dans l'entreprise – va main dans la main avec la croissance démographique.

Cette heureuse combinaison commence à être reconnue et encouragée par des instances économiques respectées. Avec une certaine prudence, l'OCDE avançait en 2003 que les faits « *suggéraient qu'une augmentation du taux d'activité des femmes ne se faisait pas nécessairement au prix d'une baisse de la fécondité* ». Et d'ajouter : « *Lorsque l'augmentation de l'activité des femmes est soutenue par des politiques adéquates de conciliation des obligations professionnelles et familiales, les femmes tendent à atteindre un niveau de participation plus élevé à la population active sans réduire la fécondité, et même peut-être avec une petite augmentation de celle-ci.* »[76]

En 2005, dans un rapport au titre évocateur, « Des chefs et des bébés », la même vénérable institution affirmait que « *des taux élevés d'activité des femmes ne sont pas incompatibles avec des taux de fécondité proches des niveaux de remplacement* ». L'année suivante, c'était au tour du magazine *The Economist* de souligner que « *le déclin de la fécondité a été plus important dans plusieurs pays où le taux d'activité des femmes est faible* ».

Puis, en 2007, Goldman Sachs, la grande banque d'affaires, décrétait avec assurance dans une étude sur la mixité, la croissance et le vieillissement de la population mondiale, que « *dans les pays où il est relativement facile pour les femmes de travailler et d'avoir des enfants, le taux d'activité des femmes et le taux de fécondité tendent tous deux à être plus élevés* »[77].

À peu près au même moment, l'UE faisait elle aussi entendre sa voix. « *Il est clair que les pays qui encouragent les politiques favora-*

---

76. Jaumotte, 2003.
77. Daly, 2007.

bles à la famille dans des domaines comme l'égalité de l'accès à l'emploi, le congé parental pour les hommes et les femmes, et l'égalité des salaires, ont généralement des taux de natalité plus élevés et davantage de femmes au travail. Ils comptent aussi parmi les pays les plus performants en termes d'emploi et de croissance. »[78]

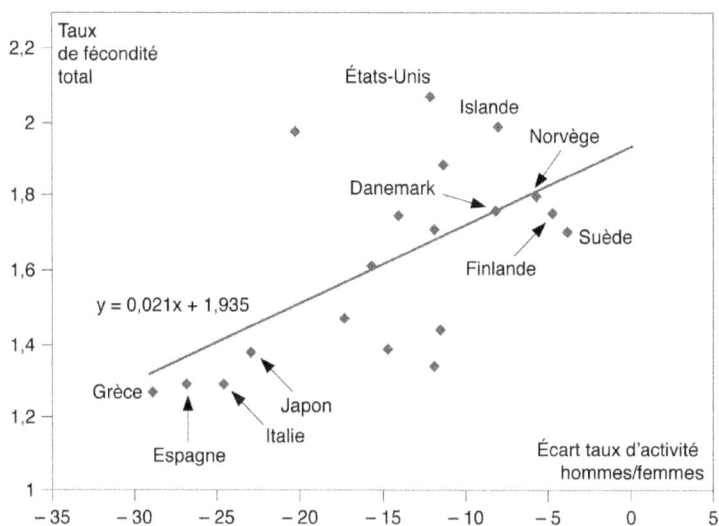

Taux de fécondité et taux d'activité élevé des femmes : une corrélation positive[79]

La Norvège est un pays pionnier de l'égalité des sexes en matière de parentalité. Les femmes et les hommes doivent pouvoir participer à la vie professionnelle, la vie sociale et la vie familiale, a ainsi déclaré en 2007 Kjell Erik Oie, secrétaire d'État du ministère norvégien pour les enfants et l'égalité, dans un discours devant la Commission Économique des Nations Unies pour l'Europe : « *C'est une question de démocratie, et,*

---

78. Europa, 2007.
79. Source : Eurostat et calculs Goldman Sachs

*pour dire les choses franchement : ce devrait être une question
de bon sens... Deux grands défis attendent l'Europe pour les
années à venir. Premièrement, faire en sorte que davantage
d'enfants naissent. Deuxièmement, faire en sorte que davantage
de personnes travaillent et travaillent plus longtemps... »*

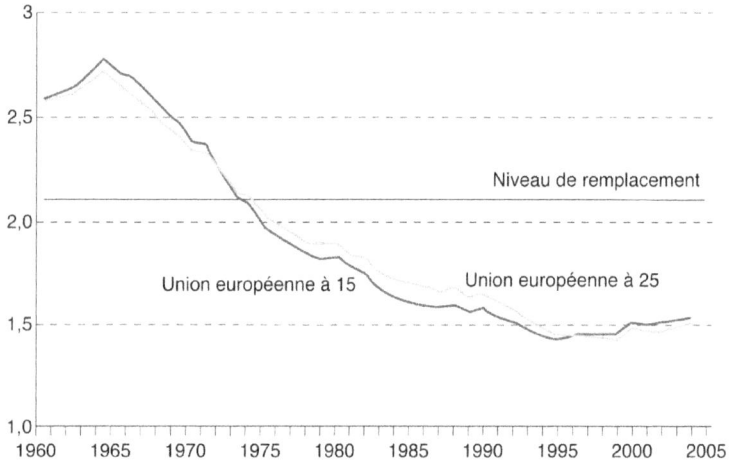

En chute libre : le taux de fécondité de l'Union européenne[80]

Les femmes ne veulent plus être obligées (ou ne peuvent plus se
le permettre) de choisir entre travail et famille. Elles veulent les
deux. Les pays, et leurs hommes politiques, doivent comprendre
que si les femmes découvrent que le travail ne peut s'adapter à
la famille, ce sont les bébés qui sont exclus de l'équation. Si le
phénomène est toujours largement passé sous silence, il n'a rien
de nouveau. C'est une nouvelle fois l'OCDE qui, prônant des
politiques d'emploi plus favorables à la famille, soulignait en
2004 : « *Le déclin du taux de fécondité est une préoccupation
dans la plupart des pays, notamment au Japon, où les taux de
natalité chutent parce que de plus en plus d'individus placent le*

---

80. Source : Eurostat.

travail avant la procréation. En Suisse, 40 % des femmes de 40 ans ayant des diplômes universitaires n'ont pas d'enfant. » Des économies fortes, et des systèmes de retraite gérables, mettait en garde l'OCDE, dépendent à la fois de taux de fécondité plus élevés et de taux d'activité plus élevés.

Le meilleur et le pire : des résultats surprenants

La juste appréciation des opportunités économiques que représentent les femmes pour les pays et les entreprises serait incomplète sans une analyse du rôle de premier plan que jouent la culture et les politiques publiques nationales dans l'épanouissement – ou au contraire l'étouffement – de leur potentiel. « Aucun pays du monde, aussi avancé soit-il, n'est parvenu à une réelle égalité des sexes, » estimait en 2005 le puissant Forum économique mondial.

Alors, qu'en est-il réellement ? Goldman Sachs, dans son analyse des politiques nationales influant sur la participation des femmes à la population active, a découvert que *« les États-Unis, souvent considérés comme la référence pour les comparaisons économiques structurelles, ne représentent pas les "meilleures pratiques" en termes d'emploi des femmes »* (voir le tableau ci-après).

Le Forum économique mondial a fait une constatation similaire dans son rapport 2005 « Écarts de genre dans le monde ». Les critères retenus étaient l'éducation, l'économie et la politique. Les résultats pour « opportunité économique » – c'est-à-dire la progression de carrière et le leadership – sont révélateurs. Les dix premiers pays du classement incluaient deux pays nordiques, plusieurs pays de l'ancien bloc communiste et la France. Les États-Unis arrivaient en quarante-sixième position, cinq places derrière le Royaume-Uni.

Politiques ayant une influence sur l'emploi des femmes

Pays	Écart entre les sexes* (avec un enfant)	Taux d'activité des femmes**	Dépenses publiques pour la garde des enfants (en % du PIB)	Congé maternité (en semaines)	
				Payé	Non payé
Danemark	3,5	88,1	2,7	42	54
Suède	9,8	80,6	1,9	40	85
États-Unis	17,4	75,6	0,5	0	12
France	18,7	74,1	1,3	73	162
Allemagne	21,2	70,4	0,8	38	162
Italie	40,9	52,1	Nd	30	65
Espagne	44,7	47,6	0,4	16	164
Japon	Nd		0,3	8	58

* Écart entre le pourcentage d'hommes pères d'un enfant ayant un emploi et celui de femmes mères d'un enfant ayant un emploi.

** Pourcentage de femmes en âge de travailler ayant un emploi rémunéré.

Source : Daly, 2007.

1 Danemark	6 Lettonie	(…)	41 Royaume-Uni
2 Norvège	7 Islande	12 Suède	42 Suisse
3 Hongrie	8 Luxembourg	23 Chine	46 États-Unis
4 République tchèque	9 France	28 Allemagne	52 Japon
5 Estonie	10 Russie	34 Espagne	55 Corée

Non seulement les États-Unis et le Royaume-Uni n'ont pas le monopole des opportunités économiques pour les femmes, mais ils sont largement derrière des pays moins développés. Nous y reviendrons un peu plus loin dans le chapitre.

Dans les pays en voie de développement, également, les choix de politiques publiques ont une influence considérable sur les opportunités offertes aux femmes, et sur les sociétés que ces choix contribuent à favoriser. Comme l'exprimait en 2007 Danny M. Leipziger, vice-président de la Banque mondiale pour la réduction et la gestion économique de la pauvreté, « *l'habilitation économique des femmes n'est pas un enjeu de femmes, c'est un enjeu de développement. Ne pas investir suffisamment pour offrir des opportunités économiques aux femmes limite la croissance économique et ralentit la lutte contre la pauvreté* ».

Le monde arabe a l'un des taux d'activité des femmes les plus bas du monde – 33 %, comparé à une moyenne globale de 56 %. « *La pleine participation et la pleine habilitation des femmes comme citoyennes, productrices, mères et sœurs, seront une force pour les pays arabes et permettront au monde arabe de connaître une plus grande prospérité, d'acquérir une plus grande influence et d'atteindre des niveaux de développement humain plus élevés* », a déclaré en 2006 Kemal Dervis, administrateur du Programme de développement des Nations unies (UNDP).

Comparons deux pays voisins, la France et l'Allemagne, pour comprendre quelques-unes des multiples difficultés qui entravent la progression des femmes. Les deux pays n'ont pas les mêmes attitudes culturelles sur les femmes, le travail et la famille. Ils ont même adopté des approches presque diamétralement opposées depuis les années 1950. Aujourd'hui, la France a le taux de natalité le plus élevé de l'UE après l'Irlande – où le catholicisme pèse toujours lourdement sur les statistiques –, alors que celui de l'Allemagne est parmi les plus faibles.

La France est également dans la fourchette haute de l'UE pour ce qui est du pourcentage de femmes combinant travail et maternité. L'Allemagne est tout en bas. En France, 67 % des femmes ayant des enfants de moins de 12 ans ont un emploi rémunéré alors que le chiffre pour l'Allemagne est de 56 %[81].

L'Allemagne a désespérément besoin d'enfants. Le taux de fécondité actuel de 1,3 est très éloigné du taux requis de 2,1 pour le remplacement de la population. À ce rythme, la population du pays sera divisée par deux d'ici à deux générations. L'Allemagne a donc cherché à encourager les mères à rester au foyer *via* des allocations maternité et à les décourager de travailler en ne leur apportant pas les infrastructures et les services de garde et d'éducation qui rendraient ce choix possible. Le gouvernement a récemment voté un salaire pour les jeunes parents, l'*Elterngeld*, qui verse de 300 à 1 800 euros par mois aux parents pour qu'ils restent chez eux. C'est une femme ministre – elle-même mère de six enfants – qui a défendu et fait adopter cette loi. Le dispositif donne notamment la possibilité aux pères de prendre une partie du congé.

---

81. Commission européenne, 2007.

L'espoir était de séduire les femmes actives en compensant le revenu perdu. Rien, toutefois, n'a été fait pour résoudre le problème du manque de structures pour accueillir les enfants dans la journée – structures qui permettraient aux parents de continuer à travailler[82].

Allemagne : le poids des traditions

Annika est une jeune créatrice d'entreprise allemande auréolée de succès. Elle dirige sa propre société de technologies de l'information avec son mari. Le couple se partage la gestion de l'entreprise, qui compte huit salariés et a été créée il y a neuf ans. Il s'occupe des aspects financiers et techniques et Annika du marketing et des clients.

Ils avaient tous les deux très envie d'avoir des enfants, mais Annika était convaincue que c'était impossible s'ils voulaient continuer à développer l'entreprise. Elle n'avait autour d'elle aucun exemple réussi de conciliation vie professionnelle / vie familiale. Elle dirigeait également un site Web communautaire pour des femmes actives où le débat faisait rage sur le fait de choisir entre sa carrière et sa famille. Elle avait donc plus ou moins renoncé à l'idée d'avoir des enfants. Puis, elle participa à un projet européen, travaillant avec un groupe de femmes françaises. Toutes étaient des professionnelles de haut niveau, avec une belle carrière, et toutes avaient plusieurs enfants. Elles restèrent bouche bée lorsque Annika leur dit qu'elle ne pouvait pas avoir une famille et continuer à travailler. Elles lui affirmèrent que c'était tout à fait possible, avec un peu d'organisation. Annika les prit au mot et, un an plus tard, son premier enfant naissait, suivi trois ans plus tard par un second.

---

82. Knowledge@Wharton, 2007.

Jongler avec ses rôles professionnels et familiaux lui était plus difficile que pour ses homologues françaises. Organiser la garde des enfants et trouver quelqu'un pour s'occuper des tâches ménagères n'était pas facile et sa culture et son environnement social la rendaient réticente à confier à d'autres le soin de s'occuper de ses enfants toute la journée. Si elle n'a toujours pas trouvé la solution idéale côté famille, son entreprise vole de succès en succès. Annika se demande comment elle va bien pouvoir faire face à toutes ces demandes et elle est malheureuse d'être une exception en Allemagne, ce qui la coupe des autres mères et des autres familles. Mais elle est contente de réussir professionnellement et financièrement, sans avoir eu à renoncer à une vie de famille.

Comme Annika l'a découvert, il est très difficile en Allemagne pour une femme de travailler et d'avoir des enfants. Outre le manque de soutien logistique, la pression sociale sur les mères pour rester à la maison et s'occuper de leurs enfants est extrêmement forte et émane à la fois des hommes et des femmes. Les mères qui travaillent sont toujours qualifiées de *rabenmütter*, ou « mères corbeaux », en référence à la croyance (erronée) que les corbeaux sont de mauvaises mères parce que les petits quittent la sécurité du nid avant de savoir voler – en fait, les mères continuent à nourrir leurs petits sur le sol ! Les horaires scolaires sont compliqués, variés et, surtout, l'école finit très tôt. Les enfants rentrent chez eux après le déjeuner, étant entendu que les bras maternels sont là qui les attendent pour prendre la relève. Beaucoup avanceront que c'est une question culturelle – que les femmes allemandes ont envie de passer du temps chez elles avec leurs enfants. Mais le déclin du taux de natalité s'inscrit en faux contre cette interprétation, pas plus qu'elle n'est confirmée d'ailleurs par les données de l'OCDE, qui montrent que 6 % seulement des couples allemands ayant des enfants de moins de 6 ans souhaitaient que le père travaille à plein-temps et que la mère ne travaille pas – même si telle était effectivement la situation pour 52 % des couples[83].

La chancelière Angela Merkel a reconnu que le fait que 40 % des femmes allemandes diplômées de l'université n'aient pas d'enfant n'était pas viable, tout comme l'absence des femmes des conseils d'administration du pays. « *Je ne crois pas que davantage de couples voudront fonder une famille à moins que des services de garderie ne soient disponibles et que la compatibilité entre la carrière et la famille soit assurée* », a-t-elle déclaré dans un discours au début de l'année 2007[84].

France : la conciliation apaisée

La France est géographiquement proche de l'Allemagne mais sur le sujet des femmes et du travail, les deux pays ne pourraient être plus éloignés. La France affiche désormais un taux de natalité de 2,0, qui correspond au taux de remplacement si convoité. Bien que les pays du nord soient toujours mis en avant sur la question de l'égalité des sexes, le modèle français mérite de retenir l'attention.

La moitié des diplômés des écoles de commerce du pays sont des femmes. Les sondages indiquent que ces diplômées ont plus d'enfants que la moyenne nationale (2,2) et que 80 % d'entre elles travaillent à plein temps tout au long de leur carrière[85]. Un rapport de l'IDC sur la pénurie de compétences à laquelle est confrontée l'industrie européenne des hautes technologies soulignait que « *le gouvernement français a été proactif en créant davantage de mixité dans de nombreuses profes-*

---

83. Jaumotte, 2003.
84. Knowledge@Wharton.
85. GEF, 2005, 2007.

sions… Les carrières exigeantes, ainsi dans le secteur d'Internet, sont généralement assumées par des salariés à plein temps, indépendamment du sexe »[86]. Le fait est qu'en France, seulement 31 % des femmes ayant un emploi travaillent à temps partiel, une option traditionnellement associée à une progression de carrière médiocre, contre 43 % au Royaume-Uni, 46 % en Allemagne et 75 % aux Pays-Bas[87].

La France n'a pas encore résolu la question des femmes dans le leadership bien que les chiffres progressent légèrement. Seulement 7 % des dirigeants du pays sont des dirigeantes (Les femmes en France, 2007). Mais le vivier de talents est bien pourvu en femmes ayant suivi des études de haut niveau et possédant une expérience professionnelle significative dans un éventail de secteurs et de professions. Les femmes en France comptent pour la proportion de managers la plus élevée – 38 % – de tout autre pays de l'UE à l'exception de la Lettonie et de la Lituanie. Le chiffre de femmes managers pour l'Allemagne est de 26 %[88].

Les médias anglo-américains portent souvent un regard incrédule sur l'économie française, avec son étrange assemblage de semaines de 35 heures, de marché du travail rigide et de taux de chômage des jeunes élevé. Nicolas Sarkozy a été élu président de la république en 2007 sur un programme comportant des réformes du travail de premier plan. Il y a toutefois une autre facette qui est rarement mise en lumière, sauf dans l'image stéréotypée de la France comme nation hédoniste amoureuse de vin, de fromage et de week-ends prolongés. Le pays a accompli ce que très peu d'autres ont fait : une norme sociale non critique de couples où l'homme et la femme travaillent à plein temps et ont plusieurs enfants. Les Français sont bien

---

86. Kolding et Milroy, 2001.
87. Commission européenne, 2007.
88. Ibid.

connus pour l'importance qu'ils accordent aux repas familiaux et aux réunions de famille en général. On n'y parle pas de choisir entre carrière et famille. Les deux ne sont pas considérés comme des forces antagonistes. Si critique il y a, c'est un jugement social négatif dans les cercles de pouvoir sur les femmes qui ne travaillent pas (les dîners en ville peuvent être sans pitié). Le gouvernement soutient les parents qui travaillent de différentes manières : garderies, crédits d'impôts, congé parental, clubs extrascolaires et formations subventionnées pour des baby-sitters. Les parents inscrivent avec plaisir leurs enfants à l'âge de 3 ans dans des établissements scolaires publics à plein temps, financés par l'État. Sans la moindre culpabilité.

« La politique française de la famille reflète une volonté plus globale d'offrir des choix à toutes les femmes qui travaillent que bien d'autres pays européens », souligne un reportage de la BBC de 2006. Ce même reportage indique que le congé maternité rémunéré a été créé en 1913. Congés parentaux et allocations familiales confortables ont été mis en place pour remplacer des salaires plutôt qu'au titre de « salaires de maternité » comme en Allemagne. Un quart des enfants âgés de 2 ans et moins, et 95 % des 3-5 ans sont dans des garderies publiques, indiquait le reportage. Près de 80 % des femmes âgées de 25 à 39 ans, les principales années de maternité, avaient un emploi en 1995. *« Contrairement à d'autres pays, les Français n'ont jamais entrepris de rétablir la place de la femme au foyer. »*

Judith Warner est une ancienne journaliste de *Newsweek* qui a travaillé et eu ses enfants en France avant de retourner vivre aux États-Unis. Dans le livre qu'elle a écrit à son retour, *Perfect Madness, Motherhood in the Age of Anxiety*, elle déclare à propos de ses années de femme active à Paris : « *C'était le paradis et je ne le savais pas.* » Elle compare la façon dont les mères s'occupent de leurs enfants dans les deux pays et déclare que beaucoup de la pression qui pèse sur les mères américaines modernes vient d'elles-mêmes. Elle décrit une génération de femmes américaines actives qui décident de « *rejeter le travail* » et reportent alors leurs ambitions gigantesques sur leur progéniture et leurs performances en tant que mères.

Les femmes françaises sont parfaitement à l'aise pour démontrer que la féminité et le pouvoir ne sont pas incompatibles – même si le pays lui-même n'est pas totalement à l'aise avec cette combinaison. Dans sa campagne présidentielle, Ségolène Royal, la concurrente socialiste battue par Nicolas Sarkozy, a beaucoup joué du fait d'être une femme et de sa capacité à comprendre les préoccupations quotidiennes des gens – même si elle, comme Nicolas Sarkozy, ont aussi eu beaucoup les honneurs des médias à cause de leur vie privée.

Deux des trois femmes caracolant en tête du classement Fortune 500 2006 des femmes dirigeantes internationales étaient françaises – Anne Lauvergeon, du groupe d'énergie nucléaire Areva et Anne-Marie Idrac – et la troisième, Pat Russo, d'Alcatel-Lucent, était basée en France. Nicolas Sarkozy a confié la moitié des postes de son nouveau gouvernement à certains des meilleurs talents féminins du pays : Michèle Alliot-Marie, ministre de l'Intérieur, Christine Lagarde, rapidement promue du portefeuille de l'Agriculture à celui des Finances, et Rachida Dati, ministre de la Justice.

La France est rarement citée dans la littérature sur les femmes ou la mixité. Le pays illustre pourtant avec quel succès des initiatives de politique publique peuvent soutenir les femmes dans leurs divers rôles. Ce qui manque, en revanche, c'est une initiative concertée du secteur privé pour capitaliser sur les femmes hautement qualifiées qu'une éducation nationale, égalitaire et de grande qualité, a produites. Les entreprises françaises ne se sont éveillées au potentiel des femmes que très récemment. Il sera intéressant d'observer, au cours de la prochaine décennie, si, aux incitations des politiques publiques du pays répond une impulsion plus active du secteur privé et si la France sera un des premiers pays à récolter pleinement les fruits des talents et des atouts des femmes comme leaders aussi bien que comme mères.

Les temps changent très vite en Europe. Le nouveau gouvernement français, formé en mai 2007, n'est pas le seul à avoir été conçu autour d'une politique de parité. Il a marché dans les traces de l'Espagne de José Luis Zapatero. Pays traditionnellement macho européen du sud, l'Espagne est en train de vivre une transformation formidable, catalysée par la mixité. Le gouvernement socialiste de Zapatero a enjoint aux entreprises d'accorder aux femmes 40 % des sièges de leurs conseils d'administration au cours des huit prochaines années. Un mouvement est même en marche pour changer les horaires de travail du pays, pleins de déjeuners et de dîners tardifs, afin de les rendre plus favorables à la vie de famille, mouvement emmené par Nuria Chinchilla, professeur militante à l'école de commerce IESE.

Ce que la France, l'Allemagne et l'Espagne ont en commun, c'est que, comme dans de nombreux domaines en Europe, ce sont les politiques publiques qui prennent position sur la parentalité et la mixité. Jusqu'à présent, le secteur privé a été relativement absent du débat. Former des femmes pour le pouvoir dans le secteur privé dépend davantage des initiatives internes des entreprises que de mesures gouvernementales visant à faciliter la conciliation carrière/vie de famille. Mais la France et les pays nordiques montrent combien les sociétés peuvent évoluer avec des politiques publiques fortes et soigneusement pensées, à savoir qu'il est possible pour des femmes de travailler à plein temps et pour les familles d'avoir des enfants, sans épuiser les premières ni détruire les secondes.

Compromis américain imparfait

C'est très différent du modèle américain. Ici, comme dans la plupart des domaines, l'impulsion pour le changement émane du secteur privé. Plusieurs entreprises se sont réellement investies dans la question et ont réussi à intégrer pleinement les femmes dans leurs effectifs. IBM, HP, Procter & Gamble, Xerox et Johnson & Johnson sont des sociétés qui soutiennent et encouragent depuis des dizaines d'années l'emploi des femmes et leur ascension à des postes de leadership. Elles ont une bonne compréhension des enjeux et ont appris à leurs managers comment maximiser les formes les plus diverses de talent – y compris celui des femmes.

Aujourd'hui encore, et aux quatre coins du globe, les entreprises américaines sont à la pointe pour ce qui est de promouvoir les femmes au sommet, prouvant bien souvent aux autres pays que la chose est possible. La première, et pendant longtemps la seule, femme P-DG à figurer dans le FTSE 100 britannique a été Marjorie Scardino, directrice américaine de Pearson. Elle a fini par être rejointe en 2006 par une compatriote, Cynthia Carroll, qui dirige depuis peu Anglo-American. La première femme P-DG d'une société du CAC 40 français a été Pat Russo, directrice américaine de l'entreprise née récemment de la fusion Alcatel-Lucent. C'est également une femme qui dirige les activités d'IBM en Europe du Nord, celles de Microsoft en Espagne et d'Intel en France.

Toutefois, les statistiques en provenance des États-Unis soulèvent la question des coûts et de la pérennité de cette approche unilatérale émanant exclusivement du secteur privé (voir le tableau « Politiques influençant l'emploi des femmes »). Il a fallu attendre la présidence de Bill Clinton pour que soit votée la première loi américaine sur le congé maternité (non rémunéré). Il n'est donc pas surprenant que les femmes souhaitant avoir une carrière aient été confrontées à un choix très personnel, dont les leaders féministes se sont fait l'écho. C'est à une conférence de femmes en Europe que Sheila Wellington, alors directrice du groupe de réflexion Catalyst, a dit à un public dubitatif que les femmes devaient choisir : famille ou carrière. Après son discours, Gro Harlem Brundtland, dynamique Norvégienne qui dirigeait à l'époque l'Organisation Mondiale de la Santé (OMS), a pris la parole. Elle a tenu à réaffirmer que le leadership des femmes était renforcé et nourri par la maternité – et qu'il ne fallait jamais y voir un choix ou un arbitrage[89].

Les entreprises américaines ont fait entrer les femmes dans le jeu – et leur ont permis d'escalader les hauteurs – sous réserve qu'elles respectent les règles en place. Les femmes se sont donc adaptées. Les coûts semblent élevés à des cultures moins convaincues que le travail, c'est la vie. Sylvia Ann Hewlett, du Center for Work-Life Policy, à New York, a découvert en 2002 que 49 % des femmes gagnant plus de 100 000 dollars par an n'avaient pas d'enfants. 43 % n'ont même pas de conjoint. Ces chiffres offrent un contraste saisissant avec ceux des hommes dans la même position : ils ont tout. Seulement 19 % des hommes gagnant plus de 200 000 dollars par an n'ont pas d'enfants et seulement 17 % ne sont pas mariés. « *Dans de nombreuses professions*, conclut Sylvia Ann Hewlett, *les femmes qui réussissent continuent à avoir des difficultés considérables à concilier carrière et famille* » et sont confrontées à des « *arbitrages cruels* ».

Et donc, là où les hommes tracent leur voie jusqu'au sommet, avec femmes et enfants, les femmes en Amérique tracent leur voie jusqu'au sommet, la moitié sans enfants. Autant que l'on puisse aimer le pouvoir et les jets privés, le prix à payer semble bien lourd. Et en tout cas, beaucoup trop lourd pour un nombre croissant de femmes. La nouvelle génération le refuse purement et simplement. Lorsqu'elles en ont les moyens, c'est leur travail que les femmes choisissent d'abandonner.

---

89.   WIN, 1999.

Sans le reconnaître officiellement, certaines grandes écoles de commerce américaines commencent à s'interroger tout bas sur le fait que la majorité de leurs anciennes élèves ne « travaillent » pas du tout. Ce n'est pas vraiment étonnant si elles se marient avec le petit copain qu'elles ont rencontré pendant leurs études. La version américaine 24 h/24 et 7 j/7 de l'addiction au travail, combinée à l'absence de politique publique sur le sujet, garantissent que si des enfants sont au programme, un des parents devra lever le pied pour trouver le temps de les avoir – et d'en profiter. Ajoutons à cela les pressions compétitives qu'une culture de l'excès fait peser sur les parents perfectionnistes, décrite dans le livre de Judith Warner, *Perfect Madness, Motherhood in the Age of Anxiety*, et toute l'idée d'équilibre est balayée au premier biberon.

En d'autres termes, comme l'a écrit Joshua Holland, journaliste politique américain indépendant, ce n'est pas seulement l'écart salarial de 20 % entre les femmes et les hommes qui est le problème, ou le fait que les hommes de race blanche représentent moins d'un tiers de la population active, mais occupent près de 95 % des postes les plus élevés dans les entreprises : « *Le véritable problème auquel sont confrontées les femmes qui travaillent aux États-Unis, c'est que nous avons les entreprises les plus fermées à l'aménagement du temps de travail des pays développés.* »

Les États-Unis sont le seul pays développé – et un des quatre seuls pays au monde – qui n'offre aucun congé maternité rémunéré aux femmes, selon le projet Global Working Families, qui a étudié les pratiques de 173 pays. Ce fait extraordinaire place la seule superpuissance mondiale dans la même catégorie que le Liberia, le Swaziland et la Papouasie Nouvelle-Guinée. Quatre-vingt-dix-huit pourcent des pays étudiés par le projet offrent au moins quatorze semaines de congés maternité rémunérés (voir l'encadré ci-après « Travail et famille : les États-Unis à la traîne »).

Travail et famille : les États-Unis à la traîne

Soixante-cinq pays accordent des congés paternité ou des congés parentaux rémunérés ; dans trente et un pays, ils sont d'une durée égale ou supérieure à quatorze semaines. Les États-Unis ne garantissent aux papas ni congé paternité ni congé parental rémunéré.

Au moins cent sept pays protègent le droit des femmes actives à nourrir leur enfant au sein – les pauses allaitements sont payées dans au moins soixante-treize de ces pays. Les États-Unis ne garantissent pas le droit à l'allaitement, alors même qu'il est prouvé que nourrir l'enfant au sein réduit la mortalité infantile de 1-1,5 à 5 fois.

Au moins cent quarante-cinq pays offrent des jours de congés maladie pour des maladies de courte ou longue durée. Les États-Unis n'accordent de jours de congé, non rémunérés, qu'en cas de maladie grave *via* le Family & Medical Leave Act, qui ne couvre pas tous les travailleurs, et il n'y a pas de loi fédérale prévoyant des jours de congés maladie rémunérés.

Cent trente-sept pays font obligation aux employeurs d'accorder des congés payés annuels à leurs salariés. Ce n'est pas le cas des États-Unis.

Cent trente-quatre pays au moins ont des lois qui fixent la durée maximale de la semaine de travail. Les États-Unis n'ont ni durée maximale de travail hebdomadaire, ni limite sur les heures supplémentaires obligatoires par semaine.

Cent vingt-six pays au moins obligent les employeurs à accorder un jour de repos hebdomadaire pour que les salariés ne puissent être contraints à de longues périodes de travail sans jour de repos. Les États-Unis ne font pas partie du lot.

« Les États-Unis peuvent s'enorgueillir d'avoir été un des premiers pays à adopter des lois qui assurent l'égalité des chances dans l'entreprise mais notre protection sociale est l'une des plus mauvaises du monde, déclare le Dr Jody Heymann, fondatrice du Project on Global Working Families et directrice du McGill

University Institute for Health and Social Policy. *Il est temps que les choses changent.* »

Source : « The Work, Family and Equity Index :
How Does the U.S. Measure Up ? »[90]

Il est intéressant de comparer les sacrifices consentis par les femmes qui ont réussi une brillante carrière aux États-Unis aux résultats d'une étude française de 2005 sur un groupe de femmes comparable, les anciennes élèves des meilleures grandes écoles du pays. L'enquête, conduite avec IPSOS en 2005 par l'association d'anciennes élèves GEF a montré que 97 % des étudiantes de ces écoles travaillaient et 88 % à plein-temps. En moyenne, 63 % de ces femmes gagnaient au moins la moitié des revenus de leur foyer, deux tiers de celles âgées de plus de 30 ans avaient des enfants et 80 % de celles-ci deux ou plus. En outre, elles travaillaient le même nombre d'heures que leurs collègues masculins à tous les âges (plus de cinquante heures par semaine).

À regarder en arrière ce demi-siècle de fracture transatlantique, avec les États-Unis encourageant les initiatives du secteur privé et l'Europe privilégiant les politiques publiques, il est clair que ni l'une ni l'autre de ces approches n'est suffisante. Les entreprises européennes, confrontées à des défis démographiques considérables et de graves pénuries de talents, ne se sont éveillées que récemment aux enjeux des femmes. Il sera intéressant d'observer si elles capitaliseront sur la solide base de talents féminins créée dans des pays comme la France et les pays nordiques pour parvenir à la fois à davantage d'opportunités et de mixité.

Aux États-Unis, il est difficile d'imaginer que la montée de la droite conservatrice, et sa foi affichée dans les valeurs de la

---

90.   McGill University, 2007.

famille, puissent favoriser la mise en place de systèmes pour aider les familles dont les parents travaillent. L'allergie de cette même droite à toute intervention de l'État implique qu'elle souhaitera voir ces choix maintenus à leur place actuelle – des décisions individuelles prises entre les quatre murs de la maison familiale. Dans le même temps, le mariage ou les enfants n'ont jamais vraiment mobilisé les féministes américaines, et elles ont laissé le débat sur l'avortement inonder des décennies de discussion, à la stupéfaction des parents actifs d'autres pays.

Loin du non-interventionnisme américain, l'UE considère que la puissance publique a un rôle fondamental à jouer. Vladimír Spidla, commissaire européen à l'emploi, aux affaires sociales et à l'égalité des chances, a déclaré en 2007 que « *beaucoup trop d'hommes et surtout beaucoup trop de femmes en Europe doivent toujours faire des choix difficiles entre la vie de famille et une carrière réussie. Nous devons créer les conditions pour que tous ceux qui le souhaitent puissent avoir les deux* ». Il ajoute que « *ce sont toujours les femmes qui prennent en charge l'essentiel des responsabilités familiales et donc, à moins que nous ne mettions davantage l'accent sur la parité et l'égalité des chances, les faibles taux de natalité persisteront, l'Europe n'atteindra pas ses objectifs d'emploi et nous ne réussirons pas à créer une Europe plus prospère et plus égalitaire* ».

Les élections de 2008 aux États-Unis sont une occasion en or d'affronter ces défis. Nous aimerions croire qu'elle ne sera pas manquée. Dans son livre *The Audacity of Hope*, le candidat à l'investiture démocrate Barack Obama aborde les dilemmes et les sacrifices auxquels sont confrontés les parents – généralement les mères – qui travaillent. Il souligne que la plupart des travailleurs américains ne peuvent pas prendre un jour de congé pour s'occuper d'un enfant sans que cela soit décompté de leur salaire ou sans le prendre sur leurs jours de congés. Il n'hésite pas à mettre les conservateurs le nez dans leurs contradictions. « *Si nous prenions réellement au sérieux les valeurs de la famille, nous mettrions en place des politiques qui permettraient de concilier un peu plus facilement travail et métier de parent*, écrit-il. *Nous pourrions commencer par rendre accessibles à toutes les familles qui en ont besoin des services de garderie de qualité.* » Il est temps que davantage d'Américains – femmes et hommes – s'impliquent dans le débat.

Des continents de contrastes

Nous avons déjà exposé la situation en Europe, et notamment en France et en Allemagne. L'un des aspects les moins évoqués de la mixité, toutefois, est l'environnement égalitaire et la position économique et sociale relativement puissante des femmes dans les pays d'Europe de l'est de l'ancien bloc communiste. L'Organisation Internationale du Travail (OIT) déclare que « *les pays d'Europe centrale et orientale (…) sont dans le peloton de tête en ce qui concerne la place des femmes dans le management* »[91]. Sous le régime communiste, aussi répressif fut-il, les femmes travaillaient et avaient des enfants, et il y avait des écoles bien organisées et grassement subventionnées et des garderies pour s'occuper des enfants. Il n'est guère surprenant que la première femme chancelière d'Allemagne, Angela Merkel, soit une Allemande de l'Est. Elle a été élevée dans un système qui lui a appris qu'elle pouvait diriger.

Lorsque le Mur est tombé, les Allemandes de l'Est ont découvert ce que signifiait la « liberté », avec l'abandon de tous les mécanismes de soutien, comme autant de reliques d'un passé communiste rétrograde. Une fois qu'elles ont appris les nouvelles règles du jeu de l'Allemagne de l'ouest, le taux de

---

91. Wirth, 2002.

natalité s'est effondré. Le pourcentage de femmes occupant des postes de management avait également commencé à décliner ces dernières années dans des pays comme la République Tchèque, la Pologne, la Slovénie et la Roumanie[92]. Les ex-pays communistes ont désormais des taux de natalité « *parmi les plus bas du monde – et le plus longtemps de l'histoire : 1,2 enfant par femme en République Tchèque, Slovénie, Lettonie et Pologne.* »[93]

Comme l'Allemagne, le parlement tchèque a voté à l'unanimité le doublement de la somme accordée aux femmes en congé maternité. Les projections indiquent que la population tchèque pourrait baisser de 20 % au cours des quarante prochaines années (de dix à huit millions). « *Dans l'élection de cette année, tous les partis politiques avaient une plateforme sur les enjeux de la famille* », a déclaré le professeur Jitka Rychtarikova, démographe qui conseille le gouvernement[94]. Il est peu probable que ce soit en imitant l'exemple allemand que le pays réussira à inverser la tendance.

L'Europe présente d'autres différences importantes en matière de politiques sur la mixité et le travail. Alors que plus de 40 % des femmes travaillent à temps partiel en Suède, en Autriche, en Belgique, au Royaume-Uni et en Allemagne, très peu nombreuses sont les salariées à temps partiel en Bulgarie, en Slovaquie, en Hongrie, en République Tchèque et en Lettonie[95]. Les indemnités de congés – qui ont des incidences sur la vie familiale – sont également très différentes, indique la société de conseil en ressources humaines Mercer. En France et en Lituanie, les salariés à plein-temps ont en moyenne quarante jours de vacances par an, congés obligatoires et fêtes nationales compris. Mais les salariés au Royaume-Uni, aux Pays-Bas et en

---

92. *Ibid.*
93. Rosenthal, 2006.
94. *Ibid.*
95. Commission européenne, 2007.

WOMENOMICS

Roumanie ont seulement vingt-huit jours, contre une moyenne de trente-quatre aux États-Unis[96].

La diversité des attitudes et des politiques est encore plus grande en Asie. Alors que les Philippines affichent un des pourcentages les plus élevés au monde de femmes occupant des postes de management (56 % en 2003)[97], le Japon a l'un des plus bas (9 %)[98]. « *Les femmes sont la ressource la plus sous-exploitée du Japon* », écrit Goldman Sachs.

De manière intéressante, les Philippines sont l'un des rares pays au monde où les femmes sont plus actives que les hommes dans la création d'entreprise[99] (Center for Women's Leadership, 2007). Qu'est-ce qui rend donc les choses si différentes, outre le fait que le pays soit dirigé par une femme, Gloria Macapagal-Arroyo ?

« *Les Philippines sont une société matriarcale*, explique Rhodora Palomar-Fresnedi, Philippine qui a été directrice de la diversité du groupe Unilever. *Les hommes font semblant de mener la barque mais en fait, ce sont les femmes. Il y a beaucoup de plaisanteries et de jeux de mots sur la peur de l'épouse, de la mère ou de la belle-mère. C'est le côté amusant du respect. Beaucoup de femmes tiennent les cordons de la bourse du ménage. C'est une pratique habituelle pour les hommes de remettre tout leur salaire à leur épouse qui leur remet une somme pour leurs dépenses. Donc, le concept de la femme dans des positions de leadership ne nous est pas étranger. C'est socialement acceptable. Les femmes instruites ont beaucoup d'options pour « quitter le circuit » puis y revenir parce que les systèmes de soutien sont nombreux : domestiques, chauffeurs, et la famille. Il est plus facile*

96. Mercer, 2007.
97. Caparas, entretien avec l'auteur.
98. Goldman Sachs, 2005.
99. Center for Women's Leadership, 2007.

196

de travailler dur et d'obtenir des résultats quand on n'est pas obligé d'accomplir soi-même toutes les corvées ménagères. »[100]

Le Japon est à des années-lumière en termes de mixité. Le pays a un taux de natalité extrêmement bas (1,29). Les économistes de Goldman Sachs estiment que sa population va diminuer de 10 % au cours des vingt prochaines années. *« Le gouvernement japonais a tout essayé pour faire augmenter le taux de fécondité : des subventions, des cadeaux... mais aucune de ces incitations ne s'est révélée efficace »*, peut-on lire dans un rapport de la banque américaine de 2005, intitulé « Womenomics : Japan's hidden asset ». Le Japon souffre toujours de la traditionnelle courbe en M de la carrière des femmes : les fem mes entrent dans la population active à une vingtaine d'années, mais la quittent entre 30 et 44 ans pour élever leurs enfants, ne réintégrant la population active qu'après, et généralement dans des postes à temps partiel. Les rôles et les attentes culturels forts font du Japon, sous certains aspects, un cas comparable à l'Allemagne, avec les mêmes défis pour l'avenir, en plus extrêmes.

Le Japon a énormément à gagner d'une meilleure optimisation des talents féminins. *« Un taux d'activité des femmes plus élevé implique des revenus plus élevés et une croissance de la consommation qui pourraient, selon nos estimations, relever la croissance tendancielle du PIB de 0,3 point à 1,5 % au lieu de 1,2 % et faire progresser le revenu par tête de 5,8 % au cours des vingt prochaines années »*, poursuit Goldman Sachs.

Il y a des signes de changement toutefois, en réponse au vieillissement de la population active, à l'effondrement de la fécondité et à la pénurie de compétences qui en découle. Le nouveau mot à la mode au Japon est « diba-shitii », alias diversité, comme l'a expliqué l'*International Herald Tribune* dans un reportage

---

100. Entretien avec l'auteure, 22 février 2007.

pittoresque sur les grandes entreprises japonaises et les solutions qu'elles commencent à imaginer pour conserver leurs talents féminins à haut potentiel – qui leur font aujourd'hui cruellement défaut à cause des obstacles à leur progression qui existent toujours. « *Il y a toute une génération de femmes salariées qui ont rejoint l'entreprise après 1987 qui ne sont pas là, qui seraient aujourd'hui éligibles à des postes de management* », indiquait ainsi Amemiya Hiroko, responsable de la diversité à Tokyo Electric Power[101].

Selon Bando Mariko, qui a dirigé le bureau japonais pour l'égalité des sexes, les femmes repoussent désormais le moment de se marier et d'avoir des enfants. Plus de 17 % des femmes entre 40 et 49 ans sont célibataires, a-t-elle déclaré au quotidien britannique *Daily Telegraph*. « *La situation est moins préoccupante dans l'administration, mais l'entreprise reste culturellement le dernier bastion pour l'homme japonais.* »[102]

En ce qui concerne la mixité, la Chine présente un certain nombre de similitudes avec les pays de l'ancien bloc communiste. L'essor de l'économie de marché a des répercussions sur les rôles plus égalitaires que les femmes avaient auparavant, explique Fanny Cheung, responsable de l'Unité Mixité de l'Université chinoise de Hong Kong. Les pressions pour réduire les coûts et augmenter la productivité érodent les investissements dans les infrastructures et les dispositifs de garde des enfants. Les statistiques fiables sur la situation des femmes dans le management en Chine sont relativement peu nombreuses. Dans les grandes villes, certaines sources mentionnent des niveaux de 35 % à des postes d'encadrement supérieur. Les normes culturelles sont très différentes de celles du Japon, les

---

101. Tanikawa, 2007.
102. Evans-Pritchard, 2007.

femmes étant habituées à travailler à plein-temps et à exercer des rôles de leadership dans un pays plus matriarcal.

Le classement du Forum économique mondial place la Chine en vingt-troisième position en termes d'opportunités économiques pour les femmes, loin devant le Japon. La participation des femmes à l'économie est classée au neuvième rang mondial, alors que le Japon est à la trente-troisième place. La politique de contrôle de la natalité du pays – un enfant par femme – a, involontairement peut-être, limité l'impact de la maternité sur la participation des femmes à la force de travail. Mais le pays accumule des problèmes considérables avec une population vieillissante et un grave déséquilibre des sexes. Comme l'ont montré les démographes, des millions de bébés filles manquent au pays, par suite d'infanticides, d'avortements ou de négligence et d'abandon. Les médias d'État chinois ont déclaré en 2007 qu'il y aurait 30 millions de plus d'hommes en âge de se marier que de femmes dans moins de quinze ans à cause de la politique de contrôle de la natalité. Dans un article de une, le *China Daily* attirait l'attention sur le fait que l'impossibilité pour des millions d'hommes de trouver une épouse risquait d'être source d'instabilité sociale[103].

La Chine est un des pays couverts par une étude fascinante des entreprises de taille moyenne à capitaux privés, qui révèle la prééminence des femmes dans des postes d'encadrement supérieur dans de nombreux pays d'Asie. Grant Thornton, la société de conseil, a comparé leur situation à celle du Royaume-Uni, avec des résultats saisissants.

L'International Business Report[104], couvrant 7 200 entreprises dans trente-deux pays, place les Philippines en première place, avec 97 % des entreprises employant des femmes à des postes

---

103. Associated Press, 2007.
104. Grant Thornton, 2007a.

d'encadrement supérieur. En Chine, 91 % des entreprises ont des femmes aux échelons les plus hauts. Ce n'est le cas que dans 64 % des entreprises britanniques.

La région asiatique affiche également la croissance la plus importante du pourcentage de femmes à des postes d'encadrement supérieur – d'une moyenne de 17 % à 23 % – au cours des trois années précédant 2007. Les chiffres les plus élevés sont observés aux Philippines, où les femmes comptent pour 50 % des postes d'encadrement supérieur, en Thaïlande (39 %) et à Hong Kong (35 %).

« *Au premier coup d'œil, il peut sembler stupéfiant que nos prétendues démocraties occidentales éclairées soient à la traîne derrière des pays comme les Philippines, la Chine et la Thaïlande*, commente Alysoun Stewart, responsable du groupe de services stratégiques de Grant Thornton. *Cela remet clairement en question l'idée reçue selon laquelle l'Asie orientale est moins développée que le Royaume-Uni tant économiquement qu'en matière d'égalité des sexes.* »

Dans le tableau ci-après, nous résumons la situation dans les pays et les régions que nous avons étudiés, en relation avec les approches privées et publiques.

Classement des pays européens

Progressistes	À mi-chemin	Conservateurs
France, pays nordiques, certains pays de l'ex-bloc communiste, l'Espagne (sous le gouvernement Zapatero)	Belgique, Pays-Bas, Royaume-Uni	Europe germanophone (Allemagne, Suisse) et Europe du sud (Grèce, Italie, Portugal)

Différentes approches de la mixité, du travail et de la famille

États-Unis	Europe	Asie
Les avancées pour les femmes ont été pilotées par des groupes de femmes bien organisés et actifs et des initiatives du secteur privé.	De grandes différences entre les pays.	Comme en Europe, des différences importantes entre pays, mais plus marquées encore.
La législation sur l'égalité des droits a contribué à faire entrer les femmes en grand nombre dans les entreprises, mais les États-Unis sont désormais gravement à la traîne en matière d'initiatives publiques pour permettre aux parents de combiner carrière et famille.	Les politiques progressistes sont essentiellement poussées par les gouvernements et non, jusqu'à récemment, par le secteur privé.	Pour ce qui est de permettre aux femmes d'accéder à des postes de management, les Philippines arrivent en tête, mais la Chine, Hong Kong et la Thaïlande se comportent également bien.
Des avancées dans certaines entreprises progressistes et/ou à la recherche de talents, mais le gros de la gestion vie professionnelle/vie de famille est entièrement laissé aux individus et aux familles – à eux de trouver des solutions.	Le Royaume-Uni est une exception, ayant à la fois une approche publique et une approche par le secteur privé ; toutefois, une proportion élevée de femmes travaille à temps partiel et l'écart salarial entre les femmes et les hommes persiste.	Le Japon se distingue par la représentation minuscule des femmes dans le management et le taux élevé de femmes qui quittent les entreprises.
Un nombre important de femmes actives choisissent de « plaquer » leur travail au profit de leur famille.		

Enfin les pays d'Asie se divisent entre ceux qui enregistrent un taux de participation de femmes élevé, comme la Chine, les Philippines ou la Thaïlande, et ceux qui accusent au contraire un taux de participation féminine faible, comme le Japon.

Allier politiques publiques et initiatives du secteur privé

Que peuvent faire les pays ? Un des éléments sur la liste doit être de renoncer au lien exclusif entre mères et enfants – tout comme les entreprises auraient avantage à traiter l'aménagement du temps de travail et l'équilibre vie professionnelle/vie de famille dans une optique économique et non comme un « problème de mères qui travaillent ». Si les pays veulent que les gens aient des enfants, ils doivent leur permettre de combiner double carrière et parentalité. Cela signifie investir dans des garderies et des écoles qui prennent les enfants en charge toute la journée, au lieu de payer les parents pour qu'ils restent à la maison. Les études montrent que subventionner les structures d'accueil pour les enfants augmente l'offre de travail des femmes.

Un levier essentiel pour atténuer les conséquences de la maternité sur les femmes est la plus grande implication des hommes. Les pays nordiques ont essayé de rendre le congé parental neutre en laissant les parents répartir entre eux comme ils le souhaitaient l'année de congé payée accordée pour la naissance d'un enfant. En Scandinavie, ce peuvent être les pères qui en prennent l'essentiel. La plupart des autres pays ayant agi en faveur des pères ont introduit timidement le congé paternité, le limitant généralement à deux ou trois semaines, que de nombreux hommes ne s'accordent pas toujours à cause des pressions compétitives dans leur entreprise. Que ce soit les mères ou les pères qui prennent du temps pour s'occuper de leurs enfants, les coûts et les conséquences de leurs décisions sur leurs employeurs devraient être les mêmes.

Comme nous l'avons évoqué (voir chapitre 2), des études montrent que faire une pause dans leur carrière pour s'occuper de leurs enfants désavantage les femmes pour retrouver ensuite le chemin de la vie active. Plus leur absence est longue, plus c'est difficile. Non qu'il y ait une « bonne » et une « mauvaise » durée. C'est un choix éminemment personnel. En revanche, c'est un choix qui ne devrait pas être pénalisant en termes de carrière et de rémunération. Si davantage de pères pouvaient partager le congé parental, il est probable que la maternité aurait un impact moins négatif sur les perspectives de carrière des femmes. Cela permettrait également aux hommes d'être pères – et prendre du temps pour s'occuper de ses jeunes enfants pourrait devenir la norme organisationnelle pour les parents.

Une politique publique progressiste ne suffit pas, toutefois, pour optimiser le talent des femmes. Comme l'a exprimé l'OIT, « *même les pays scandinaves, qui se distinguent par le haut niveau de participation des femmes dans les décisions politiques et des dispositifs généreux en faveur de la famille, se classent à un niveau relativement bas [sur l'égalité des sexes dans le travail] à cause de la faible présence [des femmes] à des postes de management dans le secteur privé* »[105].

Dans un article sur les quotas dans les conseils d'administration en Norvège, la journaliste du *Financial Times* Pilita Clark soulignait en 2005 que les hommes norvégiens étaient pénalisés financièrement s'ils ne prenaient pas leur « congé papa » – celui-ci est passé de cinq à six semaines en 2007 et le gouvernement préparait une proposition pour l'allonger encore. « *Cet [allongement] sera excellent,* déclarait une femme d'affaires un soir

---

105. Wirth, 2002.

autour d'un verre de vin, *parce que tant que les employeurs ne regarderont pas leurs salariés en se disant "il va disparaître lorsque le bébé va arriver", rien ne changera véritablement pour les femmes dans les entreprises.* »

Les pays qui se débattent avec ces questions ont d'autres outils politiques à envisager. *« Les gouvernements pourraient faire beaucoup plus pour réduire l'écart entre le taux d'activité des hommes et des femmes : réduire les distorsions fiscales qui découragent l'embauche des femmes, supprimer les différences dans les politiques de retraite et subventionner la garde des enfants en sont trois exemples évidents »* déclarait Kevin Daly, de Goldman Sachs, en 2007. D'autres économistes ont suggéré de réduire les distorsions fiscales et de donner un coup de fouet à l'emploi des femmes en baissant les impôts sur le revenu pour les femmes et en l'augmentant légèrement pour les hommes, une idée sur laquelle nous reviendrons dans le chapitre 8.

À ce jour, aucun pays au monde n'a su combiner avec succès politique publique progressiste et initiatives fortes des entreprises pour mieux utiliser les compétences des femmes. Alors que les pressions parallèles de la démographie, de la pénurie de compétences et de la compétitivité mondiale se font plus fortes, une meilleure conjonction des forces du secteur privé et du secteur public permettra aux deux parents de travailler et de s'occuper de leur famille. Faute de quoi, les pays pourraient se retrouver perdants à la fois sur la croissance économique et la croissance démographique durable.

Le mot de la fin revient à la Grande-Bretagne, qui a vu ces dernières années des initiatives du secteur public et du secteur privé pour aider les femmes à progresser dans l'entreprise. Parmi les initiatives du gouvernement travailliste, on citera notamment le droit pour les parents d'enfants en bas âge de demander un aménagement du temps de travail, un congé

maternité rémunéré plus long et une aide pour les coûts de garde des enfants sous la forme de crédits d'impôts pour les familles actives à faibles revenus.

Certains employeurs de premier plan, dans le même temps, ont participé à des initiatives du secteur privé, en conduisant un benchmark de leurs pratiques en matière de mixité *via* la campagne « Opportunity Now » et en mettant en place des programmes de mentoring des femmes vers des postes de dirigeantes sous la forme du FTSE 100 Cross-Company Mentoring Programme.

Cela étant, le progrès des femmes dans les instances dirigeantes des entreprises demeure extrêmement lent, voire stagne. Au rythme actuel, il faudra soixante ans aux femmes pour atteindre la parité dans les conseils d'administration des entreprises du FTSE 100, estime la Commission pour l'égalité des chances.

D'autres mesures du gouvernement concernant la garde des enfants, la rendant à la fois plus souple et moins coûteuse, feraient beaucoup pour aider les femmes à préserver et à poursuivre leur carrière – à l'heure actuelle, plus de 50 % des femmes qui travaillent à temps partiel occupent des postes dans lesquels leurs compétences sont sous-exploitées. Le gouvernement a promis que toutes les écoles proposeraient des horaires étendus pour les élèves de 8 heures à 18 heures d'ici à 2010.

Le potentiel économique de la pleine utilisation du talent des femmes est considérable, comme Meg Munn, ministre déléguée à la femme, le soulignait en 2007. « *Permettre aux femmes d'accéder à des emplois mieux rémunérés pourrait rapporter entre 15 et 23 milliards de livres par an à l'économie britannique.* » Meg Munn a également insisté sur le rôle essentiel des employeurs pour résoudre le problème de la sous représentation des femmes à des postes de direction.

Qu'est-ce qui empêche toujours les femmes d'accéder à des positions de leadership dans le monde de l'entreprise ? Le professeur Susan Vinnicombe, directrice du Cranfield University's International Center for Women Business Leaders, déclare que se polariser sur la maternité et les interruptions de carrière laisse dans l'ombre un point beaucoup plus important, à savoir que les femmes sont souvent exclues par les comportements et les attentes dominants dans les entreprises.

« *Un certain nombre de résultats ressortent de nos différentes études*, explique-t-elle. *S'il ne fait aucun doute que les femmes veulent accéder à des fonctions de partner ou de P-DG, il est tout aussi évident qu'elles sont extrêmement réticentes à s'engager dans le processus du "marketing de soi". Elles se sentent extrêmement mal à l'aise avec. Elles n'aiment pas faire leur propre promotion. Il leur est difficile de jouer des réseaux, il y a des insinuations sexuelles et il n'est pas facile pour elles de passer du temps avec les hommes en dehors du bureau. Donc, elles ne lèvent pas les yeux en disant "Je ne veux pas ce poste", elles ne veulent tout simplement pas s'engager dans le processus qui les y conduirait. Elles estiment également que si vous êtes un très bon manager ou un très bon leader, c'est votre boulot de repérer les talents, pas d'exiger des individus de talent qu'ils vous vantent leurs mérites. La difficulté ne vient pas seulement du fait que les femmes ne veulent pas s'engager dans le "marketing de soi". C'est aussi que la sélection des directeurs/leaders/associés est un processus très subjectif dans lequel le préjugé évident est de choisir des individus qui ressemblent aux directeurs/leaders/associés actuels. Inévitablement, cela finit par être un modèle très masculin de leadership qui exclut beaucoup de femmes.* »

Susan Vinnicombe estime qu'il est temps pour le Royaume-Uni d'aller plus loin que les exercices de benchmarking et les récompenses pour la diversité : « *Je pense que ces études comparatives ont conduit les entreprises à croire qu'elles avaient progressé. Nous sommes désormais dans une culture dont le but est seulement de remporter des prix, des distinctions. Cocher des cases pour des politiques et des processus au lieu de se demander si ces choses ont réellement un impact et une influence sur les chiffres. Les entreprises ont accompli quelques progrès, mais très peu. Le nombre de femmes au sommet n'a pas changé.* »[106]

---

106. Entretien avec l'auteur, juin 2007.

Inverser la tendance exigera un effort concerté de la part des entreprises, et des hommes et des femmes qui les composent, en particulier ceux et celles qui sont au sommet. C'est une exigence universelle, qui ne concerne pas seulement certains pays ou certains secteurs industriels. Faire évoluer les tendances actuelles exigera une meilleure compréhension et une appréciation plus juste des façons de penser, de travailler, de se comporter et de diriger des unes et des autres. Le chapitre suivant ouvre la porte. Il parle des femmes du XXIe siècle, de leurs carrières, de leurs attentes vis-à-vis du travail, et de leurs attitudes vis-à-vis du leadership et du pouvoir.

Chapitre VII

COMPRENDRE LES FEMMES

* * *

« Des femmes de pouvoir » : je dois reconnaître qu'il a fallu un peu de temps pour que nous nous habituions à cette expression. En tant que groupe, je pense qu'on nous a appris que le pouvoir était mauvais ou effrayant. Cela n'a rien d'une fatalité. Le pouvoir est une opportunité – si nous avons le courage de l'utiliser. On ne vous donne pas le pouvoir. Il ne vient pas avec un poste, un titre ou la richesse. Pour exercer le pouvoir au long cours – pour le conserver durablement – il faut le gagner et on le gagne en développant une stratégie de "suiveur". Le pouvoir est un privilège, pas un droit. Il doit être exercé au service des autres – ou vous le perdez. C'est aux intérêts de l'organisation que vous devez penser, pas à votre célébrité ou à vos ambitions. Le pouvoir exige l'intégrité. Le rôle du pouvoir est d'avoir le courage de décider – d'influencer – et d'assumer les conséquences des décisions prises. »

Anne Mulcahy, P-DG de Xerox[107]

---

107. Conférence *Fortune*, 2005.

Ce que les entreprises doivent savoir des femmes

Les femmes veulent-elles réellement le pouvoir ? Sont-elles prêtes à assumer la plus haute responsabilité de l'entreprise ou à siéger à son conseil d'administration ?

Pour n'être que rarement exprimées tout haut, ces questions n'en sont pas moins sous-entendues dans toutes les discussions de dirigeants concernant la promotion des femmes. Les hommes qui veulent le pouvoir font ce qu'il faut pour l'obtenir, à l'aise comme des poissons dans l'eau avec les jeux politiques internes. Ils regardent les femmes et se disent que si elles voulaient le pouvoir, elles feraient de même. Mais la plupart des femmes ne se mettent pas en avant, en particulier si cela signifie écraser la résistance. Il faut qu'on les y appelle et qu'on leur donne un peu d'espace pour respirer afin de s'y acclimater une fois qu'elles y sont parvenues.

Rhodora Palomar-Fresnedi a pu observer la chose se produire à Unilever, lorsqu'elle était responsable diversité du groupe. L'équipe de direction envisageait de nommer une femme à la tête d'une de ses activités mais avait finalement estimé qu'elle « *n'était pas prête* ». Rhodora Palomar-Fresnedi a protesté. « *Je sais quand elle sera prête*, a-t-elle dit, *quand ce sera un homme.* » La femme en question a eu le poste et, à l'initiative de Rhodora Palomar-Fresnedi, a été protégée d'une exposition excessive au cours des premiers mois de sa nomination, afin de pouvoir trouver son équilibre sans avoir le sentiment que les autres n'attendaient qu'une chose : la voir échouer.

Ce type d'intervention est important si on veut que davantage de femmes prennent le risque de se mettre sur les rangs pour des postes de direction. Les femmes ne sont pas encore parfaitement chez elles dans les entreprises. Pareilles aux immigrants de la seconde génération, elles ont un pied dans la culture de l'entreprise et un autre dans la culture « des femmes ». Elles sont arrivées en masse et parlent apparemment couramment la langue des entreprises, mais ne sont pas aussi familières ou aussi à l'aise que les hommes avec les codes et les règles tacites. La plupart des femmes ne changent pas leur façon de parler et de se comporter. Ou, comme l'exprime la directrice générale d'une grande multinationale américaine, « *c'est épuisant d'essayer de rester soi-même. Il faut lutter constamment, résister à toutes les tentatives pour vous faire changer votre comportement* ».

Le présupposé actuel est que seuls celles et ceux qui veulent visiblement le pouvoir sont prêts à l'exercer. Qu'il nous soit permis de remettre cette hypothèse en question. Les plus aptes à exercer la responsabilité et le service du leadership – tel que le définit Robert Greenleaf dans son livre *Servant Leadership* (Paulist Press, 2007) – sont peut-être ceux et celles qui n'ont pas particulièrement soif de pouvoir. Promouvoir davantage de femmes « réticentes au pouvoir » pourrait ouvrir la voie à une plus grande diversité des styles de leadership masculins eux aussi.

Dans ce chapitre, nous allons explorer les différences que les femmes apportent au monde de l'entreprise. Des différences que les organisations doivent intégrer, au lieu de les ignorer, si l'on veut que les femmes s'y épanouissent et que les hommes déploient un éventail plus large de styles de leadership.

Mal à l'aise avec les « jeux politiques »

Si les femmes présentes dans les entreprises semblent résolument modernes, nombre d'entre elles, pourtant, se débattent toujours avec des stéréotypes et des attentes internes hérités du passé. Elles manquent souvent de confiance en elles et considèrent qu'il s'agit d'un point faible, sans se rendre compte que c'est un trait commun à tous les exclus du pouvoir, que l'on retrouve même, d'ailleurs, chez des femmes occupant des postes élevés. Elles ne sont pas encore tout à fait convaincues qu'elles méritent toutes les opportunités qui s'offrent à elles. Ce n'est guère surprenant. Ce sentiment d'opportunité teinté d'insécurité est à l'image de la réalité : la discrimination ouverte est plus rare, mais la plupart des femmes qui accèdent aux plus hautes fonctions des entreprises ne manquent malheureusement pas d'anecdotes sur les attitudes ridicules qu'elles ont croisées sur leur chemin.

Anne Lauvergeon, P-DG du groupe d'énergie nucléaire français Areva, qui figure souvent en tête du classement *Fortune* des femmes les plus puissantes du monde, raconte souvent cette anecdote, tirée d'un entretien d'embauche pour un poste précédent. À sa stupéfaction, son futur chef lui a demandé : « *Vous êtes une femme. Pourquoi êtes-vous ici et pas à la maison ?* » Trois mois plus tard, lui rappelant sa remarque, elle lui a demandé s'il était désormais convaincu qu'elle était à la hauteur du poste. Il lui a répondu : « *Oui, mais vous n'êtes pas une femme.* »

Lorsqu'elle présidait Quantas, la compagnie aérienne australienne, Margaret Jackson se souvient combien les hommes de tous horizons avaient du mal à accepter qu'elle soit femme et P-DG. Elle a raconté au *Financial Times* un incident survenu alors qu'elle siégeait au conseil d'administration de BHP, le groupe minier anglo-australien, interviewant des directeurs potentiels. « *Je suis entrée dans la pièce et le candidat en question m'a tendu des papiers en me demandant de les photocopier. Je lui ai expliqué qui j'étais et il a failli disparaître sous terre de honte. Ce genre de choses continue à arriver. Les gens me regardent et disent : "Mais vous êtes une femme." Cela me fait rire.* »[108]

---

108. Tucker, 2007.

Catharine Furrer-Lech, directrice générale et responsable du développement et de la stratégie de la banque d'investissement UBS en Suisse, se souvenait en 2006 comme si c'était hier des soixante entretiens qu'elle avait passés lorsqu'elle a rejoint Swiss Bank Corporation il y a dix-huit ans de cela : « *Ils m'ont dit que j'étais beaucoup trop qualifiée pour tout poste qu'ils proposeraient jamais à une femme et ils m'ont demandé si mon mari était au courant que je cherchais un tel poste.* » Lorsqu'elle fit son entrée au comité exécutif, le P-DG lui demanda conseil sur les sujets à aborder au cours des déjeuners. « *En général, ils parlaient d'armée ou de femmes, mais ils avaient le sentiment qu'en ma présence, ils ne pouvaient plus le faire et ne savaient pas de quoi parler d'autre.* »

Nous n'en sommes plus tout à fait là. Ce qui préoccupe toujours les femmes, ce sont des enjeux plus profondément ancrés et plus difficiles à éliminer – tant chez les autres qu'en elles-mêmes.

Dès leur premier emploi, les études montrent que les femmes ne négocient pas leur salaire (ou beaucoup moins) – alors que les hommes si[109]. Les femmes se retrouvent donc avec les salaires qu'on leur propose et les hommes, eux, démarrent en fanfare. Si l'on y ajoute une progression de salaire plus lente dès le départ, cette simple petite chose peut se traduire par des centaines de milliers d'euros ou de dollars à l'échelle d'une carrière. Eva, chef d'entreprise suisse qui dirige une société de haute technologie, avait besoin d'engager deux cents personnes. Elle a été saisie par la différence de styles d'entretien et de négociation des hommes et des femmes qu'elle a rencontrés. « *Les femmes essayaient de prouver pourquoi elles méritaient le poste et ce qu'elles pouvaient apporter à l'entreprise alors que les hommes demandaient ce que l'entreprise pouvait faire pour eux et pour leur carrière.* »[110]

---

109. Babcock et Laschever, 2003.
110. Étude de cas de l'auteur.

La conviction est profondément ancrée chez les femmes que si elles font un bon travail, elles seront promues, reconnues et récompensées. Leur dire que ce n'est pas vrai est leur ouvrir les yeux sur une réalité dérangeante. Mais les entreprises leur rendraient service si elles expliquaient sans détour aux femmes qu'accéder à des postes de leadership (par opposition à des rôles d'experts fonctionnels où les femmes sont mieux représentées) exige davantage que bien faire. Cela exige aussi de faire ce qu'il faut, de veiller à ce que les bonnes personnes aient entendu parler de vous et d'avoir les compétences politiques et de communication pour convaincre les autres de soutenir vos idées et vos objectifs.

Les femmes ne se sentent généralement pas à l'aise avec les structures de pouvoir dans leur organisation. La hiérarchie elle-même, avec sa connotation supérieur/inférieur, est très éloignée du type de relations égalitaires que les femmes affectionnent et cherchent à établir, comme l'a démontré Deborah Tannen en 1994. Elles refusent donc de participer. Elles méprisent les « jeux politiques » au motif que ce sont de vils moyens de se faire sa promotion ou de faire main basse sur le pouvoir, ou cèdent à l'autre extrême, s'impliquant tellement qu'elles se battent plus âprement que les hommes et laissent des victimes, hommes et femmes, derrière elles.

Wanda Wallace, directrice générale de Leadership Forum, un cabinet de conseil qui travaille avec des équipes de direction et des femmes dirigeantes, souligne que les femmes peuvent faire beaucoup pour s'aider elles-mêmes. « *Je rencontre tous les jours des dirigeants et des dirigeantes qui sont frustrés par l'incapacité des femmes à faire travailler l'organisation pour elles,* déclare-t-elle. *Je pense que les femmes ne savent pas très bien quoi faire du pouvoir ni comment se mettre en lice sans essayer de tuer quelqu'un. La compétition est souvent plus personnelle pour les femmes. Au lieu de dire* 'Tu remportes celui-là et peut-être que je remporterai le suivant ?", *elles voient les choses en noir et blanc. Les femmes doivent comprendre qu'il n'y a pas que les extrêmes. »*

Considère-t-elle que les entreprises aussi ont leur part de responsabilité ? « *Je ne dis pas que c'est la faute des femmes. Il y a deux choses. On ne peut se contenter d'être une victime, il faut assumer, prendre ses responsabilités pour sa carrière et ses interactions avec l'organisation – mais celle-ci a également une responsabilité, celle de faire progresser les compétences de ses collaborateurs et de favoriser des retours d'expérience de qualité. Les hommes tremblent de donner du feedback aux femmes parce qu'ils ont peur de se retrouver devant un tribunal – ce qui est sans doute une crainte irrationnelle. Il appartient aux entreprises de rendre les processus de succession et de promotion plus transparents. Cela permettrait de faire disparaître certains préjugés qui se mettent en travers du chemin des femmes. Et notamment cette tendance de dire d'une femme, "Elle n'est pas assez stratégique" et de le remplacer par, "Comment savez-vous qu'elle ne l'est pas ? Quelles preuves en avez-vous ? Que doit-elle faire pour montrer sa capacité stratégique ? " »*[111]

Lorsque les femmes condamnent les jeux politiques et s'en tiennent éloignées, elles s'extraient de fait du jeu, sans le reconnaître consciemment. Elles consacrent tout leur temps à accomplir les tâches et les missions prévues par leur description de poste. Les employeurs malins ne l'ignorent pas – et les adorent pour cela – ce qui explique pourquoi les femmes sont tellement appréciées dans les postes d'encadrement intermédiaire. Elles font de formidables abeilles ouvrières. Mais les abeilles ouvrières deviennent frustrées lorsqu'elles constatent que les collègues qui sont promus sont ceux qui ont passé beaucoup de temps à soigner leur réseau, nouer des alliances et « gérer leur

---

111. Entretien avec l'auteur, 20 février 2007.

hiérarchie » – et beaucoup moins de temps, du moins d'un point de vue féminin, à faire leur travail.

> *C'est vraiment une excellente idée, Sara. Je vais essayer de trouver un homme pour la proposer.*

Lors des entretiens d'embauche, les femmes qui ne sont pas en mesure d'accepter des missions internationales ne s'en cachent généralement pas si on leur pose la question. Dans une réunion sur la mixité avec la directrice des ressources humaines et son jeune collègue dans une grande entreprise norvégienne, l'ambitieux jeune homme, ayant fort bien mené sa barque, a déclaré que se comporter de la sorte était « *tout bonnement stupide. Cela nuit à votre image et à votre potentiel. Ma femme travaille et je ne suis pas réellement mobile, mais j'ai évidemment dit que je l'étais. Le moment venu, et si on me propose une mutation, je la refuserai, c'est tout* ». Sa supérieure a été choquée de découvrir ces

« *règles du jeu* », prenant conscience qu'elle-même, comme les autres femmes, avait été parfaitement transparente sur son manque de flexibilité.

Les femmes apprécient l'authenticité. Selon une enquête conduite en 2006 par la firme britannique de coaching et de développement du leadership Aspire auprès de 516 femmes, dont des dirigeantes, les principales choses qui les motivent sont, par ordre d'importance :

• faire avancer les choses ;

• les défis ;

• croire en l'orientation de leur entreprise ;

• un sentiment de satisfaction au sein de leur équipe ;

• la reconnaissance.

La moitié seulement a cité la « flexibilité ». L'argent est arrivé dernier.

On a demandé à ces femmes ce qu'elles feraient pour améliorer les programmes de diversité dans leur entreprise. Beaucoup ont répondu qu'elles mettraient davantage l'accent sur la reconnaissance et la valorisation de la « singularité des individus ». Une autre étude, conduite par le Center for Creative Leadership, qui gère des campus en Amérique du Nord, en Europe et en Asie, place l'authenticité au sommet de la liste des valeurs des femmes[112].

Le responsable Europe, Moyen-Orient et Afrique d'une grande entreprise américaine faisait un discours devant les femmes les plus haut placées de sa région. Il insista sur le fait que la mobilité était pour l'entreprise un élément essentiel du développement du leadership et décrivit la carrière féminine idéale du futur, mettant en scène une jeune femme, Juliette. Juliette avait un parcours aussi rapide que brillant, changeant de pays tous les deux ou trois ans. Son public était incrédule. Il omit de

---

112. Ruderman et Ohlott, 2002.

préciser que lui-même n'avait jamais travaillé à l'étranger et qu'il vivait dans le quartier de la ville qui l'avait vu naître.

Comment, dès lors, les femmes pourraient-elles se plier à la nécessité des compétences « politiques », qui exigent souvent de cacher ses pensées et ses émotions, alors que c'est le besoin de faire précisément l'inverse qui est ancré en elles ?

Commençons par la « politique ». Posséder un certain savoir-faire politique aide à définir des priorités et à gérer son temps. L'une d'entre nous a entendu parler pour la première fois du principe 80/20 – appliqué au sujet qui nous intéresse ici – dans la bouche d'un très jeune collègue, frais émoulu de son MBA. Le concept est simple, a-t-il expliqué. Vous passez 80 % de votre temps à faire votre travail et 20 % de votre temps à dire aux autres que vous faites vraiment du bon travail. Lorsque les femmes entendent le principe ainsi formulé, elles y sont généralement très hostiles. Elles préfèrent de loin, en particulier lorsqu'elles ont la trentaine, faire les choses à leur façon : consacrer 100 % de leur temps à ce que leur travail exige d'elles, de préférence derrière la porte fermée de leur bureau, et puis se précipiter chez elles pour s'occuper du reste de leur vie.

La mondialisation et la restructuration des entreprises ont veillé à ce que tous les salariés ou presque aient désormais trop de travail. Les managers n'ont plus le temps de « manager » qui que ce soit, en particulier ceux de leurs collaborateurs qui ne formulent aucune demande ou se gardent de rappeler à leur supérieur ce qu'ils ont accompli. Dans cet environnement frénétique, ceux qui gardent la tête baissée et font simplement leur travail sont appréciés lorsque quelque chose doit être fait, mais ignorés dans la distribution des promotions.

Une cadre dirigeante décrit admirablement la chose. Elle était à la tête d'une division d'un grand groupe de produits de consommation. Lorsqu'un nouveau directeur pays a été nommé, il s'est installé dans un bureau à quatre portes du sien. Elle avait tellement de travail qu'elle ne se montrait que rarement dans le couloir. Un jour, un mois après son arrivée, il a tapé à sa porte et lui a demandé : « *Pourquoi est-ce que je ne vous connais pas ?* » Elle a levé la tête de son bureau surchargé de dossiers et soupiré : « *Parce que je fais mon travail.* » Il lui a répondu : « *Dans ce cas, vous feriez bien de revoir votre définition de poste.* »

C'est là que les formations au management et au leadership spécifiquement conçues pour répondre aux besoins des femmes peuvent être utiles. Comme Linda Babcock et Sara Laschever le soulignent dans leur livre *Women don't Ask*, la formation est une voie privilégiée pour faire prendre conscience aux femmes qu'elles ont leur mot à dire sur leur travail – et qu'elles ne doivent pas craindre d'en parler lorsque quelque chose ne va pas. Cela les aide à comprendre la réalité de l'environnement de travail et produit des « *résultats impressionnants, supprimant totalement l'écart entre les sexes en matière de performance [de négociation]* ».

Nous sommes d'accord jusqu'à un certain point avec Warren Farrell, auteur de *Why Men Earn More*, pour considérer qu'une meilleure compréhension de l'entreprise, de ses règles et de ses opportunités aide les femmes à faire des choix qui correspondent à leurs ambitions. Les formations spécifiquement conçues pour elles constituent un mécanisme efficace pour les éveiller à la réalité du monde de l'entreprise. Nous convenons également qu'il est préférable de ne pas recréer des ghettos unisexes en interne pour combattre les réseaux unisexes informels qui existent. C'est la raison pour laquelle nous conseillons aux organisations d'avoir recours à des programmes externes de leadership pour les femmes. Car si les femmes ont effectivement beaucoup à gagner de ces programmes, il est également vrai qu'ils peuvent créer des retours de manivelle malencontreux ou du ressentiment s'ils sont conduits en interne (en particulier, dans la mesure où on ne propose généralement pas le même traitement aux hommes). Externaliser la formation des femmes est un compromis qui permet aux entreprises de récolter les bénéfices du développement du potentiel féminin tout en limitant l'impact négatif sur les hommes.

Les programmes de ce type font des débuts timides en Europe après avoir été lancés par des écoles de commerce comme Harvard. Au cours des dix dernières années, une foule de prestataires ont fleuri en Amérique du Nord. Plusieurs écoles de commerce (Harvard, l'IMD, l'INSEAD, Cranfield University au Royaume-Uni) et entreprises privées (Aspire, Aurora, 20-first, associations de femmes) ont créé des programmes de développement sur mesure à l'attention des femmes depuis le tournant du millénaire.

Même les plus sceptiques des femmes sont généralement conquises, ravies de découvrir que d'autres rencontrent les mêmes difficultés qu'elles. La caractéristique la plus frappante de ce type de programmes est sans doute le sentiment de soulagement palpable qui imprègne la pièce. Pour nombre de dirigeantes qui travaillent toujours dans des environnements essentiellement composés d'hommes, c'est la première fois de leur carrière qu'elles peuvent se laisser aller, se détendre et se comporter avec naturel, entourées d'un groupe de pairs empathiques.

La popularité croissante des conférences et des formations au leadership destinées aux femmes témoigne du fait que celles-ci trouvent un bénéfice à apprendre et à se développer dans un environnement spécifiquement conçu pour elles. Là, les styles de communication modestes ne sont pas interprétés comme un manque d'ambition. Les femmes peuvent s'exprimer dans leur propre langue et être écoutées. Elles peuvent prendre du recul et avoir une perspective plus large de leur situation et de la façon dont elles pourraient faire progresser leur carrière. Elles se sentent dynamisées et renforcées.

Dans le chapitre 2, nous avons vu ce que font les écoles de commerce pour augmenter leur petit nombre d'étudiantes et de personnel féminin. Le modèle classique des écoles de commerce ne correspond absolument pas au mode d'apprentissage que préfère la majorité des femmes. Partager ses craintes, ses expériences, échanger des conseils, et réfléchir ensemble sans esprit de compétition, est fort éloigné des courbes d'apprentissage, études de cas, promotion personnelle et structures d'équipes compétitives qui forment les briques de base du traditionnel MBA.

Comme nous l'avons mentionné ci-dessus, cependant, les femmes ne se sentent pas toujours en confiance dans le monde de l'entreprise – et les hommes ont parfois l'impression de marcher sur des œufs. Il n'est pas toujours facile pour une femme d'expliquer à son supérieur pourquoi les programmes de leadership réservés aux femmes sont importants. Elle craindra par exemple que lui dire qu'elle souhaite développer sa confiance en soi ne vienne alimenter l'idée selon laquelle elle n'est pas à la hauteur des dures réalités d'un monde concurrentiel. Son supérieur, quant à lui, ne sera pas nécessairement convaincu que les différences comptent et jugera discriminatoire ou condescendant d'y accorder une importance particulière. Certaines femmes partagent ces arguments. Puisqu'elles-mêmes y sont arrivées, elles ne voient pas pourquoi les autres auraient plus de difficultés ou besoin d'un peu de soutien et d'encouragements. Il arrive que ce soient des hommes qui repèrent en premier l'existence d'un problème.

LES CONVERSATIONS QUI COMPTENT

Les femmes ne partagent pas nécessairement les conversations informelles que les hommes ont au bureau – et qui révèlent souvent les véritables rapports d'influence au sein de l'organisation. « *Ce sont des conversations profondes, loin des*

oreilles indiscrètes », explique Austin Hogan, directeur des
ressources humaines pour les opérations et la technologie d'AIB
Group, le premier groupe bancaire irlandais. « *Ce sont les
conversations les plus importantes que nous avons et elles
débouchent généralement sur des décisions importantes ou des
pistes intéressantes à suivre. En tant qu'hommes, nous sommes
parfaitement à l'aise avec. D'après ce que j'ai pu observer, les
femmes le sont moins. Et la plupart de mes collègues hommes ont
un peu de mal à avoir ce genre de conversations avec des
femmes. Les deux parties doivent "apprendre" la valeur du
partage informel d'idées qui construit la confiance – très
précisément ce qui aide à identifier des leaders.* »

Il souligne que les conversations de ce type entre dirigeants ont
souvent lieu très tôt le matin ou tard le soir, en dehors des
horaires de travail, et à des heures où les femmes sont souvent
occupées par d'autres engagements – essentiellement aux heures
qu'elles consacrent à leur famille. « *Quatre de mes managers sont
des femmes absolument fantastiques. Mais elles n'ont pas
nécessairement l'occasion de participer à ces conversations. Je mets
un point d'honneur à les emmener avec moi lorsque je vais voir un
collègue dirigeant pour qu'elles aient l'occasion d'observer
comment ces conversations se déroulent et d'être consultées sur les
sujets abordés. Il est vraiment important que chacun et chacune
ait l'opportunité de briller – mes managers ont les meilleures idées
et je suppose que cela doit être vrai dans la plupart des
organisations. Je me jette peut-être des fleurs, mais je pense que j'ai
les managers que je mérite et que d'autres que moi doivent le
savoir – c'est tout le but de ces conversations.* »

Les carrières ne sont pas linéaires

Une des différences les plus importantes et les plus négligées
entre les hommes et les femmes est celle du « cycle de vie » de
leur carrière. Comme beaucoup d'autres différences de genre,

celle-ci est en grande partie construite socialement et culturellement, mais identifier sa source historique ne contribue guère à en atténuer les conséquences. Pour que les choses évoluent, il est important que les entreprises reconnaissent les réalités de la vie moderne, et les nombreuses responsabilités personnelles et professionnelles que partagent de plus en plus les hommes et les femmes. « *Les responsabilités partagées*, écrit Warren Farrell en 2005, *sont la vague de l'avenir – non seulement pour les femmes mais aussi pour de nombreux hommes... Tirer parti du formidable potentiel des femmes actives, dès lors, exige de traiter les femmes comme des pionnières, en aidant les entreprises à s'adapter au partage des responsabilités qui sera une réalité du XXIᵉ siècle.* »

Colleen Arnold, P-DG d'IBM Europe, une entreprise qui a beaucoup plus investi que d'autres dans la diversité, a décrit en 2006 un « moment de carrière féminine » typique. Elle était en concurrence avec un collègue pour une promotion à un poste de vice-président. Enceinte, elle n'a pas osé annoncer sa grossesse à son supérieur avant qu'il ait pris sa décision. Elle s'est donc tue, travaillant dur et portant des vêtements de plus en plus amples. Un jour, il l'a appelée dans son bureau pour lui dire qu'elle avait le poste. Il a alors vu sa toute nouvelle vice-présidente s'évanouir à ses pieds. Se penchant sur elle avec inquiétude, il lui a demandé : « *Y a-t-il quelque chose que je puisse faire ?* » Ayant repris ses esprits, elle lui a joyeusement répondu : « *Non, mais je vais devoir m'absenter tout l'été.* » Que les femmes aient toujours le sentiment de devoir se livrer à ce genre de dissimulation, jusque dans les entreprises les plus éclairées, en dit long sur les progrès qui restent à accomplir.

Les femmes, en particulier si elles ont des enfants, ont une courbe de carrière en « M ». Cette réalité varie selon les pays et la qualité des systèmes de soutien proposés aux parents qui travaillent (voir le chapitre 6). Elles démarrent fort, rencontrent des turbulences dans leur trentaine, leur carrière plafonne ou plonge, avant de repartir, quelque part après quarante ans. Généralement, les hommes débutent dans la vingtaine, montent en ligne droite, pour s'arrêter brutalement à la retraite. Naturellement, hommes et femmes peuvent être victimes, à un stade ou à un autre, de reengineering et d'autres changements d'organigramme.

Ces cycles de carrière différents expliquent sans doute en partie pourquoi hommes et femmes ne font pas la même réponse lorsqu'on leur demande quelle est la meilleure décennie de leur vie. Selon les enquêtes HSBC « Future of Retirement », la décennie 20-30 ans est la meilleure pour les deux sexes. Ce qui est intéressant, cependant, c'est que davantage d'hommes que de femmes élisent l'adolescence, la vingtaine ou la trentaine alors que davantage de femmes que d'hommes choisissent la quarantaine et la cinquantaine.

Les carrières féminines atteignent souvent leur apogée dix ans plus tard que celles de leurs homologues masculins. Retenir les femmes dans la trentaine qui quittent l'entreprise pour un meilleur équilibre de vie est un enjeu considérable, comme l'est également la gestion de leur retour après une pause dans leur carrière. Les grandes banques d'investissement Goldman Sachs, JP Morgan et Lehman Brothers ont toutes lancé récemment des programmes pour attirer d'anciennes salariées de retour dans le monde du travail.

En 2005, *Harvard Business Review* a publié un article de Sylvia Ann Hewlett et Carolyn Buck Luce intitulé « Off-Ramps and On-Ramps », qui a suscité beaucoup d'attention et d'intérêt, et que nous avons cité dans les chapitres 2 et 6. Il a été suivi par un livre de Sylvia Ann Hewlett portant le même titre. La terminologie, toutefois, n'en a pas été appréciée par toutes les femmes, mettant en lumière des différences importantes entre les États-Unis et l'Europe en matière de perception de la mixité et des parcours professionnels. Lors d'un déjeuner à Paris réunissant des dirigeantes, organisé par la ministre française du Commerce et future ministre des Finances Christine Lagarde, l'assimilation « *avoir des enfants = prendre la bretelle de sortie* » a été diversement appréciée. Beaucoup ont jugé que cette terminologie renforçait l'idée préconçue que le parcours professionnel « normal » était une rampe vers le haut sans dos-d'âne et estimé que ce dont on avait besoin, c'était de redéfinir la « carrière », pas d'une image de femme « partant » puis « revenant », avec les coûts inévitables en termes de revenus et de réputation.

Être attentif aux métaphores que l'on utilise n'a rien de futile. En ce domaine, le vocabulaire et le langage sont extrêmement importants. Le langage est un des outils les plus puissants dont nous disposons pour faire changer les attitudes. Il peut refléter l'adhésion à un système existant ou au contraire, indiquer une façon totalement nouvelle d'envisager une question.

Pour un avenir où les vies actives de quarante, voire cinquante ans recouvriront probablement des carrières multiples, flexibles et non linéaires, maîtriser une nouvelle terminologie est essentiel. Une bonne métaphore est une des briques de base, pas de celles à l'ancienne, carrées, monolithiques, qui nécessitent une base solide et étendue, mais plutôt de ces systèmes à la Frank Gehry, nouveaux, colorés, que l'on peut accrocher les uns aux autres de mille et une manières. Des combinaisons en étoile, en hauteur, latérales, dessinant un nombre infini de schémas individuels et reléguant dans le passé la vision pyramidale de la carrière, au profit de celle, beaucoup plus enthousiasmante, de carrière « en flocon de neige ».

Nos sociétés vieillissant et les individus travaillant plus longtemps, ce que vivent aujourd'hui les hommes à 50 ou 60 ans pourrait fort bien commencer à ressembler à ce que les femmes vivent dans leur carrière à la trentaine – pleines d'un désir de flexibilité et d'équilibre. Et les femmes entrées dans la cinquantaine et la soixantaine, pourraient commencer à ressembler aux hommes dans la trentaine et la quarantaine – gourmandes de promotions et de pouvoir. Des femmes d'un certain âge au parcours réussi pourraient continuer à explorer avec délices le monde du travail pendant que leurs maris rêveraient avec tout autant de délices de prendre la mer ou de passer tranquillement leur retraite sur un golf dans le sud de la France.

Cela n'a rien d'une utopie. Certaines des dirigeantes les plus puissantes du monde ont des conjoints qui ont levé le pied ou pris une retraite prématurée. Qui plus est, une étude sur les attitudes des mères et des filles vis-à-vis de la retraite, commanditée par MetLife Mature Market Institute aux États-Unis, indique que la plupart des jeunes femmes envisagent de prendre leur retraite après 65 ans ; 17 % à 70 ans ou plus tard ; et 6 % ont déclaré qu'elles pourraient fort bien ne jamais arrêter de travailler. En la matière, comme dans tant d'autres domaines, les entreprises auraient tout à gagner à gérer ces cycles complémentaires : les ignorer aura fatalement des conséquences coûteuses.

Découvrons à présent les phases clés du cycle de carrière féminine telles que nous les racontent les femmes.

Phase 1 : ambition

Alison, Britannique d'origine chinoise, a 28 ans et la bougeotte. Née dans une famille d'immigrants modestes, elle est ambitieuse, énergique et séduisante. Ses parents n'attendant pas grand-chose d'elle (ils réservent leurs ambitions à leur fils), elle a volé de succès en succès. Depuis la maternelle, elle a toujours été une excellente élève, travaillant dur et respectant les règles du jeu. Après un excellent diplôme décroché à Oxford, elle est entrée dans le conseil. Quelques années plus tard, comme la plupart de ses pairs, elle a repris sa liberté pour effectuer un troisième cycle. Son MBA en poche, elle a rejoint une grande banque d'investissement parce que c'était la voie royale, la plus prestigieuse, la plus rémunératrice. Le meilleur du meilleur, en concurrence avec ses pairs les plus brillants pour sa place au soleil.

Elle ne voit aucun obstacle, aucun nuage sur son horizon. Elle a été recrutée et récompensée à chaque étape. Elle est intimement convaincue que le monde est à elle, qu'elle n'a qu'à continuer à exceller dans son travail, remplir ses objectifs et créer de la valeur pour son entreprise. Lorsqu'elle entend des femmes plus âgées parler de mixité, ou que certaines de ses collègues créent des réseaux féminins dans la banque, son jugement est immédiat et sans appel. Leur combat est obsolète et si elles n'arrivent pas à faire leur chemin, c'est probablement parce qu'elles ne sont pas à la hauteur. Elle prouvera, avec sa cervelle et sa volonté – qu'elle peut accéder au sommet. Pas de problème.

En ce sens, le mouvement des femmes a créé ce qu'il se proposait d'accomplir : un terrain de jeu identique pour tout le monde, où les femmes, complètement inconscientes de leur sexe, peuvent aller et vaincre. Alison est libre de tout stéréotype et de toute notion de limite ou de complexe en matière d'ambition.

Mais précisément parce qu'elle a connu autant de succès et aussi peu de difficultés, elle n'est absolument pas préparée pour le choc de culture brutal et incompréhensible qui l'attend au coin de la rue. Elle ne veut pas écouter les femmes plus âgées – ni même les fréquenter. Elles la mettent mal à l'aise, avec leurs choix, leurs compromis et leurs conseils. Elle refuse d'être comme elles et elle garde ses distances.

La vingtaine est une décennie importante et gratifiante pour la femme moderne. Une période durant laquelle les femmes peuvent pleinement afficher leur potentiel. Elles doivent en profiter au maximum, faire les meilleures études possibles, voyager, et avoir le plus possible d'expériences professionnelles.

Les entreprises doivent elles aussi tirer le meilleur de ces dix ans avec leurs talents féminins. Certaines en ont pris conscience, qui offrent à leurs collaboratrices de multiples programmes de formation et des expériences internationales. Dans les sociétés d'énergie, en particulier, qui exigent de leurs managers une grande mobilité internationale, les expériences de mobilité interviennent de plus en plus tôt dans le parcours des collaborateurs.

Phase 2 : choc culturel

Rebecca vient de fêter son trente-troisième anniversaire. Elle est brillante, un peu sèche, et son parcours à ce jour est un sans-faute. Elle a joué le jeu du conseil, travaillé nuit et jour et appris à jurer comme un charretier. Mais voilà que brutalement, ayant épousé un ancien collègue, sa première priorité dans la vie a changé du tout au tout : elle veut fonder une famille. Elle sait ce que cela impliquerait probablement quant à ses chances de devenir associée du cabinet. Après s'être investie sans compter pour l'entreprise pendant dix ans, elle ne veut pas risquer de tout perdre. Il n'y a pas une seule femme associée dans son bureau – il n'y en a même quasiment pas en Europe. La plupart des femmes qui l'ont précédée ont choisi de quitter l'entreprise ou pris un poste administratif après avoir eu leurs enfants.

Rebecca soupçonne que ce n'est pas seulement une histoire de maternité. Voilà deux ans maintenant qu'elle fait partie du vivier d'associés potentiels, mais le feedback qu'on lui renvoie se fait soudain beaucoup moins flatteur. Après avoir connu des évaluations stratosphériques, le ton n'est plus tout à fait le même. Les associés commencent à laisser entendre qu'elle n'est peut-être pas totalement à la hauteur pour les rejoindre. Elle manque de la présence et du sérieux requis, et n'a pas prouvé qu'elle savait vendre. Voilà des problèmes dont elle n'avait jamais entendu parler et auxquels elle ne s'était absolument pas attendue. Le choc est total et la rage pas très loin. Elle décide d'avoir ses enfants, de prendre un poste administratif moins qualifié et de quitter le cabinet dès qu'elle sera prête à réenclencher sa carrière.

Qu'est-il donc arrivé à Rebecca ? Exactement ce qui arrive à nombre de femmes ambitieuses au cours de cette décennie de leur vie. Tiraillées entre les pressions simultanées de la vie professionnelle et de la vie personnelle, elles vivent soudain un choc culturel. Le plus souvent, elles repoussent leur première grossesse à la trentaine. L'âge moyen pour avoir son premier enfant n'a cessé d'augmenter et se situe désormais autour de 30 ans dans la majorité des pays européens[113]. La plupart des femmes commencent à rêver d'enfants quelque temps après leur mariage tardif, généralement entre 30 et 35 ans.

À quel moment la plupart des entreprises identifient-elles le vivier « haut potentiel » de collaborateurs qui feront l'objet de toutes les attentions et seront développés, accompagnés et préparés pour le pouvoir ? Quand les cabinets de conseil commencent-ils à faire monter la pression « plus haut ou dehors » ? Entre 30 et 35 ans. Nombre d'entre eux ont même inscrit cette tranche d'âge noir sur blanc dans leur politique de ressources humaines. Si les entreprises avaient voulu concevoir des politiques pour exclure les femmes – ce qui n'est pas le cas – elles n'auraient pas mieux fait.

Les bébés n'expliquent pas tout. Les véritables enjeux sont cachés, laissés à leur sort dans les recoins beaucoup plus difficiles à atteindre de l'incompréhension entre les sexes. Même les femmes sans enfants buttent contre les complexités de la gestion de cette décennie sur le plan professionnel parce que tout d'un coup, et sans aucun signe avant-coureur dont elles aient conscience, les règles du jeu changent subtilement.

---

113. Rosenthal, 2006.

Dans la phase précédente, la réussite était simple, et basée sur les mêmes règles et comportements qui ont si bien réussi scolairement aux femmes : être de bonnes étudiantes, travailler dur et faire ce qu'on vous demande. Mais une fois franchi le seuil de la trentaine, ces attitudes gardent les femmes prisonnières de rôles « junior ». Si « productivité » est le mot clé de la vingtaine, la trentaine est le temps des « relations », des « autres ». Le potentiel des individus n'est plus seulement mesuré à la qualité de la performance et des résultats (c'est le minimum acquis), mais à la façon dont ils gèrent des collaborateurs, bâtissent des réseaux d'influence et dont ils commencent à convaincre les autres que les choses iraient beaucoup mieux si on suivait leurs idées géniales et innovantes – leurs résultats exceptionnels sur le dernier trimestre méritent bien une promotion à un poste assorti de responsabilités financières conséquentes. Les jeunes hommes ambitieux qui font leur chemin semblent naturellement doués des compétences pour naviguer dans ce dédale. Les réalités politiques sont-elles inscrites dans leurs gènes ou ce labyrinthe organisationnel est-il conçu pour répondre aux façons qu'ont les jeunes loups de se comporter les uns avec les autres, de rivaliser et d'essayer de se placer avantageusement pour obtenir le poste ? Le système actuel est dominé par ce que l'on appelle communément les « mâles alpha ». Est-ce vraiment ce qu'il y a de mieux pour l'entreprise ?

« Le monde de l'entreprise grouille d'hommes (et de femmes) alpha. Bien que nous ne disposions pas de statistiques pour étayer cette affirmation, nous estimons que les alpha comptent pour environ 75 % des dirigeants... Les plus sains d'entre eux sont des leaders naturels, en qui leurs collègues ont confiance, respectés par les concurrents, révérés par les salariés et adulés par Wall Street. Mais les autres hommes alpha représentent des risques pour leurs organisations – et parfois pour eux-mêmes. »[114]

---

114. Ludeman et Erlandson, 2006.

Les femmes ne comprennent pas toujours les règles des hommes alpha – à supposer qu'elles les repèrent. Ces hommes sont généralement informés et aidés par des réseaux de pairs et des mentors qui se retrouvent souvent le soir après le bureau dans des bars, jouent au golf ensemble ou partent en « séminaires » agrémentés d'activités exotiques comme la chasse au sanglier dans les forêts norvégiennes.

Ces réseaux ne sont pas construits pour exclure les femmes, mais beaucoup d'hommes restent réticents à les y convier. Ils s'inquiètent de toutes sortes de choses : comment leur proposition va être perçue, les risques de procès, ce que leurs femmes diraient, et, franchement, s'ils ne seraient pas mieux entre hommes.

Les femmes, et les études sur la mixité, citent régulièrement le manque de réseaux informels comme un des obstacles majeurs à la progression de leur carrière. Ces réseaux deviennent de plus en plus importants avec l'âge, et acquièrent une réelle importance à partir de la trentaine. Manquez ce train-là et vous perdez la fondation sur laquelle les promotions sont bâties : qui vous connaissez et qui vous connaît.

Entre 30 et 40 ans, ces problèmes de réseau et de visibilité, sans oublier le surmenage, se combinent trop souvent dans une vague écrasante qui balaye les femmes des chemins du pouvoir, presque sans qu'elles sachent ce qui les a heurtées. Le défi pour les femmes, qu'elles aient ou non des enfants, est d'apprendre le plus tôt possible la réalité des règles de l'organisation, de voir la vague avant qu'elle ne frappe et de construire un radeau qui leur permettra de surfer au lieu de couler.

Pour les entreprises, cela signifie être prêtes à accorder aux parents, et pas seulement aux femmes, un temps de répit. Centrer les politiques parentales sur les femmes renforce tous les stéréotypes et les désavantages qui font trébucher les femmes aujourd'hui. À l'heure où la durée de la vie professionnelle s'allonge, accorder aux mères et aux pères (et autres trentenaires menacés d'épuisement) un répit de quelques années pour se mettre en roue libre, intervenir comme consultant auprès de l'entreprise ou se former, doit être envisagé comme un investissement pour l'avenir, et non comme un exercice coûteux.

La généralisation des couples où les deux partenaires travaillent est loin d'être neutre pour les entreprises. Alors qu'elles pouvaient autrefois envoyer des collaborateurs autour du monde d'un simple claquement de doigts ou presque, avec une « épouse à la traîne » ramassant les morceaux, le planning et les enfants, les hommes et les femmes sont aujourd'hui de moins en moins mobiles à cause de la carrière de leur partenaire. Des solutions imaginatives sont nécessaires. Il en va ainsi des chefs de mission en poste partagé du British Foreign Office en Slovaquie, une équipe composée du mari et de sa femme qui échangent tous les quatre mois leurs rôles de diplomate à plein temps et de parent à plein temps[115].

Le peu d'empressement des entreprises à s'adapter aux besoins de flexibilité des hommes et des femmes s'explique en partie par la peur d'ouvrir la boîte de Pandore. Nous avons beau penser que nous vivons dans une économie globale, en réseau, de travailleurs du savoir, beaucoup d'organisations se focalisent toujours de manière excessive sur le nombre d'heures travaillées plutôt que sur les résultats. À l'heure où les femmes (et en particulier celles des nouvelles générations X et Y) réclament davantage de flexibilité quant au lieu et aux moments où elles travaillent, les managers ne sont pas nécessairement prêts à céder. La notion de dévouement total a la vie dure. La génération qui dirige actuellement la plupart des grandes entreprises a donné sa vie à sa carrière. Ils attendent des autres qu'ils fassent de même. La plupart attendent de leurs cadres qu'ils

---

115. Maitland, 2006.

fassent passer leur travail avant leurs enfants. Eux l'ont fait. Les jeunes générations commencent à rejeter ce paradigme et les femmes n'ont jamais été très nombreuses à l'accepter. Contraints de choisir, et sans renforts à la maison, la plupart des êtres humains choisiraient leurs enfants avant leur entreprise. Les entreprises qui continuent à obliger les parents à choisir entre leur famille et leur travail vont découvrir que la guerre des talents donne aux salariés la haute main sur leurs demandes croissantes de flexibilité et d'autonomie.

Ce cercle vicieux peut être brisé pour le plus grand bénéfice de tous. Bernadette Andretti est à la tête d'Intel France. Elle a introduit des changements dans la culture de l'entreprise, ainsi que dans les pratiques du secteur. Elle a donné la possibilité à l'ensemble de ses salariés – soit environ deux cents personnes, y compris aux secrétaires, d'adopter des horaires flexibles. En bonne professionnelle des hautes technologies, elle sait que les idées arrêtées sur comment, quand et où les gens travaillent sont largement obsolètes et que la technologie rend possible une flexibilité considérable. Elle a également perçu que ce serait l'application de la technologie aux réalités pragmatiques de la vie qui aurait le plus d'impact. Au lieu de prêcher des convertis, elle a fait entrer la technologie dans le foyer : en 2004, Intel France a exposé ses produits au salon de l'Habitat à Paris, en plus de sa participation aux salons technologiques traditionnels[116].

La flexibilité chez Booz Allen Australie

Sarah Butler et Vanessa Wallace sont associées du cabinet de conseil stratégique Booz Allen Hamilton à Sidney. Sarah Butler a été nommée associée en 2000, après dix ans passés dans l'entreprise, pendant qu'elle était en congé maternité pour la naissance de son premier enfant. Depuis, elle a eu trois autres

---

116. Andrietti, 2004.

enfants. Elle a pris des congés maternité de six à douze mois et est revenue travailler à 60 % d'un temps plein. « *Il m'est arrivé de modifier ces horaires, travaillant parfois davantage et rattrapant mes heures plus tard. Certaines semaines, j'ai besoin de travailler quatre ou cinq jours, d'autres, je travaille moins ou je prends des congés plus longs – en fonction des budgets sur lequel je travaille,* dit-elle. *Vanessa a trois enfants, et au début, elle travaillait à mi-temps ; elle a limité ses déplacements pour pouvoir être à Sidney et, maintenant que ses enfants sont un peu plus grands, elle travaille à plein temps.* »[117]

Chez Booz Allen Australie, trois directeurs sur dix et trois *principals* sur douze sont des femmes – des chiffres tout à fait honorables par rapport à la moyenne du cabinet au niveau mondial, où les femmes comptent généralement pour moins de 10 % à 12 % des postes de direction, souligne-t-elle.

En Australie, l'aménagement du temps de travail est ouvert aux hommes et aux femmes et il y a eu des demandes de temps partiel à la plupart des échelons. Il est arrivé que les demandes soient réparties à peu près à égalité entre hommes et femmes. Toutefois, le nombre total de collaborateurs ayant des horaires flexibles est toujours réduit et un environnement concurrentiel plus tendu a contribué à faire baisser le nombre de demandes. Le cabinet explore d'autres modèles : travailler un certain nombre d'heures par an, acheter des congés, contrats de sous-traitance, ou encore formules individualisées pour répondre aux besoins spécifiques d'un collaborateur.

S'agit-il d'une exception ou d'un exemple de changement culturel ? « *Probablement un peu des deux*, répond Sarah Butler. *Je pense que Booz Allen est très en avance sur beaucoup d'autres entreprises avec ses politiques de temps partiel et, plus important, la culture pour les encourager. Je suis convaincue que je n'aurais pu faire ce que j'ai fait ici nulle part ailleurs. Notre directeur général a encouragé et soutenu Vanessa qui a été la première à*

---

117. Entretien avec l'auteur, avril 2007.

demander à travailler à temps partiel et cela a créé un exemple. Aujourd'hui, nos directeurs en Australie appartiennent pour la plupart à la Génération X et ils ont tous des enfants – jeunes enfants, souvent, mais aussi adolescents – et beaucoup d'entre eux ont également des épouses qui ont travaillé ou qui travaillent, et ils savent donc tout ce que cela implique, ce qui contribue à faire évoluer la culture. »

D'un autre côté, la flexibilité varie au niveau mondial selon les bureaux. « *Nous observons que quelques bureaux ont des effectifs féminins importants et davantage de demandes d'aménagement du temps de travail. Il y a donc des microcosmes. En fait, cela dépend énormément de la zone géographique : dans certaines, il est plus facile que dans d'autres de limiter les déplacements professionnels, voire de les supprimer. C'est un enjeu clé pour le conseil stratégique. En outre, les bureaux ayant des clients du secteur public ont beaucoup mieux réussi à fidéliser et à promouvoir des femmes de grand talent, et cela reflète également une part plus importante de femmes parmi leurs clients. Le fait que je travaille à temps partiel n'a jamais soulevé le moindre problème avec les clients, au contraire. Si des questions ont été soulevées, c'est plus souvent en interne, au niveau du groupe, sur la pérennité d'un modèle à 60 % mais heureusement, il y en a de moins en moins !* »

Phase 3 : affirmation de soi

Après 40 ans, les femmes ont soit traversé la trentaine sans trop de dommages et trouvé des ambitions et des opportunités renouvelées, soit décidé de quitter l'entreprise, pour de bon ou dans leur tête. Sous réserve d'avoir réussi à négocier les deux étapes précédentes, elles sont plutôt en position de force. Elles ont établi leur expertise, tissé leurs réseaux et bâti un parcours et des références crédibles. Côté famille, les heures les plus épuisantes sont passées et les chères petites têtes blondes vont désormais à l'école. Beaucoup sont prêtes à se réinvestir professionnellement, à un moment où réussite, confiance en soi et maturité se conjuguent pour rallumer la flamme de l'ambition.

L'idée à la mode, dont tous les programmes de MBA se font l'écho, est que pour intéresser les employeurs, vous devez changer d'entreprise tous les cinq ans. Cela peut fonctionner pour certaines personnes. Mais pour beaucoup de femmes, en particulier celles qui souhaitent allier carrière et famille, trouver le bon employeur au début est un facteur déterminant de leurs chances de carrière. On pense souvent que les longues carrières ont disparu en même temps que les télex, mais il ne semble pas que ce soit le cas. Une étude très intéressante de 2005 d'Ann Huff Stevens indique ainsi que de nombreux salariés aux États-Unis restent longtemps dans la même entreprise. « *En 1969, les carrières les plus longues à un même poste étaient en moyenne de 21,9 ans pour les hommes âgés de 58 à 62 ans. En 2002, ce chiffre était de 21,4 ans. Un tout petit plus de la moitié des hommes ayant pris leur retraite en 1969 avaient eu le même employeur pendant au moins vingt ans ; la même chose est vraie pour 2002.* »

On ne trouve pas trace non plus de la prétendue désaffection pour les relations professionnelles durables dans une étude de l'OIT. La durée de poste en Europe était en moyenne de 10,5 ans entre 1992 et 2002, avec une légère tendance à la hausse, selon Peter Auer, l'un des auteurs de l'étude. Au Japon, le chiffre était de 12,2 ans[118].

Les femmes peuvent être extrêmement loyales aux entreprises qui les traitent bien, en particulier parce qu'elles savent qu'il n'y en a pas tant que ça mais aussi parce que la longévité leur convient. S'investir beaucoup professionnellement entre 20 et 30 ans, négocier une certaine flexibilité entre 30 et 40 ans, puis

---

118. Auer, Berg et Coulibaly, 2006.

accéder à des postes de leadership dans la quarantaine et la cinquantaine est un parcours qui leur convient.

C'est souvent alors que les entreprises peuvent récolter les bénéfices de leur investissement dans les femmes et en retirer beaucoup de valeur. Prenons l'exemple de Vivienne Cox, responsable de la division gaz, électricité et énergies renouvelables de BP. Elle est dans l'entreprise depuis vingt-cinq ans. En 1998, Rodney Chase, directeur général adjoint, lui a proposé de prendre la direction d'une division dans une activité en aval du groupe. Elle avait 39 ans, venait d'avoir son premier enfant et a décliné la promotion parce qu'elle ne voulait pas être tout le temps en déplacements, travailler le week-end et être obligée de travailler tard le soir comme elle supposait que le poste l'exigeait. Refusant ses arguments, Rodney Chase lui a confié le poste parce qu'il voulait montrer à l'organisation qu'une autre façon de travailler était possible.

Depuis, Vivienne Cox est devenue l'une des vingt-cinq premières dirigeantes européennes du *Financial Times* et a reçu bien d'autres honneurs. L'entreprise a énormément gagné à sa loyauté et à sa façon très différente de manager et d'envisager l'avenir du groupe. Vivienne Cox, qui organise régulièrement des réunions de réflexion iconoclastes autour de thèmes comme « Où va la démocratie ? », considère depuis longtemps que certaines activités du groupe posent de graves problèmes environnementaux. En 2005, c'est sous son leadership que le groupe a lancé son activité d'énergies renouvelables, investissant plus de 8 milliards de dollars pour trouver de nouvelles sources d'énergie[119].

Catharine Furrer-Lech d'UBS avance pour sa part que les femmes s'aventurent souvent sur des terres que les hommes jugent, eux, peu intéressantes au niveau carrière. Bien avant

---

119. Entretien avec l'auteur, 30 novembre 2006.

que le sujet ne soit devenu à la mode, elle s'est ainsi intéressée à la question du financement islamique. Son P-DG lui a donné son accord, si elle le souhaitait. Avec tous les avantages de travailler pour une banque non américaine au Moyen-Orient, elle a défriché et lancé ce qui allait devenir une activité importante d'UBS, positionnant l'entreprise comme une pionnière[120].

La même chose est vraie de Marie-Claude Peyrache, la première femme nommée au comité de direction de France Télécom, et aujourd'hui présidente de l'European Professional Women's Network à Paris. Au début de sa carrière, et bien avant que l'« international » soit un rite de passage obligé, elle est partie, avec trois enfants âgés respectivement de 9, 7 et 2 ans, lancer les activités de l'entreprise au Japon. Elle n'avait pas de concurrent pour le poste, et personne d'autre n'avait réellement envie d'y aller. Mais sa réussite lui a ouvert les portes d'un parcours brillant au sein du groupe. *« France Télécom a été la première entreprise du secteur à nommer une femme à la tête d'une filiale*, souligne-t-elle, *ce qui a été très important pour l'image de l'entreprise. »*[121] Pour Marie-Claude Peyrache, la trentaine a été un tremplin vers de grandes choses.

La tentation de l'entrepreneuriat

Malheureusement, Marie-Claude Peyrache reste une exception. Peu de femmes se disent qu'il est peut-être plus facile d'avoir des enfants au Japon avec un package d'expatriée que dans leur pays. Après 40 ans, nombre de femmes commencent à rêver d'opportunités lointaines… en dehors de l'entreprise.

---

120. Furrer-Lech, 2006.
121. Entretien avec l'auteur, juin 2007.

Sandrine Tézé-Limal était vice-présidente de Bain & Co à Paris. Après une vingtaine d'années de conseil dans plusieurs pays du monde, elle a décidé de quitter l'entreprise pour rallumer une ancienne passion, l'architecture. Avec quatre enfants à la maison, elle a repris le chemin de la fac, étudié cinq ans pour devenir architecte et a créé son entreprise. Son but n'était pas tant d'arrêter le conseil que de s'investir, à 40 ans, dans quelque chose qui ait réellement un sens pour elle. « *Le conseil est un métier passionnant et gratifiant sous de nombreux aspects. Mais il n'y a guère de place dans le monde de l'entreprise pour l'esthétique et/ou les sentiments. Vient un moment où aider de grandes multinationales à améliorer leurs résultats ne suffit plus à vous faire lever le matin… Notre cabinet d'architecture est florissant. Mon associé et moi avons le luxe de pouvoir nous permettre de choisir nos clients. Nous travaillons avec des artisans doués, passionnés, pour concevoir et bâtir un espace où des individus que nous apprécions puissent être heureux. Je me lève très tôt, vous me pouvez me croire !* » C'est cette passion et cette ambition renouvelées qui échappent à de nombreuses entreprises, alors que leur expérience et leurs réseaux pourraient être le plus utile.

L'entrepreneuriat est également une voie propre à séduire les femmes qui, la quarantaine venue, sont déçues par les perspectives que leur offrent les entreprises. Leur démarche s'enracine alors souvent dans des motivations plus profondes, plus ambitieuses aussi, que de simples préoccupations de « mode de vie ». Aux États-Unis, entre 1997 et 2007, « *les entreprises non cotées détenues par des femmes ont crû à un rythme trois fois plus élevé que celui de l'ensemble des entreprises américaines non cotées*, écrit Margaret Heffernan, auteur d'un livre révélateur sur l'entrepreneuriat féminin, *How She Does It. Chaque jour, 420 femmes créent leur propre entreprise – deux fois plus que les hommes… Et ces entreprises génèrent des revenus, des bénéfices et des emplois plus rapidement que toutes les autres. Les entreprises de femmes emploient désormais davantage de personnes que les cinq cents plus grandes entreprises américaines réunies. Les femmes possèdent 46 % des entreprises à capitaux privés aux États-Unis ».*

Pour Margaret Heffernan, s'exprimant en 2006, la popularité croissante de l'entrepreneuriat parmi les femmes soulève des questions importantes : « *Si les femmes réussissent aussi bien lorsqu'elles travaillent pour elles-mêmes, pourquoi n'en va-t-il pas de même dans les entreprises ? Pourquoi doivent-elles s'en aller pour prouver leur valeur ?* » Selon elle, les femmes lui font généralement deux grands types de réponses : « *Personne ne me prenait au sérieux et je voulais redevenir maîtresse de ma vie. Les deux thèmes sont importants. Une part non négligeable de la croissance des entreprises détenues par des femmes est alimentée par des idées que leurs employeurs n'avaient pas jugé bon retenir.* »

Si l'entrepreneuriat est une option de choix pour certaines femmes, elle ne l'est pas pour tout le monde. Et, étant donné le pouvoir que les grands groupes exercent aujourd'hui à travers le monde, il serait préoccupant que trop de femmes renoncent à essayer d'accéder à leurs instances dirigeantes. Pour certaines entreprises, perdre des femmes expérimentées à ce stade ne signifie pas seulement perdre leur sagesse et leurs contacts, mais aussi gagner de nouveaux concurrents sérieux. Pas plus que le pouvoir politique, le pouvoir dans l'entreprise n'est facile à conquérir. Mais l'accession des femmes aux plus hautes fonctions des entreprises pourrait avoir un impact considérable, comme nous allons le voir maintenant.

D'autres visions du « pouvoir »

Le pouvoir ne se donne pas, il se prend, a-t-on coutume de dire. Pour « prendre » le pouvoir, encore faut-il commencer par le vouloir. Peu de femmes diraient qu'elles « veulent le pouvoir » en ces termes. L'idée de leadership leur sourit bien davantage, en particulier lorsqu'on l'entend au sens de se mettre au service des autres, à la Peter Senge et à la Robert Greenleaf, et non de conquête façon César. Les femmes sont pleines d'ambitions, de volonté de changement et de révolution, mais elles ne sont généralement pas aussi motivées que les hommes par les signes extérieurs et le statut du pouvoir.

Leur réticence à prétendre sans réserve au pouvoir tient en partie à ceux qui l'incarnent. Le pouvoir, ont-elles maintes fois observé, corrompt. Mais, comme l'a dit Rosabeth Moss-Kanter en 1977, l'impuissance elle aussi corrompt. Ce qu'il manque aux femmes, c'est que d'autres femmes leur disent ce que peuvent être les plaisirs du pouvoir.

Car qu'observent-elles, sinon l'intense surveillance dont les rares femmes au sommet font l'objet ? Les médias semblent plus friands d'histoires de femmes qui perdent le pouvoir que d'histoires de femmes qui y accèdent. Martha Stewart et Carly Fiorina sont plus connues que Meg Whitman (eBay) ou Anne Mulcahy (Xerox).

Les femmes, les hommes, la réussite et les médias

Lorsqu'une femme décroche un poste réellement important, le fait qu'elle soit une femme est abondamment commenté, comme ce fut le cas lors de l'arrivée de Cynthia Carroll au poste de directrice générale d'Anglo-American ou de la nomination de Drew Gilpin Faust à la présidence de Harvard.

C'est compréhensible. Les premières « de femmes » méritent toujours les gros titres. Pour autant, la façon dont la société et les médias accueillent la réussite des femmes dans le monde de l'entreprise ne va pas sans susciter des questions. Barbara Thomas Judge, femme d'affaires américaine qui préside l'Atomic

Energy Authority britannique, et siège à de nombreux conseils d'administration, estime qu'il est grand temps que les attitudes changent. Elle fait remarquer que lorsque les femmes subissent des revers professionnels – ce qui arrive tous les jours aux hommes – cela attire beaucoup plus les projecteurs. « *Je pense que les femmes qui réussissent n'ont vraiment pas la vie facile. Si vous faites un faux pas, tous les projecteurs se braquent sur vous, et lorsque vous faites bien, les gens se demandent toujours comment vous êtes parvenue à ce poste, "C'était une nomination symbolique ?", "Qui connaît-elle ?". Même aujourd'hui, lorsque je fais un grand discours, les gens sont toujours surpris, en particulier les hommes. Ils disent, "C'était vraiment formidable", mais le ton de leur voix laisse transparaître une forme d'incrédulité, comme pour dire "Je n'aurais jamais pensé que vous en connaissiez autant sur le sujet."* »

Barbara Judge pense que les hommes sont plus à l'aise avec les personnes qui leur ressemblent. « *Quand je suis en train de me maquiller, j'ai toujours l'impression que c'est comme si j'enfilais une armure. Vous n'avez pas de seconde chance pour faire une première impression. Si vous avez l'air sérieux et un peu impressionnant, ça aide.* »

Elle appelle de ses vœux un profond changement de mentalité. « *Je n'ai jamais pensé que mes échecs ou mes succès étaient liés au fait que je sois une femme. Mais, oui, il m'est arrivé de me dire que le fait que je sois une femme était vraiment difficile. J'ai eu une carrière correcte, mais cela n'a pas été facile à cause de tout le "machin" autour. J'aimerais que les gens fichent la paix aux femmes qui réussissent. Je préfère qu'on me traite comme "un vieux pote" que comme "une nouvelle femme".* »[122]

---

122. Entretien avec l'auteur, février 2007.

Barbara Cassani, créatrice de la compagnie aérienne britannique low-cost Go, et qui a mené la candidature de Londres pour les jeux Olympiques de 2012, va même en 2007 jusqu'à conseiller aux femmes d'être extrêmement prudentes avec les articles flatteurs et la surexposition médiatique en général. « *Lorsque je dirigeais la compagnie aérienne, j'ai fait extrêmement attention à ne pas attirer l'attention des médias, sauf si leur accorder une interview pouvait nous aider à vendre davantage de sièges dans nos avions. J'ai appliqué le même principe avec la candidature olympique de Londres. Ne vous laissez pas entraîner dans le piège du culte médiatique de la personnalité.* »

Les femmes qui réussissent savent que c'est une lame à double tranchant. Beaucoup n'aiment pas être médiatisées au seul motif qu'elles sont des femmes. Dans de nombreux pays, les articles et les reportages qui leur sont consacrés restent enfermés dans le ghetto des « histoires de femmes ». C'est peut-être un peu moins vrai au Royaume-Uni et aux États-Unis, où les journaux ont compris que les lecteurs appréciaient de lire les points de vue de femmes. Maureen Dowd, au *New York Times,* et Margaret Went, du *Toronto Globe and Mail*, sont des voix reconnues qui apportent aux grands problèmes du jour leur perspective féminine. Elles restent rares.

En dépit de tout ceci, nous avons observé au cours de la dernière décennie un léger changement de la façon dont les femmes réagissaient, en privé, au mot « pouvoir ». Invitées dans l'intimité d'un programme de leadership d'un des auteurs à faire des associations libres avec le mot, les femmes produisaient, il y a dix ans, des termes majoritairement négatifs ou sarcastiques – de « corruption » à « homme », « cravate » ou « bronzage ». Elles commencent à l'associer à des choses plus positives : « autonomie », « argent », « influence » ou « charisme ».

On sait finalement peu de choses de ce qui motive réellement les femmes « qui ont réussi », ces femmes dont les médias nous dressent régulièrement la liste. Certaines tiennent tellement à distancer leur réussite de leur sexe qu'elles préfèrent ne pas s'exprimer sur le sujet. La jeune garde, pourtant, est avide de modèles.

Les éléments les plus appréciés des ateliers et des conférences de femmes sont les panels d'intervenantes composés de femmes ayant des définitions différentes de la réussite et des choix qui l'ont accompagnée. N'ayant le plus souvent personne autour d'elles pour leur dire comment le système fonctionne réellement, elles veulent savoir comment celles qui les ont précédées ont géré leur ascension, leurs enfants et leur carrière.

Avoir le pouvoir peut être drôle, grisant, libérateur et épanouissant. Ceux et celles qui le détiennent peuvent façonner leur vie, leurs organisations et leurs priorités comme ils le souhaitent. Mais la culture des femmes, exception faite de celles, rares, qui sont attirées par les feux de la rampe, est plutôt une culture de la modestie. Les femmes n'aiment pas se faire leur propre publicité et, comme le soulignait Deborah Tannen dans *Talking from 9 to 5*, le langage féminin est égalitariste, un langage qui refuse le positionnement inférieur/supérieur, et reflète une philosophie du « tous égaux ».

Interrogée pour ce livre, Helen Alexander, P-DG de The Economist Group, a été intéressée par l'association des mots « plaisir » et « pouvoir ». Après réflexion, elle a déclaré que son rôle lui apportait plusieurs types de satisfaction : réaliser des profits et ajouter à la valeur, mais aussi une satisfaction en termes de statut, d'intérêt des missions, des personnes qu'elle rencontrait et de l'équipe qu'elle avait bâtie. « *Nous avons traversé des récessions, nous employons des gens de talent et nous contribuons à la diffusion d'idées autour du monde. J'adore bien faire quelque chose et j'ai du plaisir à faire évoluer les choses.* »[123]

---

123. Entretien avec l'auteur, novembre 2006 et janvier 2007.

Comme nous l'avons dit au début de ce chapitre, les femmes sont souvent profondément motivées par leurs valeurs et parlent beaucoup d'« apporter leur pierre ». La Suédoise Lena Olving est vice-présidente en charge de la qualité chez Volvo. Elle témoignait en 2006 : « *Le pouvoir me donne l'occasion de prouver à l'entreprise et de me prouver à moi-même que je peux le faire. J'adore atteindre des objectifs, avoir une voix qui compte, défendre tout ce qui est important pour moi. Protéger les valeurs centrales de mon entreprise. Ma voix est forte et claire et on l'écoute.* » On retrouve le même sentiment chez Catharine Furrer-Lech, d'UBS : « *Connaître la satisfaction de faire changer les choses est plus facile avec le pouvoir,* explique-t-elle. *Il vous ouvre les portes et vous donne les ressources.* »

Marie-Christine Levet était P-DG de la filiale française du groupe allemand de télécommunications T-Online. Elle a eu un parcours brillant, gravissant les échelons dans de grands groupes de produits de consommation comme Euro-Disney et PepsiCo. Elle a sauté dans le monde de la haute technologie, convaincue du potentiel d'Internet. À 39 ans, alors qu'elle était P-DG, elle a eu son premier enfant. C'est elle qui dirige, donc son équipe s'est adaptée à ses horaires et elle a travaillé depuis son domicile lorsqu'il le fallait, sans que sa performance en soit affectée. Quand on l'interroge sur son ambition, elle rit en se souvenant des conseils qu'on lui a donnés. « *Je manage cinq cents personnes, donc, les chasseurs de tête me disent que la prochaine étape, c'est d'en manager trois mille. Mais je ne m'évalue pas au nombre de personnes que je dirige. Ce qui me motive, c'est apprendre, faire des choses intéressantes et saisir les opportunités quand elles se présentent.* »[124]

Marie-Christine Levet n'est pas motivée par les concepts conventionnels de statut et de pouvoir. Son pouvoir réside en

---

124. Entretien avec l'auteur, décembre 2006.

partie dans cette sorte d'indépendance et de propension à adopter des positions que d'autres pourraient qualifier de risquées. Sa mission au sein de l'entreprise était d'amener des ingénieurs férus de technologie à délivrer des produits au grand public – dont 54 % sont des femmes, dit-elle – qui n'est pas intéressé par les arcanes des bits et des bytes.

Des agents du changement à leur manière

Plus haut dans ce chapitre, nous nous sommes demandé comment les femmes pouvaient combiner flair politique et authenticité vis-à-vis d'elles-mêmes – en ne cachant pas leurs sentiments, par exemple. Si la première partie de cette équation a donné lieu à d'innombrables conseils, la seconde est nettement moins explorée. Cranfield University School of Management, par exemple, possède un Center for Women Business Leaders de réputation internationale qui a publié de nombreux articles sur les compétences de « marketing de soi ». Elle propose des ateliers sur mesure qui aident les femmes à apprendre à communiquer plus facilement sur elles-mêmes dans un environnement d'entreprise.

Alex Tosolini, directeur général de Procter & Gamble pour la Pologne et les pays baltes, déclarait en 2005 lors de la WIN Conference : « *Les hommes sur-vendent leurs capacités et les femmes les sous-vendent.* » C'est, ajoute-t-il, aux leaders de le savoir et d'ajuster à la baisse les déclarations des hommes et à la hausse celles des femmes pour obtenir une lecture plus fidèle de la réalité. Cette capacité, reconnaît-il, est rare aujourd'hui. Son conseil aux femmes ? « *Tâchez d'être aussi arrogantes que possible. Pour les hommes, vous paraîtrez tout juste confiantes en vous-mêmes... »*

Les entreprises pourraient peut-être se demander si elles veulent réellement apprendre aux femmes à se comporter davantage comme des hommes. Souhaitent-elles encourager davantage d'individus à consacrer du temps à apprendre à être plus visibles ? Ne serait-il pas plus pertinent de dépenser des sommes équivalentes dans des évaluations de performances plus objectives ?

Quant aux femmes, peut-être feraient-elles mieux de se concentrer sur leurs idées, car elles peuvent aussi être des agents de changement très progressistes dans les entreprises. Il leur suffit de se consacrer à leurs propositions de changement – et de s'oublier un peu – pour être plus à l'aise – et beaucoup plus convaincantes. Instantanément.

Les femmes préfèrent souvent défendre leurs propositions pour d'autres que de chercher des promotions pour elles-mêmes. Elles sont plus efficaces à faire jouer des réseaux et plus disposées à « manager leur hiérarchie » et à contacter des dirigeants si elles pensent que c'est pour une bonne cause, comme la réussite de l'entreprise.

Elles deviennent aussi plus stratégiquement expertes à :

• identifier les parties prenantes clés et leurs intérêts ;

• approcher les « ennemis » et chercher un terrain d'entente ;

• construire des coalitions sur des idées partagées ;

• établir des réseaux et augmenter le nombre de personnes qu'elles connaissent, et de personnes qui les connaissent ;

• faire du lobbying pour leurs propositions auprès de la direction générale ou des organismes extérieurs ;

• présenter et communiquer les progrès et les réalisations.

Contrairement à ce que l'on pense, les femmes ne manquent ni de talent politique ni de talent d'influence – pourvu que ce soit pour servir d'autres causes que la leur. Il serait temps que les entreprises en prennent acte et cessent d'attendre des femmes qu'elles se fassent leur pub.

Petits conseils pour gérer les différences entre les sexes

Reconnaître que les femmes sont différentes de la plupart des hommes sur un certain nombre de dimensions essentielles qui affectent leur carrière et qui ne se résument pas à la maternité :

- Cycles de carrière non linéaires.
- Styles de communication.
- Motivations professionnelles et gestion du parcours professionnel.

Adapter les systèmes de ressources humaines à ces différences :

- Processus de recrutement : vérifier le style et le langage des annonces de recrutement, ainsi que les préjugés qu'elles véhiculent.
- Carrière et plans de succession : soutenir les femmes tout au long de la trentaine et rendre les choix de carrière et leurs conséquences plus transparents.
- Évaluations de performance : aider les managers à comprendre le style de communication plus modeste et plus relationnel des femmes pour ce qu'il est, un style de communication valable.
- Systèmes de récompense : pour beaucoup de femmes, l'argent et le statut ne sont pas des motivations très importantes. Être reconnues, apprendre, accomplir quelque chose qui a un sens le sont bien davantage.
- Former les managers à ces différences pour qu'ils deviennent bilingues et les gèrent en conséquence.

Pour résumer, pour capitaliser sur le talent des femmes, les entreprises doivent commencer par reconnaître les différences qui marquent leur carrière. Point n'est besoin de lire des traités de psychologie ni de se lancer dans le débat nature/culture. Il suffit d'admettre qu'une majorité de femmes ont des cycles de carrière, des styles de communication et des motivations professionnelles différents de la majorité des hommes qui détiennent le pouvoir dans les entreprises. Il est temps de laisser derrière nous les concepts de carrière, de réussite et de leadership tels que nous les entendions au XXe siècle.

Et les hommes de demander : cela signifie-t-il instaurer la discrimination positive ? La réponse est non. Personne n'est favorable à la discrimination. Il faut simplement que les entreprises suppriment la discrimination positive qui est actuellement en place, et qui favorise le groupe dominant.

Chapitre VIII

LES TENDANCES DE DEMAIN SE DESSINENT AUJOURD'HUI

● ● ●

« Le management des individus est de plus en plus un "travail marketing". Et en marketing, on ne commence pas avec la question : que voulons-nous ? On commence avec la question : que veut l'autre ? Quelles sont ses valeurs ? Quels sont ses buts ? Quels résultats attend-il ? »

Peter Drucker (1999)

Jusqu'à présent, nous avons surtout parlé des femmes dans l'entreprise. Dans nos sociétés occidentales toutefois, les organisations qui sauront adapter leur culture, leur langage et leurs modèles de carrière aux attentes des femmes en récolteront les fruits auprès d'un large éventail de collaborateurs.

La mondialisation, l'évolution de la démographie et des attitudes sociales sont en train de transformer la relation des individus au travail. Le concept de retraite tel que nous le connaissons est en passe de disparaître, la fidélité est une notion étrangère aux jeunes qui entrent dans le monde du travail et les hommes sont de plus en plus nombreux à vouloir jouer pleinement leur rôle de père.

Pour être dominant, le parcours de carrière linéaire n'en fait pas moins figure de notion d'un autre âge. La durée de la vie active s'allonge et change de forme à l'heure où les plus âgés travaillent au-delà de la retraite et où les jeunes s'octroient des pauses pour étudier, voyager ou travailler pour des organisations à but non lucratif. Les femmes ne sont pas les seules à souhaiter davantage de flexibilité, de choix et de contrôle dans le domaine professionnel : de plus en plus d'hommes salariés, de nouveaux entrants et de cadres en milieu de carrière appellent eux aussi de leurs vœux une nouvelle donne.

Les entreprises qui veulent attirer et fidéliser ce talent auront plus de chances d'y parvenir en suivant les étapes que nous avons définies dans le chapitre 4, pour créer une culture inclusive pour les femmes. À savoir :

- comprendre que la flexibilité est une aspiration des hommes autant que des femmes ;
- admettre que plus rien ne justifie que les carrières soient systématiquement linéaires et continues ;
- étendre ou supprimer les tranches d'âge pour l'identification des « hauts potentiels » ;
- rendre plus inclusif le langage des dirigeants d'entreprise ;
- éviter les hypothèses sur ce que les femmes – ou les hommes – attendent de leur carrière.

« Les hommes comme les femmes sont de plus en avides de flexibilité de lieu et de temps – faire le même travail mais à différents moments et dans des lieux différents, pour la même rémunération », soulignait l'Equal Opportunity Commission britannique en 2007.

Dans un monde où les clients attendent un service 7 jours sur 7 et 24 heures sur 24, et où l'offre de travailleurs qualifiés va se réduire, les grandes entreprises qui seront attentives aux attentes nouvelles des individus en matière de travail détiendront un avantage concurrentiel de taille. Repenser le travail, en réinventer les formes, facilitera le recrutement et la fidélisation des collaborateurs, nous aidera à apporter des réponses aux problèmes d'absentéisme et de santé liés au travail et augmentera l'engagement des collaborateurs et, partant, la satisfaction des clients.

Réussir cette révolution permettra aux entreprises de continuer à répondre aux demandes de leurs clients parce qu'elles disposeront de collaborateurs déterminés et motivés. Dans le cas contraire, elles s'exposent à voir de plus en plus de leurs meilleures salariées *et* de leurs meilleurs salariés les quitter.

De nouveaux modèles de travail

Troy Smeal avait tout pour gravir les plus hauts échelons. Diplômé de Princeton, il a été associé du cabinet de conseil en stratégie Marakon Associates, puis directeur de la stratégie de Diageo, le groupe mondial de boissons. Mais à 36 ans, il a décidé de quitter le monde de l'entreprise pour devenir consultant indépendant. Les longues heures chez Marakon et les déplacements incessants chez Diageo ne lui laissaient pas la possibilité de s'occuper de ses deux jeunes enfants comme il le souhaitait.

« J'ai énormément d'estime pour Marakon et les gens qui y travaillent mais nous avions une approche très différente des choses, explique-t-il. *Je voulais un équilibre de vie, ce qui signifiait travailler un nombre d'heures plus réduit. Intellectuellement, le cabinet le comprenait parfaitement mais pour eux, il était impossible d'alléger les heures de travail dans le conseil à cause des demandes des clients. »*

Chez Diageo, son poste évolua très rapidement et il se retrouva bientôt à voyager toutes les semaines entre l'Asie et l'Amérique Latine, et à passer ses week-ends à dormir pour récupérer de la fatigue du décalage horaire. « *Je n'ai pas pu apporter ce que je voulais à Diageo parce que j'étais malheureux et fatigué.* »

C'est alors qu'il a entendu parler d'une nouvelle entreprise londonienne, Eden McCallum, dont il s'est dit qu'elle pourrait bien lui apporter la solution qu'il cherchait. Lancée par deux anciennes consultantes de McKinsey, Liann Eden et Dena McCallum, l'entreprise a choisi un modèle économique différent du modèle pyramidal traditionnel des sociétés de conseil. Au lieu d'avoir des effectifs importants de consultants, elle fonctionne autour d'un noyau de cent-cinquante free-lance et d'un réseau plus étendu de trois cent cinquante autres spécialistes auxquels elle fait appel en fonction des demandes de ses clients.

On pourrait penser que cette façon de travailler attire surtout des femmes. En fait, 70 % des consultants d'Eden McCallum sont des hommes, qui choisissent les projets sur lesquels ils travaillent en accord avec leurs intérêts et leur style de vie, sans sacrifier leurs revenus. Une enquête conduite par l'entreprise a révélé que la première raison pour laquelle les consultants souhaitaient être indépendants était la flexibilité que cela leur apportait – suivie par le revenu potentiel.

« *Cela me permet d'utiliser mes compétences et de faire ce que je trouve passionnant dans le conseil – travailler avec des dirigeants et leurs équipes sur des sujets très intéressants* », déclare Troy Smeal. Sa réputation et sa capacité de revenus font qu'il n'a pas besoin de travailler plus de cent jours par an, dont quarante à cinquante nuits loin de chez lui. « *C'est un tout petit prix à payer par rapport à un emploi à plein-temps*, dit-il. *Je peux prendre plusieurs mois de congés d'affilée.* »

Eden McCallum, avec son modèle économique flexible, à faibles coûts, a vu le jour en 2000, après l'éclatement de la bulle Internet, à l'heure où de nombreuses entreprises réduisaient de manière drastique leur budget de conseil. Les fondatrices n'étaient pas sûres que leur formule continuerait à séduire les consultants de haut vol lorsque le marché reprendrait et, avec lui, la concurrence pour les talents. L'avenir a démontré que leurs craintes étaient infondées. Le modèle a continué à séduire clients et consultants, ceux-ci étant en majorité âgés de 40 à 50 ans. En 2007, la société a réalisé un chiffre d'affaires de plus de 12,5 millions de livres.

Les nouveaux modèles de travail comme celui-ci constituent un défi pour les entreprises traditionnelles, qui essayent tant bien que mal de concilier demandes des clients et demandes de flexibilité accrue de leurs collaborateurs et collaboratrices.

« *C'est un modèle que de nombreuses autres sociétés de conseil observent avec un mélange d'intérêt et d'inquiétude* », souligne Fiona Czerniawska, spécialiste reconnue du secteur[125]. Le conseil est une activité cyclique et les entreprises doivent pouvoir grandir tout en conservant leur agilité. « *Le défi le plus important des cabinets de conseils, quels qu'ils soient, est l'adaptation de l'offre à la demande. La guerre pour les talents rend les choses plus difficiles parce que les entreprises doivent souvent recruter en amont pour être sûres de disposer des ressources pour répondre aux demandes des clients.* »

Pour faire revenir dans leur giron des consultants de talent comme Troy Smeal, les grandes entreprises doivent être davantage à l'écoute des désirs de flexibilité et de choix des hommes et des femmes. Wayne Henderson a la quarantaine et, après avoir quitté Booz Allen Hamilton pour pouvoir passer davantage

---

125. Entretien avec l'auteur, février 2007.

de temps avec sa famille, il est un membre important du « premier cercle » de consultants d'Eden McCallum. Il n'exclut pas de reprendre « *une carrière plus traditionnelle* », mais est extrêmement exigeant. « *L'équilibre vie professionnelle/vie personnelle sera un facteur déterminant de ce que je ferai*, dit-il. *Pour l'instant, je ne peux pas imaginer retourner dans un grand groupe de conseil. Ce n'est toujours pas le bon moment pour moi de passer quatre nuits par semaine loin de la maison. Mais je ne veux pas non plus me retrouver à cinquante ans et me dire que je suis passé à côté de ma carrière.* »[126]

Quant à Troy Smeal, il ne prévoit pas pour l'instant de reprendre le chemin d'une grande entreprise. « *Les contacts avec des collègues me manquent et une partie de moi se dit :* "Est-ce que ce ne serait pas formidable de rentrer dans un bureau et d'avoir une conversation autour d'un café ?" *Mais je redescends vite sur terre lorsque je me souviens de tout ce qui va avec. Je n'aurais pas envisagé cela quand mes enfants étaient jeunes. Il y aura peut-être un bon moyen terme quelque part, en entreprise, avec ses avantages et ses responsabilités, mais beaucoup plus flexible qu'aujourd'hui.* »

Les pères sont aussi des parents

Dans certains pays, on observe une évolution très forte en faveur de pères de plus en plus présents dans l'éducation de leurs enfants. Dans le chapitre 6, nous avons vu, par exemple, comment les pays nordiques envisageaient le rôle des hommes dans l'éducation de leurs enfants. Au Royaume-Uni, où les hommes ayant des emplois à plein-temps sont parmi ceux qui travaillent le plus de l'UE, une étude récente indique que 52 %

---

126. *Ibid.*

des hommes et 48 % des femmes souhaiteraient des horaires de travail plus flexibles[127].

Les sondages de jeunes parents montrent que la plupart des nouveaux papas ne considèrent plus que leur premier rôle soit de gagner l'argent du ménage, indique l'Equal Opportunities Commission. Quatre jeunes pères sur cinq déclarent qu'ils seraient contents de rester seuls à la maison pour s'occuper du bébé[128]. La proportion de pères travaillant depuis leur domicile a plus que doublé entre 2002 et 2005, passant de 14 % à 29 %[129].

Les entreprises qui accueillent les femmes comme contributrices et partenaires à part entière à tous les niveaux permettront aux hommes de remplir plus facilement leurs responsabilités de pères. L'inverse est tout aussi vrai. Celles qui acceptent que les hommes soient des parents à part entière aideront les femmes à s'épanouir dans l'entreprise et à donner leur plein potentiel.

La grande banque britannique Lloyds TSB a ainsi découvert que ses collaborateurs souhaitaient que l'entreprise comprenne mieux leur rôle de père. Les sondages de salariés ont montré que les hommes à tous les niveaux étaient moins satisfaits que les femmes, insiste Fiona Cannon, responsable de la diversité. *« Ce sont les hommes qui sont revenus et qui ont dit : "Nous voulons être davantage reconnus dans notre rôle de père." Ils ont toujours le sentiment que ce ne serait pas très bien perçu s'ils téléphonaient pour dire que leur enfant est malade et qu'ils ne viennent pas au bureau. Ils ont envie que l'on aborde davantage la question de la paternité. »*

---

127. Holmes *et al.*, 2007.
128. Thompson *et al.*, 2005.
129. Smeaton et Marsh, 2006.

La banque a commencé à travailler avec Fathers Direct, un centre d'information national sur la paternité, pour comprendre pourquoi les hommes sont encore si peu reconnus dans leur rôle de père.

« *En matière de parentalité, tout est axé sur la femme, dès le début de la grossesse*, déclare Fiona Cannon. *En interne, nous travaillons avec un groupe de pères pour explorer ce que nous pourrions faire, comme par exemple un livret pour les pères dans le pack de congé parental.* »[130] L'approche de Lloyds TSB pour fidéliser et promouvoir les femmes a été décrite dans le chapitre 5.

La collaboration entre entreprises pourrait également jouer un rôle pour faire évoluer les attitudes. Un livre blanc établi par une compagnie d'assurance française, dirigée par une femme, Nicole Rosa, a proposé de créer un fonds auquel les entreprises pourraient contribuer, pour partager le coût des congés parentaux entre les employeurs de la mère et du père. Cela ferait énormément pour neutraliser l'impact de la maternité sur la carrière des femmes en mettant en lumière le fait que la plupart des enfants ont deux parents, pas seulement une mère.

Une autre idée révolutionnaire émane de deux professeurs d'économie des universités d'Harvard et de Bologne. Albert Alesina et Andrea Ichino ont proposé une réforme du système fiscal qui diminuerait l'impôt sur le revenu des femmes pour augmenter – de moins – celui des hommes[131]. Cette mesure, soutiennent-ils, permettrait d'atteindre l'objectif de politique publique d'augmenter la participation des femmes dans la population active et réduirait les distorsions fiscales. La discrimination de genre serait plus coûteuse pour les employeurs, et la mesure pourrait constituer une alternative à la discrimination positive et aux systèmes de garde d'enfants subventionnés. « *À long terme, l'imposition basée sur le genre*

---

130. Entretien avec l'auteur, février 2007.
131. Gender Based Taxation ; Alesina et Ichino, 2007.

pourrait contribuer à changer la division traditionnelle du travail au sein de la famille, qui encourage actuellement les hommes à travailler plus dans le marché et les femmes plus souvent à la maison », expliquent les économistes.

Les motivations d'hommes comme Troy Smeal et Wayne Henderson semblent être partagées par un grand nombre de dirigeants internationaux – même si beaucoup hésitent à prendre des mesures aussi radicales pour réaliser leurs souhaits. Si voyages et vie à l'étranger sont actuellement un élément inévitable du chemin du dirigeant mondial, 87 % d'entre eux sont préoccupés par l'équilibre entre leur vie personnelle et leur vie professionnelle, selon l'organisme professionnel international Association of Executive Search Consultants.

Quatre-vingt-cinq pour cent des cabinets de chasseurs de têtes disent qu'ils ont eu des propositions de postes rejetées par les candidats au nom de l'équilibre vie professionnelle/vie familiale, alors que 48 % des hommes cadres et 77 % des femmes cadres demandent moins de déplacements lorsqu'ils négocient des postes. Dès lors, sans doute n'est-il pas surprenant que 73 % des professionnels des ressources humaines s'inquiètent des départs volontaires de collaborateurs[132] et qu'ils connaissent des nuits blanches, préoccupés, de surcroît, par la question de savoir si l'offre de personnel qualifié répondra à la demande (voir le chapitre 2).

La technologie : alliée et partenaire

La demande pour davantage de flexibilité n'est pas seulement liée à la parentalité. Des individus hautement qualifiés choisissent de travailler de manière indépendante parce qu'ils veulent

---

132. Association of Executive Search Consultants, 2007.

aussi se consacrer à d'autres choses que leur travail, ce que ne permet pas le modèle de la grande entreprise, avec ses longues heures de travail. En la matière, la technologie leur est une alliée précieuse, qui brise les chaînes qui les gardaient prisonniers d'un bureau.

Un exemple de cette flexibilité nouvelle nous est offert par Ressources Global Professionals, une entreprise californienne en plein développement, qui emploie un réseau international de quatre mille spécialistes du droit, de la finance, des technologies de l'information et des ressources humaines, qui travaillent en mode projets avec des équipes en entreprise. Ressources Global Professionals décrit son organisation en ces termes : « *Avec notre fonctionnement collaboratif via des réseaux fonctionnels et industriels, et via des groupes de pratiques, nous ne différons guère des communautés universitaires et scientifiques qui ont créé des forums pour une coopération dynamique.* » Dans un entretien au *Chicago Tribune*, Donald Murray, fondateur de l'entreprise, résumait son approche d'une formule percutante : « *Nous ne contrôlons pas les heures, nous contrôlons les résultats.* »[133]

Un autre exemple est celui d'Axiom Legal, la firme juridique « virtuelle » créée aux États-Unis en 2000. En 2006, elle a réalisé un chiffre d'affaires de 31,2 milliards de dollars, contre 1,5 milliard en 2002. Sacrée l'une des cinquante entreprises américaines les plus innovantes par le magazine *Fast Company*, l'entreprise emploie un pool d'avocats expérimentés qui choisissent leurs affaires et travaillent depuis leur domicile ou les locaux des clients. Tout ce dont ils ont besoin, c'est d'un ordinateur portable connecté à l'extranet et au centre de services d'Axiom.

---

133. Kleiman, 2005.

Les cent soixante-dix avocats, dont la moitié sont des hommes, ont généralement moins de 40 ans et ont été salariés de prestigieux cabinets juridiques ou de grandes entreprises. Ils travaillent sur des missions à court ou long terme avec des clients comme Goldman Sachs, Cisco, American Express, Reuters, Virgin Mobile ou encore Google. Axiom, qui a débuté à New York, a désormais ouvert un bureau à San Francisco et un autre à Londres.

Le turn-over des collaborateurs est moins élevé que celui de la moyenne des cabinets juridiques et quasiment personne ne retourne travailler dans une entreprise traditionnelle, explique Alex Guettel, le co-fondateur. Ceux qui partent le font en général parce qu'ils acceptent un poste dans le service juridique d'un client, où les heures sont plus régulières que dans un cabinet juridique, et le travail plus gratifiant[134].

Les raisons pour lesquels les avocats d'Axiom ont choisi l'indépendance sont multiples. Certains apprécient la diversité des missions, d'autres ont des passions – plongée sous-marine et écriture de scénario par exemple – alors que d'autres encore veulent passer du temps avec leurs jeunes enfants. Ce qu'ils ont en commun, c'est le désir de maîtriser leur travail et leur carrière. Dans un entretien pour Forbes Sky Radio, Mark Haris, l'autre co-fondateur, a déclaré que le principe qui les guidait était de « *traiter les individus, clients ou collègues, comme des êtres humains, pas comme des instruments de rentabilité ou de croissance* ».

Les grandes entreprises pourraient prendre modèle sur ces start-up. Nombre d'entre elles, en effet, se demandent comment garder leurs collaborateurs « motivés ». Leur accorder davantage de flexibilité et de choix serait un bon début. Tout comme les entreprises doivent s'éveiller au potentiel des femmes, elles

---

134. Entretien avec l'auteur, mai 2007.

doivent s'ouvrir au formidable potentiel que recèle la technologie pour humaniser notre façon de travailler et la rendre plus productive. Pourquoi persister contre toute rationalité à récompenser les longues heures passées au bureau, sans se préoccuper de savoir si le travail a été accompli, alors que les nouvelles technologies, des téléphones mobiles aux Blackberry en passant par la visioconférence, rendent possible un mode de travail flexible et nomade, y compris aux postes les plus élevés ?

Le nouveau modèle de travail décentralisé mais interconnecté utilisé par les jeunes entreprises que nous venons de décrire fait partie de ce changement que le groupe de réflexion britannique Demos a nommé « désorganisation »[135]. Demos avance qu'il existe deux forces antagonistes : l'hyper-organisation et la désorganisation. L'hyper-organisation a vu les opérations des grandes entreprises passer par le moule du reengineering, puis être rationalisées et enfin externalisées, supprimant à chaque stade des processus et des individus afin de rester compétitives et d'améliorer leurs résultats. La désorganisation, de l'autre côté, est une chose dont les individus n'ont longtemps pu que rêver, mais que la technologie rend désormais possible.

« *La technologie ouvre de nouvelles possibilités pour organiser la façon dont chacun travaille en harmonie avec d'autres priorités, de la vie familiale au devoir civique* », explique Demos. « *Les salariés veulent des organisations plus humaines avec davantage d'autonomie et de flexibilité. Ils veulent que ce qu'ils vivent dans leur travail soit en phase avec leurs valeurs. Ils veulent un lieu de travail forgé à l'image de leur identité, pas un lieu de travail qui essaye de les définir. Ils veulent des organisations qui peuvent lâcher prise et leur accorder la parole quant à la façon dont les choses se passent.* »

---

135. Miller et Skidmore, 2004.

Les auteurs de l'étude Demos, Paul Miller et Paul Skidmore, soutiennent que le modèle actuel de travail dans les organisations est condamné à disparaître – comme le démontrent les hauts niveaux de stress, l'effondrement de la satisfaction au travail et le « *pessimisme quant à l'avenir de la vie active* ». Les entreprises, disent-ils, doivent devenir « *plus souples* ».

La logique de « désorganisation » est que le travail peut et doit être construit autour des individus, et non l'inverse, déclare Demos. L'organisme a commandité des enquêtes auprès de MORI et NOP pour explorer le désir des individus de travailler pour des structures de taille réduite. Ce désir est le plus fort dans les groupes sociaux les plus éduqués et les plus riches. De manière intéressante, parmi les dirigeants d'entreprise, 71 % souhaitaient travailler pour une entreprise plus petite et seulement 7 % pour une plus grande.

Le désir de travailler pour des organisations « à taille humaine » était le plus prononcé dans la tranche des 45-54 ans, le groupe d'âge auquel appartiennent la plupart des dirigeants et dans lequel les individus commencent à penser à la retraite. « *Cette génération est la première à vivre le basculement vers une autre structure de carrière que celle qui a prévalu au XXᵉ siècle* », explique Demos. C'est aussi la génération qui détient trente années ou davantage de savoir et d'expérience accumulés que les entreprises souhaiteront de plus en plus conserver.

Les communautés de W.L. Gore

W.L. Gore & Associates, le fabricant américain de matériel waterproof, technologie de piles à combustibles, câbles et produits chirurgicaux, offre l'exemple inhabituel d'une entreprise ancienne, mais ne fonctionnant pas sur un modèle hiérarchique. L'entreprise, qui se voit régulièrement décerner des trophées de qualité de vie au travail et enregistre un chiffre d'affaires d'environ deux milliards de dollars par an, s'apparente

EN PRATIQUE

à un réseau commercial d'individus experts, travaillant en communautés proches.

Depuis sa création en 1958, elle a évité la hiérarchie et les lignes de commandement. Elle fonctionne selon une structure en « treillis », dans laquelle les individus communiquent directement les uns avec les autres et sont responsables devant les autres membres de leur équipe. L'ensemble des 7 500 collaborateurs sont des « associés » et les nouvelles recrues ont des « sponsors », pas des chefs, qui les guident vers des projets répondant à leurs compétences. Cela encourage la liberté individuelle pour inventer de nouveaux produits, mais toujours sur la base de la consultation et de la coopération.

Les leaders sont parfois nommés, mais souvent ils « émergent » simplement, du fait de connaissances ou de compétences particulières qui sont utiles à l'entreprise. Les individus sont notés par leurs coéquipiers pour leur contribution à l'entreprise et sont rémunérés en conséquence. Les équipes ne dépassent pas cent cinquante personnes afin de favoriser l'auto-organisation, l'autonomie et la responsabilité individuelle.

La valeur de l'intelligence « grise »

La flexibilité joue un rôle important dans la vie professionnelle de Heikki Poutiainen, responsable de production chez Assa Abloy, premier fabricant mondial de verrous avec, notamment, les marques Chubb et Yale.

Heikki Poutiainen a eu 60 ans. Mais bien loin de vouloir s'en séparer, l'usine Assa Abloy où il travaille à Joensuu, près de la frontière finlandaise orientale, souhaite conserver ses compétences et son savoir le plus longtemps possible. Le profil démographique de l'usine est à l'image de celui du pays (et de bien d'autres pays développés) : une force de travail vieillissante de baby-boomers approchant de la retraite, et trop peu de jeunes pour les remplacer.

Pour les inciter à rester, l'entreprise offre à Heikki Poutiainen et à ses collègues de plus de 58 ans des jours de congés supplémentaires chaque année, dont le nombre augmente avec l'âge. Ce temps de congé est un des éléments d'un programme novateur lancé en 2001 et baptisé « Les Maîtres de l'Âge ». Il comprend également événements spéciaux, cours de santé et de bien-être, changements ergonomiques de l'environnement de travail et opportunités d'adapter les postes afin de prendre en charge le mentoring de jeunes collègues. Élever le statut et le profil des travailleurs d'âge mûr (55 ans et plus) à l'heure où ils approchent de la retraite génère un coup de fouet psychologique jugé au moins aussi important que les mesures concrètes.

Heikki Poutiainen, qui se souvient avoir été considéré comme « *plus bon à rien* » par certains de ses collègues une fois le seuil de la quarantaine franchi, pense rester encore cinq ans. Le programme des « Maîtres de l'Âge » est pour beaucoup dans sa décision. À 60 ans, on lui accorde dix jours de vacances supplémentaires par an, qui seront portés à vingt (le plafond) lorsqu'il aura 64 ans. Lui et les autres participants du programme disent qu'ils y ont gagné un meilleur contrôle de leur vie.

« *Le meilleur, ce sont les jours de congé supplémentaires et le fait que vos collègues vous demandent de parler de votre expérience, qu'ils l'admirent, dit Heikki Poutiainen, passionné de golf. Au cours des dix-huit derniers mois, j'ai accompagné trois personnes – un responsable de production, un contremaître et un ingénieur d'essais – dans la préparation de leur examen de compétences de leadership. Je les ai aidés à comprendre le leadership et j'ai supervisé leur examen final avec leur professeur.* »[136]

---

136. Entretien avec l'auteur, février 2007.

Assa Abloy nous offre un exemple formidable de ce que peut faire une entreprise pour réinventer ses modes de travail et de récompense afin de répondre à l'évolution des priorités et des besoins de ses collaborateurs.

L'approche déployée n'est pas sans rappeler celle que nous prônons vis-à-vis de la mixité.

- L'entreprise a analysé la composition de ses effectifs et identifié deux noyaux : les 25-35 ans et les 50-60 ans, ce dernier étant beaucoup plus important en nombre.
- Elle a identifié les conséquences qu'aurait pour elle un âge moyen de la retraite à 59 ans, notamment en pertes de compétences.
- Elle a étudié les bénéfices qu'elle retirerait d'une action lui permettant de conserver plus longtemps les compétences de ces individus : chiffre d'affaires plus élevé, meilleur partage des compétences et des savoirs, nouveaux programmes de formation et de développement, et renouveau de la culture et des attitudes dominantes à l'égard des salariés d'âge mûr.
- Elle a mis en place un programme, piloté par la direction de l'entreprise et soutenu par des cadres clés, qui parlait directement aux attitudes, préoccupations, besoins et souhaits de cette population plus âgée.

C'est le genre de choses que davantage d'entreprises devront faire lorsque les changements démographiques se feront plus durement sentir et que la pénurie de compétences empirera. Non seulement davantage de femmes travailleront, mais aussi davantage d'individus ayant la cinquantaine et la soixantaine.

Il se trouve que la Finlande est en avance sur les autres économies en matière d'âge, parce que le pays a connu un baby-boom particulièrement important après la seconde guerre mondiale. Avec moins de jeunes rejoignant la population active, la menace de pénurie de main-d'œuvre et l'absence de tradition d'immigration, le gouvernement, les employeurs et les syndicats ont travaillé dur au cours des dix dernières années pour allonger la durée de la vie active. Le gouvernement a notamment adopté une mesure fortement incitative : les individus peuvent choisir de travailler jusqu'à 68 ans, bénéficiant d'une augmentation de 4,5 % de leur retraite pour chaque année travaillée au-delà de 63 ans. Au vu de cette démarche volontariste et concertée pour humaniser la vie professionnelle, on ne s'étonnera pas que la Finlande ait un gouvernement à dominante féminine, une présidente, Tarja Halonen, et le troisième taux le plus élevé du monde de représentation des femmes au parlement.

La Finlande, naturellement, n'est pas le seul pays à être confronté à une dure réalité démographique. En 2050, un habitant de la planète sur cinq aura plus de 60 ans. En 1950, la proportion était d'un sur douze.

Le défi devient particulièrement aigu dans plusieurs parties du monde. En Chine, le taux de dépendance – le nombre de personnes en âge de travailler par retraité – devrait passer de six pour un à deux pour un au cours des trente prochaines années[137]. Dans les pays de l'OCDE, le nombre de retraités par actif doublera au cours des cinquante prochaines années si rien n'est fait pour maintenir les individus au travail plus longtemps. *« Cela menacera les niveaux de vie et la qualité de vie et fera peser une pression considérable sur le financement des systèmes de protection sociale,* souligne l'OCDE en 2006. *Pour relever ces défis gigantesques, il faut faire du travail une proposition plus attractive et plus gratifiante pour les travailleurs âgés. »*

Un sondage conduit par IBM en 2005 auprès de directeurs des ressources humaines a mis en lumière les conséquences de cette situation démographique pour les entreprises : *« Lorsque*

---

137. Gimbel, 2007.

la génération des baby-boomers prendra sa retraite, de nombreuses entreprises découvriront, trop tard, que de précieuses expériences les ont quittées et que les nouveaux talents ne suffiront pas à les remplacer. »

Dans l'UE, le nombre d'actifs âgés de 50 à 64 ans augmentera de 25 % au cours des vingt prochaines années. Dans le même temps, le nombre de ceux âgés de 20 à 29 ans chutera de 20 %. On continue, pourtant, de prendre sa retraite relativement tôt, et les propositions de réforme des retraites ou d'allongement de la vie active se heurtent généralement à la résistance des employeurs, des syndicats de salariés et des médias.

C'est ignorer l'évolution des attitudes individuelles vis-à-vis de la retraite aux quatre coins du monde. Ce que veulent la plupart d'entre nous, c'est une nouvelle façon de l'envisager, à la façon des « Maîtres de l'Âge » de l'usine finlandaise Assa Abloy. Selon une enquête commanditée par HSBC en 2006, le groupe bancaire international, la grande majorité des individus souhaitent que l'âge obligatoire de la retraite soit supprimé.

Trois personnes sur quatre voient le travail comme faisant partie de leur existence idéale à un âge plus avancé. Elles ne veulent pas être obligées de travailler, mais beaucoup envisagent un mélange de travail et de loisirs, de temps pour la famille et d'activités de bénévolat. Par-dessus tout, et c'est notre principal argument en faveur d'un vrai changement des attitudes et de la culture des entreprises, les individus veulent de la flexibilité et le choix.

Ces aspirations répondent à des motifs extrêmement divers. Avoir plus de temps pour voir ses petits-enfants, étudier, faire du bénévolat ou pour des activités de loisir. Beaucoup d'hommes et de femmes ont à s'occuper de parents âgés et la tendance devrait aller en s'amplifiant avec le vieillissement de la population. Au

Royaume-Uni par exemple, on estime qu'en 2010, dix millions de personnes s'occuperont d'un parent âgé[138].

Les entreprises savent ce qu'elles auraient à gagner à conserver leurs « anciens » : elles disent souvent qu'ils sont plus fiables et plus loyaux que les collaborateurs plus jeunes, et tout aussi motivés et productifs, bien que maîtrisant moins les nouveaux outils technologiques[139]. Comme c'est le cas pour les femmes, cependant, les entreprises n'ont pas encore appris à cueillir ces bénéfices et à pleinement utiliser leur « intelligence grise ». Adopter les approches que nous préconisons pour rendre l'entreprise plus attractive pour les femmes est un moyen d'y parvenir, comme nous y reviendrons à la fin de ce chapitre. Agir en ce sens permettrait également d'attirer les meilleurs talents de la nouvelle génération qui entre dans la vie active, ou s'apprête à le faire.

Répondre aux attentes de la génération « me »

Prédire ce que des jeunes qui ne sont pas encore entrés dans la vie active attendront de leur vie professionnelle est un exercice hasardeux. Aussi arrêtées soient-elles aujourd'hui, leurs idées ont le temps de changer. Et leurs aspirations évolueront vraisemblablement lorsqu'ils découvriront la réalité du monde du travail.

Néanmoins, suffisamment de « millénaires » – personnes nées entre 1980 et 1995 lorsque les taux de natalité ont augmenté dans les pays développés – sont déjà entrés dans la vie active pour que l'on puisse juger de la validité des prévisions concernant leurs homologues plus jeunes. Que disent donc ces prévisions ?

---

138. UK Dept of Work and Pensions.
139. HSBC, 2006.

- La nouvelle génération, également baptisée « Echo Boom » et « Génération Y », ne changera pas seulement d'emploi, mais aussi de carrière au cours de sa vie professionnelle, se réinventant vraisemblablement plusieurs fois au fil du temps.

- Pour les « millénaires », la technologie est bien plus qu'un outil, elle fait partie d'eux-mêmes – comme le montre l'usage qu'ils font de sites Internet communautaires comme MySpace, YouTube et Facebook.

- Ils attendent de leur travail des défis et des opportunités de développement, mais aussi choix et flexibilité afin de pouvoir vivre pleinement leur vie personnelle.

- Ils valorisent les employeurs qui font preuve d'une approche responsable de la société et de l'environnement.

Autrement dit, ce n'est pas une génération facile à satisfaire ! Mais la concurrence de plus en plus intense pour les talents signifie que les entreprises n'auront pas vraiment le choix. La volonté de repenser les modèles de carrière et de créer des opportunités en fonction des capacités, besoins et priorités des individus sera essentielle pour attirer et fidéliser les meilleurs de cette cohorte, et les autres groupes déjà décrits dans ce chapitre.

PricewaterhouseCoopers, le groupe international de services aux entreprises qui compte 140 000 collaborateurs, souhaite être perçu comme un « *employeur de choix* » – vœu que partagent la plupart des organisations. Une étude interne portant sur « *le capital humain du XXIe siècle* », conduite par son programme de développement du leadership Genesis Park, indique que les « millénaires » sont particulièrement sensibles à la dimension humaine chez leurs supérieurs, ont un fort désir d'appartenance et souhaitent décider eux-mêmes de leur parcours professionnel.

L'étude recommande la mise en place de meilleurs outils de networking, un modèle de carrière plus souple, davantage de choix de postes et de nouvelles façons d'harmoniser vie professionnelle et vie personnelle, comme par exemple des primes pouvant être échangées contre des jours de congés. « *Pour être satisfaits, les "millénaires" ont besoin d'être motivés tôt par leur employeur et d'avoir le sentiment que leur contribution est valorisée* », lit-on dans l'étude.

PricewaterhouseCoopers recrute environ mille jeunes diplômés chaque année au Royaume-Uni et perçoit ces tendances dans leurs attentes. « *Pour les jeunes qui entrent dans la vie active, il n'y a pas de loyauté prédéterminée au premier employeur,* déclare Sarah Churchman, directrice de la diversité[140]. *La majorité ne s'attend pas à rester plus de quatre ans chez leur premier patron. Leur idée, c'est de devenir leur propre employeur. C'est incontestablement l'évolution la plus notable. Ils sont déterminés à investir sur eux-mêmes, et veulent avant tout faire des choses qui les aideront à progresser et à se développer.* »

Pour la génération qui s'apprête à rejoindre le monde du travail, avoir des enfants n'est pas une priorité. Beaucoup souhaitent voyager. Ce qui n'exclut pas que ces jeunes filles et ces jeunes garçons soient à la recherche d'un réel équilibre de vie et de modes de travail flexibles, souligne Sarah Churchman. « *Ils sont intéressés par PricewaterhouseCoopers et ce que fait le groupe en tant qu'entreprise socialement responsable, en particulier en ce qui concerne le temps dont ils pourront disposer pour travailler avec des associations caritatives.* »

Une autre menace sur les parcours professionnels traditionnels, linéaires, c'est que davantage de jeunes étudient plus longtemps. Une fois leur diplôme en poche, il n'est pas rare que leurs études se poursuivent pendant des années au cours de leur vie professionnelle. Assez naturellement, ils souhaitent

---

140. Entretien avec l'auteur, mai 2007.

avoir des coupures plus longues, comme des congés sabbatiques par exemple, que ce soit pour voyager ou pour acquérir une expérience de leadership dans un environnement différent.

MSN passe à une culture flexible

Les effectifs du portail MSN de Microsoft sont majoritairement jeunes. Un sondage auprès de ses salariés au Royaume-Uni indique que 64 % envisagent de quitter l'entreprise parce qu'ils n'aiment pas sa culture valorisant les longues heures passées au bureau.

Face à ce constat, le management britannique est passé d'une mesure de la performance basée sur l'input à une mesure de la performance basée sur les résultats. Ce programme de « changement culturel » a été jugé tellement fructueux qu'il a été déployé à l'ensemble des activités de Microsoft au Royaume-Uni. La plupart des 2 400 collaborateurs ont désormais la possibilité d'aménager leur temps de travail, aussi longtemps qu'ils remplissent leurs objectifs, qu'ils tiennent informés les clients et leurs collègues de leur disponibilité et qu'ils sont prêts à s'adapter aux besoins de l'entreprise », explique Dave Gartenberg, directeur des ressources humaines.

Au moment de la première expérience, la majorité des collaborateurs de MSN n'avaient pas encore fondé de famille et leur liberté nouvelle profitait donc essentiellement à des activités de loisir. Mais les collaborateurs, y compris les dirigeants, ayant une famille, ont depuis bénéficié des changements. Dave Gartenberg déclare qu'il quitte le bureau presque tous les soirs à temps pour dîner avec ses jeunes enfants, avant de s'asseoir devant son portable pour terminer son travail. Une fois par semaine, il s'en va à 16 heures pour diriger une « réunion de cheftains » du groupe de scouts auquel un de ses fils appartient.

« Ce qui est fondamental, dit-il, c'est que ces changements ont bénéficié à l'entreprise, se traduisant par une augmentation de la productivité et de la qualité du service clients. Le turn-over a

baissé et la plupart des collaborateurs prévoient de rester dans l'entreprise au moins quatre ans. »[141]

Si les grandes entreprises sont aussi réticentes à expérimenter de nouvelles organisations du travail, c'est en partie parce qu'elles craignent que cela coûte plus cher et que ce soit plus difficile à gérer. L'inertie n'y est pas étrangère non plus. Ce qu'indiquent les entreprises qui ont pris de l'avance en mesurant les résultats plutôt que le nombre d'heures passées au bureau, c'est que cela réduit les coûts et augmente la satisfaction au travail. Quand on fait confiance aux individus pour mener à bien leur travail, ils ont le sentiment qu'on les estime davantage.

BT, le groupe international de télécommunications basé au Royaume-Uni, a mis en place un programme « Quand vous voulez, où vous voulez » qui permet aux collaborateurs de contrôler leurs horaires et leur lieu de travail – après avoir rempli un questionnaire qui détermine si leur personnalité et leur travail sont adaptés à ce programme. Parmi les bénéfices[142] :

- augmentation de la productivité de 15 à 31 % selon les fonctions ;
- absentéisme 20 % au-dessous de la moyenne nationale ;
- rétention de mille personnes qui, autrement, auraient quitté l'entreprise ;
- augmentation de 55 % de la satisfaction dans le travail ;
- équivalent de 1 800 années de trajets domicile-bureau-domicile évitées, soit une économie de 9,7 millions de livres par an ;
- meilleure image : BT occupe la première place de son secteur dans l'indice Dow Jones Sustainability depuis six ans.

---

141. Maitland, 2007, et entretien avec l'auteur.
142. BT, 2007.

En outre, le programme est un des éléments qui a permis à l'entreprise de continuer à fonctionner après les attentats de 2005 à Londres parce qu'un grand nombre de collaborateurs travaillaient à distance.

C'est déjà demain

Comme nous l'avons vu, la concurrence pour les talents est un sujet de préoccupation majeur pour les entreprises. Quatre-vingt-cinq pourcent des directeurs des ressources humaines interrogés par PricewaterhouseCoopers en 2007 ont déclaré qu'attirer et fidé-liser les talents était leur premier défi pour les cinq prochaines années. Leurs directeurs généraux partagent ces préoccupations. « *La guerre mondiale pour les compétences est féroce et va le devenir de plus en plus* », souligne PricewaterhouseCoopers dans son dixième sondage annuel des P-DG. « *La pénurie de compéten-ces clés est considérée comme une des menaces qui pèsent le plus lourdement sur les perspectives de croissance.* »

Nous sommes convaincues que les entreprises qui s'adapteront aux femmes, et dans lesquelles celles-ci se sentiront réellement les bienvenues, pourront attirer les talents les plus nombreux, venus de tous les horizons. Pour ce faire, elles doivent :

- comprendre que les priorités professionnelles de tout indi-vidu changent à différents stades de la vie ;
- reconnaître que le modèle de carrière traditionnel, linéaire, est condamné ;
- redéfinir les parcours professionnels qui conduisent aux plus hautes fonctions ;
- abolir les limites d'âge pour repérer et développer les indi-vidus « haut potentiel » ;

- traiter la flexibilité et l'équilibre vie professionnelle/vie personnelle comme des enjeux pour tous les collaborateurs ;
- mesurer la performance par les résultats, pas au nombre d'heures.

Les entreprises multinationales ont besoin de dirigeants qui sont disposés à voyager. S'il est vraisemblable que, possibilités technologiques et préoccupations écologiques aidant, les moyens de communication virtuels seront de plus en plus utilisés à l'avenir, les entreprises doivent aussi repenser les demandes que des déplacements incessants font peser sur les cadres en milieu de carrière. Pourquoi ne pas positionner les missions à l'étranger en début et en fin de parcours professionnel, c'est-à-dire à des moments où les individus ont souvent des responsabilités familiales moins lourdes ? Si beaucoup d'hommes aujourd'hui cadres envisagent de lever le pied à la cinquantaine et à la soixantaine, leurs homologues féminines seront dans certains cas dans leur plein épanouissement professionnel – gourmandes de missions internationales et de défis de leadership.

Il y a d'autres enseignements importants à tirer de l'évolution des modes de travail que nous avons décrits dans ce chapitre. La vieille garde veut continuer à être appréciée. Et les jeunes veulent des organisations à visage humain. Les femmes elles aussi appellent ces changements de leurs vœux. Si les dirigeants d'entreprise apprennent à parler aux femmes, ce sont tous les salariés qui bénéficieront d'un environnement de travail plus humain et plus adapté à leurs attentes nouvelles.

Des entreprises comme Lehman Brothers et JP Morgan ont récemment mis en place des programmes pour encourager les femmes à réintégrer leurs rangs après des interruptions de carrière de plusieurs années. Ces employeurs ont pris conscience de toute l'importance de ce talent féminin pour leur avenir. Garder le contact avec *tous* les individus de talent, hommes et femmes, qui quittent l'entreprise est une voie perti-nente à l'heure de la société en réseau. Certains auront peut-être envie de revenir un jour – ou peut-être deviendront-ils des clients importants.

Des bénéfices plus importants encore sont à attendre pour les entreprises qui sauront offrir aux femmes un environnement à la hauteur de leurs attentes. Les tendances que nous avons mises en lumière dans ce livre n'appartiennent pas à un futur hypothétique. Elles se dessinent d'ores et déjà, sous nos yeux. Les entreprises intelligentes y répondront. Maintenant.

Chapitre IX

DES ENTREPRISES MEILLEURES, UN MONDE MEILLEUR ?

* * *

« Il faut du courage pour se lever et parler. Il en faut également pour s'asseoir et écouter. »

Winston Churchill

C'était une rencontre au sommet. Les présidents et directeurs généraux des plus grandes entreprises du monde présentaient les résultats d'une étude de dix-huit mois sur l'avenir de l'économie mondiale. Les intervenants – des hommes exclusivement – se succédaient à la tribune. Changement climatique, pauvreté et pandémies, bouleversements économiques et politiques, choc des cultures : tous les grands défis auxquels est confrontée la planète furent abordés, et le rôle des entreprises pour y répondre.

Le rapport de l'étude appelait les entreprises à « redéfinir la réussite », « être porteuses de valeurs » et « créer des environnements réglementaires meilleurs » qui leur permettraient d'assumer leurs responsabilités environnementales et sociales tout en produisant de la richesse et en mettant sur le marché des biens et des services meilleurs.

Et puis vint le tour d'Ulf Karlberg, ex-directeur général du laboratoire pharmaceutique AstraZeneca et président fondateur d'Amnesty International Business Group en Suède, membre de l'équipe de recherche, qui comprenait dix-sept hommes et deux femmes.

À la surprise générale, il commença par s'interroger sur la validité des résultats de l'étude. Et si la composition de l'équipe de recherche avait été différente ? Et si les femmes y avaient été nettement plus nombreuses que les hommes ? « *Les résultats auraient peut-être été plus courageux*, suggéra-t-il, *plus intuitifs, et plus concrets, avec un nombre limité de plans d'actions précis.* » Il devait ajouter plus tard que cela aurait également été une équipe plus intelligente, parce que ses réflexions auraient été plurielles et « *moins politiques* »[143].

Il y a aujourd'hui des hommes et des femmes qui imaginent que le monde serait mieux dirigé à deux, les femmes prenant place à côté des hommes dans les sièges du pouvoir politique et économique, non comme des exceptions ou des symboles, mais comme des partenaires à part entière, avec leur voix à elles.

Nouvelles voix, nouveaux choix

Qu'apporteront les femmes à la table internationale ? Nous ne prétendons pas donner de réponse ferme et définitive à cette question. Néanmoins, à l'heure où une nouvelle génération de femmes

---

143. Tomorrow's Company (2007) et entretien avec l'auteur.

commence à accéder au pouvoir politique, il devient possible d'explorer les approches et les idées dont elles sont porteuses.

Le monde politique nous offre d'ores et déjà de plus en plus d'exemples de leadership mixte. Le même jour en Europe, à la mi-2007, les médias diffusaient des images d'Angela Merkel, la chancelière allemande, recevant des fleurs, un hommage et un baiser de José Manuel Barroso, président de la Commission européenne, à la suite de la difficile négociation d'un nouveau traité européen ; de Christine Lagarde, la nouvelle ministre des Finances de la France, quittant joyeusement une réunion aux côtés de Nicolas Sarkozy, le président français ; et de Gordon Brown, le nouveau leader du parti travailliste britannique, debout à côté de Harriet Harman, son adjointe élue de fraîche date et championne des droits des femmes.

Angela Merkel en Allemagne, Hillary Clinton aux États-Unis et Ségolène Royal en France, toutes ont changé la façon dont on regarde les femmes en politique. D'abord considérées comme des leaders improbables, chacune a réussi, contre toute attente, à rendre l'image des femmes dans les plus hautes fonctions politiques acceptables dans leur pays – qu'elles aient ou non été élues.

Ce n'est pas tant *ce* qu'elles ont proposé en termes de politiques et de réformes qui est différent que la *façon* dont elles tracent leur chemin. Angela Merkel, la physicienne de l'ex-Allemagne de l'Est, est apparue sur la scène politique allemande et a été élue à la tête du parti de l'Union pour la Démocratie Chrétienne en 2000. En 2005, elle était chancelière. « *Le style de leadership de Merkel*, a écrit Henry Kissinger en 2007 dans le magazine *Time*, *est l'art d'atteindre de grands objectifs par l'accumulation de nuances.* »

En Europe, elle s'est acquis une solide réputation comme diplomate et créatrice de consensus, gérant avec un savoir-faire inattendu la complexité des relations entre des États membres souvent querelleurs. Au cours des six mois de présidence allemande de l'UE, elle a réussi à faire accepter des accords difficiles sur le changement climatique et sur les grandes orientations d'un nouveau traité pour réformer l'Europe à vingt-sept.

Ségolène Royal a imposé une figure très différente, ouvertement féminine et « mode », dans sa course à la présidence française contre Nicolas Sarkozy – qu'elle a finalement perdue. Il faut lui reconnaître d'avoir remis en question la division gauche-droite traditionnelle du pays. Elle a aussi été la première à proposer ce qu'elle a appelé un « gouvernement participatif », contournant la structure monolithique du parti socialiste pour se mettre en prise directe avec les électeurs grâce à l'utilisation innovante de technologies en ligne comme les blogs et les forums de discussion.

Aux États-Unis, où la tradition veut que la première dame se tienne loyalement aux côtés de son président de mari, il est peut-être encore plus difficile pour une candidate – sans parler d'une candidate elle-même ancienne première dame – de trouver un équilibre confortable entre la différence qu'elle apporte en tant que femme et le sérieux de ses idées politiques et de son expérience. Hillary Clinton a indubitablement privilégié ce dernier aspect. Elle joue le jeu politique en professionnelle intelligente, trop occupée pour le style « mère poule et tarte aux pommes ». Elle s'est toutefois entourée d'une équipe étroitement soudée de femmes fidèles. *« Jamais autant de femmes n'ont été présentes à un niveau aussi élevé dans une campagne »*, a déclaré le *Washington Post*. Relevant que les sondages indiquaient que les électeurs la trouvaient froide et distante, l'article dit qu'*« au sein de son équipe, elle a privilégié une culture maternelle de collégialité et de loyauté, un style de leadership basé sur le travail d'équipe, et souvent apprécié des femmes, qui valorise davantage le consensus que la hiérarchie. »*[144]

---

144. Romano, 2007.

Ces trois femmes, en Allemagne, en France et aux États-Unis, ont été perçues comme profondément dérangeantes par une partie de leur électorat potentiel. Certains concurrents n'ont pas apprécié le changement et ont gravement nui à leur propre image en affichant des attitudes d'un autre temps, ainsi de cet homme politique français qui a demandé à Ségolène Royal qui allait s'occuper de ses enfants.

Il y a eu, naturellement, d'autres femmes leaders politiques avant elles, certaines plus célèbres, comme Golda Meir et Margaret Thatcher, qui étaient toutes deux redoutablement dures. Ne disait-on pas de Margaret Thatcher, la « Dame de Fer », qu'elle était le seul homme de son gouvernement ?

La nouvelle génération de femmes leaders politiques est en passe de briser ce moule. Laura Liswood, secrétaire générale du Council of Women World Leaders, est convaincue que certains électeurs, sinon tous, souhaitent que les femmes apportent un style de leadership différent[145]. L'arrivée de leaders comme Angela Merkel, Ségolène Royal, Hillary Clinton et Michelle Bachelet au Chili, sur la scène politique aux premières heures du XXIe siècle, a permis à toute une génération de filles et de garçons de voir qu'il est plausible, et même normal, pour une femme de briguer la présidence d'un pays.

De nouvelles mesures de la réussite

Dans le chapitre 1, nous avons parlé des trois forces – le climat, les femmes, Internet – qui sont en passe de changer nos vies, nos économies et nos perspectives d'avenir. Josephine Green, futurologue et directrice de la division Tendances et Stratégie de Philips Design, déclare qu'il ne serait pas impossible que des

---

145. Hill, 2007.

connexions existent entre ces trois mouvements. En d'autres termes, les femmes auront peut-être une influence importante, et différente, sur le défi du réchauffement global et la façon dont on crée et dont on utilise la technologie. Certains signes le suggèrent déjà : en Europe, c'est Angela Merkel qui a fait adopter de nouvelles normes environnementales ; en France, c'est Ségolène Royal qui a utilisé Internet pour toucher les électeurs et rendre la démocratie plus accessible.

D'autres voix s'élèvent qui envisagent l'influence des femmes comme un facteur d'optimisme pour l'avenir. En 2006, Dominique Moïsi, conseiller à l'Institut pour les Relations Internationales en France, identifie pour sa part quatre « *forces d'espoir* » pour l'Europe dans la « *passivité* » et le « *pessimisme* » ambiants. « *Ce sont, par ordre d'importance : les femmes, les entreprises, les nouveaux pays membres de l'Union européenne et les immigrants*, écrivait-il dans le *Financial Times. Ce qui rapproche ces groupes, c'est une combinaison d'espoir et de volonté, de confiance en soi et, par-dessus tout, d'énergie. Ils ont en commun une vision positive et un sens du progrès.* »

Le rapport d'étude évoqué au début de ce chapitre parle de la nécessité pour les entreprises de redéfinir la réussite, pas seulement en termes de rentabilité, mais aussi de conséquences positives durables pour les individus, les communautés et l'environnement. Il est probable que l'essor des femmes contribuera à cette redéfinition du progrès et de la réussite. La révolution du micro-financement démontre comment le développement du potentiel des femmes peut transformer les perspectives des économies en développement en les sortant de la pauvreté.

L'essentiel du microcrédit va aux femmes. Le prix Nobel de la Paix Muhammad Yunus, qui a créé ce modèle révolutionnaire de financement avec Grameen Bank au Bangladesh, a déclaré que son pays était en bonne voie pour atteindre le Millenium

Des entreprises meilleures, un monde meilleur ?

Development Goal : diviser le taux de pauvreté par deux d'ici à 2015. Quatre-vingt-dix-sept pourcent des clients de Grameen – des personnes exclues du système bancaire traditionnel du fait de leur extrême pauvreté – sont des femmes.

Essma Ben Hamida est directrice générale d'Enda Inter-Arabe, une institution de microcrédit tunisienne avec un portefeuille de prêts de 11 millions de dollars, qu'elle a créée dans les années 1990 avec 20 000 dollars. Elle travaille avec des femmes dans tout le pays et sait que le processus fonctionne extrêmement bien, 99 % des prêts étant remboursés. « *La Tunisie en a été transformée. Avant, il n'y avait quasiment pas de femmes dans les rues*, a-t-elle déclaré dans une conférence en 2006. *Aujourd'hui, il y a une explosion de micro-entreprises créées par des femmes à travers tout le pays. Elles y trouvent joie et épanouissement… Cela améliore l'image des femmes aux yeux de leurs enfants, de leurs familles et de leurs communautés.* »

Elle a déclaré que le fonds avait été réticent à prêter aux hommes, « *non pas parce que nous ne les aimons pas mais parce que les femmes font un meilleur usage de l'argent. Leur famille en est le premier bénéficiaire, elles l'utilisent pour donner une éducation à leurs enfants, pour envoyer leurs filles à l'université. Les hommes non seulement ont tendance à ne pas rembourser les prêts, mais c'est quasiment une question de fierté parce que cela signifie qu'ils se sont rebellés contre le système* ». De plus en plus toutefois, le fonds prête aux hommes et aux femmes au motif que l'argent, c'est le pouvoir et que le meilleur moyen de favoriser l'harmonie des familles est qu'hommes et femmes puissent accéder aux financements.

Les hommes qui travaillent dans le microcrédit sont moins tendres avec les leurs. Cheikh Tidiane Mbaye, directeur général de Sonatel, la compagnie nationale de télécommunications sénégalaise, a déclaré lors de la même conférence : « *Les femmes veulent que les choses fonctionnent localement pour*

283

elles et pour leur famille, alors que les hommes ne rêvent que de s'enfuir dans d'autres pays. »

On estime que 70 % des pauvres dans le monde sont des femmes. Barbara Stocking, directrice d'Oxfam en Grande-Bretagne, a dit que davantage de choses seraient faites pour lutter contre la pauvreté s'il y avait plus de femmes leaders. Et en particulier, souligne-t-elle, de leaders d'entreprise. Lors de visites au forum de Davos, en Suisse, elle a rencontré des femmes du monde politique et des ONG, mais très peu du monde de l'entreprise. « *S'il y avait plus de femmes leaders partout, cela changerait les choses* », a-t-elle déclaré au *Financial Times*[146].

Comme dans le monde politique, on commence à percevoir concrètement l'apport qui pourrait être celui des femmes à l'entreprise, si elles ont la volonté et le courage de sortir du moule traditionnel. Certaines des rares femmes qui ont accédé aux instances dirigeantes des plus grandes entreprises du monde sont au premier rang des réformes pour créer un modèle de capitalisme plus durable. Trois entreprises mondiales, PepsiCo, Pfizer et Xerox, ont été parmi les premières signataires des Principes d'Aspen en 2007, qui encouragent les entreprises à passer d'une focalisation à court terme à une création de valeur à long terme. L'initiative américaine, soutenue par des investisseurs institutionnels, des groupes d'entreprises et des syndicats de salariés, est née des inquiétudes suscitées par la pression du marché pour des résultats à court terme – et par le ressentiment populaire croissant vis-à-vis du montant de la rémunération des dirigeants. Les P-DG de deux de ces trois entreprises, PepsiCo et Xerox, sont des femmes.

---

146. Maitland, 2003.

CONCLUSION

Comme nous l'avons montré dans ce livre, l'inégalité des hommes et des femmes devant le leadership n'est nulle part plus flagrante que dans le monde de l'entreprise. Mais les premiers signes de changement sont là. Les entreprises les plus en avance sont en train d'apprendre à mieux se vendre aux femmes, mais aussi à offrir à leurs collaboratrices un environnement où elles se sentent mieux accueillies et appréciées à leur juste valeur. À ce jour, peu d'entreprises y ont totalement réussi, même si, comme nous l'avons vu, certaines ont accepté de relever ce défi pour de bon, fait des progrès importants et appris des choses positives sur elles-mêmes en chemin. Elles savent qu'elles ont tout à y gagner : compétences et performances.

Nous avons vu comment les entreprises pouvaient adapter leurs stratégies pour devenir « bilingues », c'est-à-dire montrer qu'elles comprennent que les hommes et les femmes parlent, pensent et se comportent différemment. Grâce à ce bilinguisme, elles pourront tirer profit de certains des changements extraordinaires qui sont à l'œuvre sur le marché féminin : le fait que les femmes aux États-Unis, par exemple, régneront sur 22 mille milliards de dollars en 2010 ou qu'il y a aujourd'hui au Royaume-Uni davantage de femmes que d'hommes millionnaires sur le segment des 18-44 ans.

Nous avons montré la valeur ajoutée qui sera celle des entreprises qui sauront accueillir les femmes. Employeurs de choix pour une foule de talents, elles attireront et conserveront les compétences des travailleurs du savoir, jeunes et moins jeunes, et des hommes toujours plus nombreux à appeler de leurs vœux de nouvelles façons de travailler, leur permettant d'assumer harmonieusement leur rôle de père et leur vie professionnelle. Ce n'est pas un doux rêve : la technologie est déjà là qui le permet, prenant de vitesse la plupart des grandes entreprises.

Nous avons analysé les différentes approches de la mixité et du travail dans des pays du monde entier. Si les femmes sont confrontées à des obstacles de taille, y compris dans certains des pays les plus développés du monde, notre message est étonnamment positif : les taux de natalité peuvent aller main dans la main avec la pleine et entière participation des femmes à la population active. Pour le bénéfice de la croissance économique, les pays feraient bien d'apprendre les uns des autres quelles politiques économiques et sociales fonctionnent le mieux pour permettre aux parents des deux sexes de combiner vie de famille et vie professionnelle.

Nous avons expliqué pourquoi de nombreuses initiatives en faveur de la mixité avaient échoué à atteindre les objectifs qu'elles s'étaient fixés. Les approches traditionnelles, et notamment l'idée fausse toujours vivace qu'être égaux signifie être pareils, ont entravé notre capacité à façonner un avenir plus équilibré. Nous n'attendons pas de mesures positives en faveur des femmes. Ce que nous réclamons, c'est que l'on reconnaisse que le modèle dominant d'organisation du travail et des parcours professionnels favorise une division du travail désormais obsolète entre hommes et femmes – et qu'il est grand temps de l'adapter à l'avenir qui est déjà là.

Nous avons donné au lecteur un guide pour gérer avec succès la question de la mixité. Nous ne prétendons pas que cela soit chose facile. Il s'agit en effet de procéder au démantèlement d'un mal aussi pernicieux que l'amiante : les valeurs, systèmes et processus conçus pour un autre temps, susceptibles de causer des dégâts à peine détectables, mais durables aux opportunités de carrière des femmes. Certains – femmes et hommes – résisteront, parce qu'ils préfèrent l'ancienne structure des entreprises ; parce qu'ils pensent que le problème se situe à l'extérieur et non à l'intérieur, des entreprises ; ou parce qu'ils nient tout bonnement l'existence d'un problème.

Certains dirigeants pensent que les femmes ne réussiront dans la sphère professionnelle que lorsqu'elles auront appris à fixer des priorités plus claires dans leur foyer – en d'autres termes, obtenir de leur partenaire qu'il fasse davantage que les 20 % de tâches ménagères qu'on leur attribue actuellement. Il se trouve que les robots qui tondent la pelouse, lavent et repassent les vêtements et font le ménage sont encore à une bonne vingtaine d'années d'un usage domestique généralisé – beaucoup trop long pour attendre.

Quoi qu'il en soit, la vérité est que le pouvoir et la confiance de négocier à la maison viennent avec la réussite, la reconnaissance et le salaire gagnés au travail. Une étude sur l'utilisation du temps conduite au Canada a montré que les hommes consacraient davantage de temps aux tâches ménagères, et les femmes moins, lorsque les revenus des femmes augmentent. « *Lorsque le salaire de la femme atteint 100 000 dollars, la division travail rémunéré et tâches ménagères au sein du couple est plus souvent à parts égales* », remarquait en 2006 Chrystia Freeland dans le *Financial Times*.

Les entreprises progressistes commencent à prendre conscience qu'il est dans leur intérêt que les femmes soient mieux représentées dans leurs rangs, et que pour ce faire, elles doivent cesser d'obliger les femmes à s'adapter. Les femmes se sont déjà beaucoup adaptées au monde de l'entreprise. Désormais, c'est aux entreprises de changer les règles pour que celles-ci conviennent aux femmes. Ce ne sont pas tant les femmes qui ont besoin d'aide pour s'ajuster à la nouvelle réalité que les hommes qui perpétuent inconsciemment le *statu quo* et en bénéficient le plus.

Christophe de Margerie, P-DG du groupe pétrolier international Total, parle de « *féminiser le management* ». Il dit que l'action de Total en faveur de la mixité est née d'une phrase de Françoise Giroud, la célèbre journaliste et femme politique française : « *Être une femme n'est pas une compétence – ce n'est pas non plus une incompétence.* »

Avec un charme typiquement français, Christophe de Margerie explique : « *Dans une entreprise dominée par des ingénieurs, je dois reconnaître que les femmes sont toujours, peut-être plus que dans d'autres pays, un « autre » absolu. Cet « autre » que nous adulons plus souvent que nous le méprisons, mais que trop souvent nous essayons toujours de protéger, et que nous mettons sur la touche du pouvoir productif.* »[147]

Il fait référence à un sondage des managers de Total conduit en 2003 qui a montré que les femmes employaient le mot « manager » pour désigner leurs homologues masculins, alors que ceux-ci employaient le mot « femme » pour désigner leurs homologues de l'autre sexe. « *Et c'est pourquoi la promotion des femmes – de leurs talents, de leur implication, de leur ambition – passe aussi par une lutte opiniâtre contre les stéréotypes. [...] Ce charme subtil de la différence ne peut pas nous détourner de l'essentiel : la volonté de promouvoir tous les talents, techniques, opérationnels et humains qui, fort heureusement, dans notre groupe comme dans la vie, se déclinent dans les deux genres...*

---

147. Réponse écrite aux questions de l'auteur, 19 juin 2007.

En faire une évidence nous ouvrira la voie à l'acceptation, à la célébration de toutes les diversités... »

Le terme français de mixité est particulièrement utile pour faire évoluer la tonalité du débat sur la « question du genre », enfermée comme elle l'est dans les concepts de plafond de verre, plancher gluant et autres obstacles apparemment insurmontables.

Olivier Marchal, directeur général du bureau français de Bain & Co, le cabinet international de conseil en stratégie, propose une métaphore vivante à ajouter au nouveau vocabulaire. Les femmes ont beau détenir la clé d'une plus grande mixité, nous a-t-il dit, *« ce sont en général les hommes qui contrôlent la serrure »*.[148]

Comment douter, au terme de ce livre, que les femmes représentent une force avec laquelle il faut compter et un atout pour notre avenir ? Leur influence grandissante dans le monde du travail et sur le marché est en passe de tout changer. Ces changements représentent une évolution souhaitable, pas une révolution menaçante. Et si au lieu de penser que les hommes et les femmes viennent de planètes différentes, nous apprenions à diriger ensemble la nôtre ?

Comprendre, capitaliser sur et travailler avec la force formidable que les femmes sont devenues peut propulser les entreprises dans un avenir durable et profitable. Il y faudra du courage, de la conviction, la volonté d'apprendre. Comme l'a dit Winston Churchill : *« Il faut du courage pour se lever et parler. (..) Il en faut également pour s'asseoir et écouter. »*

Les réponses sont désormais entre vos mains, à vous lecteur. Ce sont tous les habitants de la planète qui ont à gagner d'un meilleur équilibre du pouvoir entre les hommes et les femmes.

---

148. Voir l'entretien avec Olivier Marchal, chapitre 5.

LECTURES POUR ALLER PLUS LOIN

CHAPITRE I

Banque mondiale, http://web.worldbank.org/wbsite/external/topics/extgender

Catalyst, « The Bottom Line : Connecting Corporate Performance and Gender Diversity », 2004.

Catalyst, « The Bottom Line : Corporate Performance and Women's Representation on Boards », 2007.

Chan Kim, W., Mauborgne, R., *Blue Ocean Strategy : How to Create Uncontested Market Space and Make Competition Irrelevant*, Harvard Business School Press, 2005.

Daly, « Gender Inequality, Growth and Global Ageing », Goldman Sachs Global Economics Paper n°154, avril 2007.

Freeland, C., « Women are the hidden engine of world growth », *Financial Times*, 28 août 2006.

Helfat, C., Harris, D., Wolfson, P., « The pipeline to the top : women and men in the top executive ranks of US corporations », *Academy of Management Perspectives*, vol. 4, 20 novembre 2006.

Isaacs, J., « The finance industry will profit from investing in women », *Financial Times*, 31 octobre 2006.

McKinsey & Company, « Women Matter : gender diversity, a corporate performance driver », octobre 2007.

OCDE, « Babies and Bosses », Mars, www.OECD.org/gender, 2007.

Rosenthal, E., « Europe, East and West, wrestles with birth rate », *International Herald Tribune*, 4 septembre 2006.

Women's Forum, Deauville, France, octobre, www.WomensForum.com, 2006.

CHAPITRE 2

Daly, K., Goldman Sachs Global Economics Paper n°154, « Gender Inequality, Growth and Global Ageing », avril 2007.

DiPiazza, S., Discours, Forum des femmes, Deauville, 2006.

Equal Opportunities Commission, « Working outside the box : changing work to meet the future », janvier 2007.

UE, « She Figures 2006 », 2006.

UE, « Women driving EU job growth – but still face barriers to equality », communiqué de presse, 7 mars 2007.

EuropeanPWN BoardWomen Monitor, www.EuropeanPWN.net, 2006.

Ferenczi, T., « Angela Merkel à petits pas », *Le Monde*, 20 avril 2007.

Fize, Michel, *Les pièges de la mixité scolaire*, Presses de la Renaissance, 2003.

Grandes Écoles au Féminin/IPSOS, « L'ambition au féminin », 2005.

Hewlett, S.A., Buck Luce, C., « Off-ramps and on-ramps : keeping talented women on the road to success », *Harvard Business Review*, 28 février 2005.

Hirschman, L. R., *Get to Work : A Manifesto for Women of the World*, Viking, 2007.

Ibarra, H., *Working Identity : Unconventional Strategies for reinventing your Career*, Harvard Business School Press, 2004.

Inter-Parliamentary Union, www.ipu.org/wmn-e/classif.htm, 31 mars 2007.

L'Oréal, Unesco, communiqué de presse sur les Awards for Women in Science, 23 février 2007.

Lungi, Christina, *Et si les femmes réinventaient le travail,* 2001.

Mailtand, A., « Unilever hits at the glass ceiling from above », *Financial Times*, 17 juin 2003.

Maitland, A., « The puzzle of lost women », *Financial Times*, 1er mars 2005.

McCracken, D. M., « Winning the talent war for women », *Harvard Business Review*, novembre-décembre 2000.

Martin, Virginie (dir.), *Les espaces économiques au regard du genre – Au-delà d'un monde gris flanelle*, EuroMed Marseille, 2006.

Newswise, « What men think they know about executive women », www.newswise.com, 1er novembre 2006.

OCDE, « Education at a glance report 2006 », Paris, 2006.

OCDE, « Women and men in OECD Countries », Paris, 2006.

PwC, Tackling the issues of diversity, www.pwc.com/extweb/aboutus.nsf/doci, juin 2007.

Ricol, Lasteyrie et associés, Capitalcom and Christian & Timbers, « The presence of women in executive committees and on boards of directors », octobre 2006.

Stephenson, C., « Leveraging diversity to maximum advantage : The business case for appointing more women to boards », *Ivey Business Journal*, septembre-octobre 2004.

The Conference Board of Canada, « Women on boards : note just the right thing... but the « bright » right thing », juin 2002.

The Female FTSE Report 2006, Cranfield University School of Management, novembre 2006.

The Economist, « The conundrum of the glass ceiling », 23 juillet 2005.

The Economist, Corporate Executive Board Survey, in « The battle for brainpower », 7 octobre 2006.

Thomson, P., Graham, J., *A Women's Place is in the Boardroom*, Palgrave MacMillan, pp 119-120, 2005.

US Department of Education, National Centre for Education Statistics, 2005.

Vigeo : www.vigeo.org

CHAPITRE 3

Amalou, A., *Le Monde*, « Le bricolage est devenu un jeu », 12 octobre 2006.

Barclays, « Boom in female wealth creation driven by business success : and money can buy you happiness after all », Communiqué de presse faisant référence à « Barclays Wealth Insights : a question of gender », 11 juin 2007.

Barletta, M., *Marketing to Women, How to Increase Your Share of the World's Largest Market*, Dearborn Trade, 2006.

Cunningham, J., Roberts, P., *Inside Her Pretty Little Head*, Cyan Communications, 2006.

Datamonitor, « Targeting Women in Private Banking 2007 », 2007.

Financial Times, « Young Women are web's biggest audience », 17 mai 2007.

Goldman Sachs, « Womenomics : Japan's Hidden Asset », Goldman Sachs, 19 octobre 2005.

Kowaleski, T., « Time for business to mature », *World Business*, septembre 2006.

Meece, M., « What do women want ? Just ask them », *New York Times*, 31 octobre 2006.

Morello, D., Raskino, M., Harris, K., *Women and Men in IT : Breaking through sexual stereotypes*, Garnter Symposium ITxpo, Orlando, Florida, octobre 2006.

Nielsen/NetRatings, « Young women now the most dominant group online », 2007.

OCDE, *Health at a glance : OCDE indicators 2005*, 2005.

OCDE, *Live longer, work longer*, 2006.

Peters, T., Avant-propos, *Marketing to Women*, Dearborn Publishing, 2006.

Saatchi & Saatchi, « Lady Geek », 2007.

Unilever, « Beauty has no age limit », www.unilever.com/ourbrands/beautyandstyle/articles, 2007.

Warner, F. *The Power of the Purse*, Prentice Hall, 2006.

CHAPITRE 4

Alimo-Metcalfe, B., *Leadership & Gender : A Masculine Past ; A Feminine Future ?*, article pour le projet CERFE, 2002.

Baron-Cohen, S., *The Essential Difference*, Allen Lane, 2003.

Bell Burnell, J., Discours, conférence Women as Leaders, organisée par McKinsey et Oxford Women in Politics, 2 février 2007.

Brizendine, L., *The Female Brain*, Broadway, 2006.

Catalyst, « Women "Take care", Men "Take Charge" : Stereotyping of US Business Leaders Exposed », octobre 2005.

Catalyst, « Different Cultures, Similar perceptions : Stereotyping of Western European Business Leaders », juin 2006.

Catalyst, « Census of Women Coroporate Officers and Top earners of the *Fortune* 500 », juillet, 2006.

Catalyst, « The double-bind dilemma for women in leadership : damned if you do, doomed if you don't », juillet 2007.

Dejouany, Laurence, *Alice au pays de l'entreprise,* European PWN, 2006.

Equal Opportunities Commission, 30 Voices, Equal Opportunities Commission, www.eoc.org.uk/PDF/30voices_booklet.pdf, 2005.

Fragale, A., « The power of powerless speech », Kenan-Flagler Business School, University of North Carolina, www.sciencedirect.com, mars 2006.

Heffernan, M., *The Naked Truth*, Jossey-Bass, 2004.

Maitland, A., « Learn the masculine imperative », *Financial Times*, 2 août 2006.

OCDE, Séminaire Diafora, 31 mai 2007.

Tannen, D., *Talking from 9 to 5 : Women and men at work*, Harper Paperbacks, 2001.

Thomson, P., Graham, J., *A Women's Place is in the Boardroom*, Palgrave Macmillan, 2005.

The Economist, « The conundrum of the glass ceiling », juillet 2005.

Waldmeir, P., « US employers fear broad scope of class action suits », *Financial Times*, 8 février 2007.

CHAPITRE 5

Chan Kim, W., Mauborgne, R., « Tipping Point Leadership », *Harvard Business Review*, avril 2003.

Cranfield School of Management and Opportunity Now « Making Good Connections », 2004.

Gladwell, M., *The Tipping Point*, Little, Brown and Company, 2000.

Maitland, A., « A mixed workforce can open up markets », rapport Business & Diversity du *Financial Times*, 10 mai 2004.

Maitland, A., « Friends in high places », *FT Week-end Magazine*, 7 octobre 2006.

McCracken, D., « Winning the Talent War for Women : Sometimes it Takes a Revolution », *Harvard Business Review*, novembre 2000.

Chapitre 6

Associated Press, « China's gender gap widening », Pékin, 12 janvier 2007.

Banque mondiale, « Economic Status of Women », web.worldbank.org/WBSITE/EXTERNAL/NEWS, 22 février 2007.

BBC, « Right time for a baby, UK vs France », 14 juin 2006.

Caparas, A., professeur associé, Master of Science in Management, University of Asia and the Pacific, entretien avec l'auteur.

Centre for Women's Leadership, Babson College et London Business School « Global Entrepreneurship Monitor, 2006 Report on Women and Entrepreneurship », 2007.

Clark, P., « Europe's Top 25 : The accidental feminist », *FT Magazine*, 15 octobre 2005.

Commission européenne, Rapport sur l'égalité entre les hommes et les femmes, 7 février 2007.

Deutsche Welle, www.dw-world.de

Economic Commission for Europe, « Gender Equality : a key component of a modern growth strategy », discours devant les Nations Unies, 27 avril 2007.

Europa, Communiqué de presse, IP/07/643, 10 mai 2007.

Evans-Pritchard, A., « Japan leads world in démographic decline », *Daily Telegraph*, 1er juin 2007.

Forum économique mondial, « The Gender Gap Report », 2005.

Forum économique mondial, « Women's Empowerment : Measuring the Global Gender Gap », 2005.

Grandes Écoles au Féminin/IPSOS « Études sur les carrières au féminin », 2005 et 2007.

Grant Thornton International, « International Business Report », conduit par Experian Business Strategies and Harris Interactive, 2007 (www.internationalbusinessreport.com).

Grant Thornton, « Growth of women in UK boardroom stagnates as Asian counterparts go from strength to strength », communiqué de presse, 8 mars 2007 (www.grant-thornton.co.uk).

Hewlett, S.A., *Creating a Life : Professional Women and the Quest for Children*, Hyperion, 2002.

Holland, J., « Womenomics 101 », www.AlterNet.com

Jaumotte, F., « Female labour force participation : past trends and main determinants in OECD countries », OECD Economics Department Working Papers n°376, décembre 2003.

Knowledge@Wharton, « Falling Behind : Working Women in Germany Grapple with Limited Child-Care Options » 2007.

Kolding, M., Milroy, A., « The Networking Skills Shortage, How Women Can Narrow the Gap », IDC (International Data Corporation), novembre 2001.

Les femmes en France, http://www.quid.fr/2007/Femmes/Les_Femmes_En_France/1

McGill University « McGill Study : US protections for working families worst of all affluent countries », communiqué de presse de McGill University, 1er février 2007.

McGill University, « The Work, Family and Equity Index : How Does the US measure up ? », extrait de The Project on Global Working Families, Harvard School of Public Health et Institute for Health and Social Policy, McGill University (disponible sur www.mcgill.ca/ihsp), 2007.

Obama, B., *The Audacity of Hope*, Crown, 2006.

OCDE, « Babies and Bosses », 2004, 2005.

Rosenthal, E. « Europe, East and West, wrestles with falling birthrate », *International Herald Tribune*, 3 septembre 2006.

Spidla, V., commissaire européen à l'Emploi, aux Affaires Sociales et à l'Égalité des chances, cité sur le site Internet de l'Union européenne, Europa.eu, « Support for families is key to reach Lisbon targets », communiqué de presse, 10 mai 2007.

Tanikawa, M., « Japan Inc. embraces diversity », *International Herald Tribune*, 2 juin 2007.

The Economist, « Womenomics », 12 avril 2006.

UNDP, Lancement de l'Arab Human Development Report 2005 : « Toward the rise of women in the Arab world », 6 décembre 2006.

Warner, J., *Perfect Madness, Motherhood in the Age of Anxiety*, Penguin, 2005.

Wirth, L., ILO, « Breaking through the glass ceiling : women in management », conférence de Luxembourg, 2002.

CHAPITRE 7

Aspire, « The 2006 Aspire Survey of Executive Women », www.aspirecompanies.com, 2006.

Auer, P., Berg, J., Coulibaly, I., « Is a stable workforce good for productivity ? » *International Labour Review*, vol 144/3, ILO, Genève, 2005 ; interview en ligne, 20 janvier 2006.

Babcock, L., Laschever, S., *Women Don't Ask : Negotiation and the Gender Divide*, Princeton University Press, 2003.

Battle, Annie et Sandra, *Le bal des dirigeantes,* Eyrolles, 2006.

Chinchilla, Nuria et León Consuelo, *La Ambición Feminina,* Punto de lectura, 2004.

Dousset, Marie-Paul, *Au boulot les Filles,* Seuil, 2003.

Farrell, W., *Why Men earn More : the Startling truth Behind the Pay Gap,* Amacom, 2005.

Heffernan, M., « Are women better entrepreneurs ? », Forbes.com, 27 juin 2006.

Heffernan, M., *How She Does It, redefining power and the nature fo success for the 21st century,* Penguin 2007.

Hewlett, S.A., Buck Luce, C., « Off-ramps and on-ramps : keeping talented women on the road to success », *Harvard Business Review,* 28 février 2005.

Huff Stevens, A., « The more things change, the more they stay the same : trends in long-term employment in the United States, 1969-2002 », National Bureau of Economic research Working paper 11878, décembre 2005.

Ludeman, K., Erlandson, E., « The alpha male syndrome », *World Business,* octobre 2006.

Maitland, A., « Our innovative "man" in Bratislava », *Financial Times,* 30 décembre 2006.

MetLife, « It's not your mother's retirement », MetLife Mature Market Institute, mai 2007.

Moss Kanter, R., *Men and Women of the Corporation,* BasicBooks, 1977.

Rosenthal, E., « Europe, East and West, wrestles with falling birthrates », *International Herald Tribune,* 3 septembre 2006.

Ruderman, M.N., Ohlott, P.J., *Standing at the Crossroads : Next Steps for High-Achieving Women,* Jossey-Bass, 2002.

Sarfati, Anne-Cécile, Levain, Myriam et Gattegno, Hervé, *Femmes au pouvoir,* 2007.

Tannen, D., *Talking from 9 to 5,* William Morrow, 1994.

Tucker, S., « Awkward "gender moments"relived », *Financial Times,* 22 janvier 2007.

CHAPITRE 8

Alesina, A., Uchino, A., « Why women should pay less tax », *Financial Times,* 18 avril 2007.

Association of Executive Search Consultants, communiqué de presse, mai 2007.

BT, étude de cas tirée de « Enter the timelords : Transforming work to meet the future », rapport final de la mission d'étude de l'Equal Opportunities Commission sur la transformation du travail, juin 2007.

Drucker, P., *Management Challenges for the 21st Century,* HarperBusiness, 1999.

Equal Opportunities Commission, « Working outside the box : changing work to meet the future », janvier 2007.

Gender Based Taxation working paper, www2.dse.unibo.it/ichino/

Gimbel, F., « Asia grapples with its high-speed ageing », *Financial Times*, 9 avril 2007.

Holmes, K. *et al.*, cité dans « Working outside the box : Changing work to meet the future », rapport intermédiaire de la mission d'étude de l'Equal Opportunities Commission sur la transformation du travail, janvier 2007.

HSBC, « The Future of Retirement, What Businesses Want », 2006.

IBM, Sondage auprès des directeurs des ressources humaines, 2005.

Kleiman, C., « Given job flexibility, working moms deliver, CEO says », *Chicago Tribune*, 3 mai 2005.

Maitland, A., « Companies make time for flexible hours », *Financial Times*, 23 janvier 2007.

Miller, P. et Skidmore, P., « Disorganisation, Why future organisations must "loosen up" www.demos.co.uk, 2004.

OCDE, *Live Longer, Work Longer*, publication OCDE, 2006.

PricewaterhouseCoopers, 10th Annual Global CEO Survey, 2007.

Rosa, N., La Compagnie des Femmes, http://www.comdesfemmes.com/

Smeaton, D., Marsh, A., cité dans « Working outside the box : Changing work to meet the future », rapport intermédiaire de la mission d'étude de l'Equal Opportunities Commission sur la transformation du travail, janvier 2007.

CHAPITRE 9

Freeland, C., « Women are the hidden engine of world growth », *Financial Times*, 28 août 2006.

Karlberg, U., s'exprimant lors du lancement de « Tomorrow's Global Company, challenges and choices », un rapport de Tomorrow's Company, 18 juin 2007 et entretien avec l'auteur.

Kissinger, H.A., « How Germany found an Iron Lady of its own », *Time*, 14 mai 2007.

Maitland, A., « Oxfam must get things done », *Financial Times*, 24 décembre 2003.

Moïsi, D., « Four good reasons to have faith in Europe's future », *Financial Times*, 29 janvier 2006.

Romano, L., « Gatekeepers of Hillaryland », *Washington Post*, 21 juin 2007.

INDEX

www.ingramcontent.com/pod-product-compliance
Lightning Source LLC
Chambersburg PA
CBHW061237220326
41599CB00028B/5450